中國通史

A General History of China

From the Three Kingdoms to the Liao Dynasty

鄧廣銘　田餘慶　戴逸　等著

從三國到遼代

開明書店

中國通史

從三國到遼代

鄧廣銘　田餘慶　戴　逸　等著

責任編輯　王春永

裝幀設計　鄭喆儀

排　　版　賴艷萍　劉葉青

印　　務　林佳年

出　版　開明書店
　　　　香港北角英皇道 499 號北角工業大廈一樓 B
　　　　電話：(852) 2137 2338　傳真：(852) 2713 8202
　　　　電子郵件：info@chunghwabook.com.hk
　　　　網址：http://www.chunghwabook.com.hk

發　行　香港聯合書刊物流有限公司
　　　　香港新界荃灣德士古道 220-248 號
　　　　荃灣工業中心 16 樓
　　　　電話：(852) 2150 2100　傳真：(852) 2407 3062
　　　　電子郵件：info@suplogistics.com.hk

印　刷　美雅印刷製本有限公司
　　　　香港觀塘榮業街 6 號海濱工業大廈 4 樓 A 室

版　次　2021 年 7 月初版
　　　　© 2021 開明書店

規　格　32 開 (210mm×145mm)

ISBN　　978-962-459-090-6

作　者

———

王曾瑜	鄧廣銘	盧開萬	田餘慶	朱瑞熙
劉起釪	安金槐	許大齡	李宗一	李學勤
吳天墀	吳榮曾	邱樹森	張澤咸	陳　振
陳得芝	周一良	胡如雷	胡厚宣	姚大力
唐長孺	黃惠賢	韓儒林	蔡美彪	漆　俠
戴　逸				

出版說明

　　《中國大百科全書》（第一版）是按學科分卷出版的大型綜合性工具書，是人類已有知識的總匯，體現了中國各學科領域著名專家學者的智慧成果。其中眾多的由名家撰寫的學科概述條目和長條目，本身即是對某一學科體系和知識主題的權威總結和描述。本書各節內容篇幅簡潔，文字精練，均為專家學者們研究成果的精華，是傳播和普及某一門類知識的經典之作。為便於讀者從浩繁的海量信息中，快捷獲取某一門類或主題系統化的知識，中國大百科全書出版社特將這些名家撰寫的條目按知識體系匯編，形成可隨手捧讀的大眾圖書。在此指導思想之下，我們推出了本版《中國通史》。

　　本版《中國通史》源自《中國大百科全書·中國歷史》，由中國各斷代史研究領域頗有建樹的 26 位著名專家學者撰寫，包括周一良、唐長孺、戴逸等。時限起自傳說時期，截至 1949 年中華人民共和國成立。基本反映了中國自古代至近現代各個歷史時期的政治、經濟、社會、軍事、科技、文化、民族、對外交往等方面的基本史實和主要脈絡，系統全面，且知識準確，文字嚴謹，表述精當，充分反映

了名家學者的治學風範，許多文字如今已成為留給後輩的彌足珍貴的紀念。

　　本書根據讀者的閱讀習慣，改變了原有百科條目式的排版形式，重新設計了版面，適當選配了一些反映歷史風貌的圖片並輔以較為詳細的圖註信息，增加了可拓展知識面的內容鏈接，還將一些小的知識點以腳註的形式呈現。此外，本書根據《中國大百科全書》（第二版）的有關內容，以及新公佈的權威的歷史研究成果，如夏商周斷代工程等，在不影響原文原貌的基礎上進行了知識更新，並根據現今的行政區劃重新核實和修訂了括註的今地名等。

目錄

三國是繼東漢而出現的時代稱號，由於魏、蜀、吳三個國家鼎立而得名。三國始於 220 年魏國代漢，終於 265 年晉國代魏。但史家往往以 190 年董卓挾漢獻帝離開洛陽為三國上限，以 280 年晉滅吳為三國下限。

三國局面的形成

　　東漢中平六年（189）靈帝死，劉辯繼立為少帝。執政的何太后兄何進聯絡西園八校尉之一的袁紹，殺統領八校尉兵的宦官蹇碩。袁紹、何進等密謀盡殺宦官，並召并州牧董卓入洛陽為援。當宦官殺何進，而袁紹又盡殺宦官之時，董卓率兵入洛陽，盡攬朝政。他廢黜少帝，另立劉協為帝，即漢獻帝。董卓的專橫激起了東漢朝臣和地方牧守的反對，釀成大規模的內戰。

　　董卓入洛陽後，袁紹出奔冀州，東郡太守橋瑁假東漢三公名義，要求州郡興兵討伐董卓，關東州郡紛紛響應。他們分屯要害，推袁紹為盟主，相機進攻董卓。初平元年（190），董卓避關東兵鋒，挾持漢獻帝西遷長安。關東聯軍本是烏合之眾，彼此欺詐併吞，不久就分崩離析了。初平三年長安兵變，董卓被殺，關中混亂不已。

　　經過激烈的混戰以後，到建安元年（196）時，全國形成許多割據區域：袁紹佔據冀、青、并三州，曹操佔據兗、豫二州，韓遂、馬騰佔據涼州，公孫瓚佔據幽州，公孫度佔據遼東，陶謙、劉備、呂布先後佔據徐州，袁術佔據揚州的淮南部分，劉表佔據荊州，劉璋佔據益州，孫策佔據揚州的江東部分，士燮佔據

交州。此外,張魯以道教的組織形式佔據漢中地區,置祭酒以治民。在這些割據者中,勢力最強也最活躍的是袁紹和曹操。

董卓入洛陽後,曹操逃至陳留(今河南開封東南),聚兵反抗,成為關東聯軍的一支。初平三年,他在濟北(今山東濟南長清區南)誘降黃巾軍三十萬眾,選其精銳,編為青州兵;又陸續收納一些豪強地主武裝。建安元年,他把漢獻帝遷到許縣(今河南許昌東),取得了挾天子以令不臣之勢;又屯田積穀,以蓄軍資。建安五年,曹操與袁紹兩軍進行官渡之戰,曹操以弱勝強,全殲袁軍主力;又利用袁紹二子的矛盾攻佔袁氏的鄴城,相繼佔領青、冀、幽、并四州之地,統一了中原地區。建安十二年,曹軍出盧龍塞(今河北遵化西北),打敗侵擾北方的烏桓。

建安十三年,曹軍南下,攻佔劉表之子劉琮所據的荊州。依託於荊州的劉備向南奔逃。江東的魯肅受孫權之命與劉備會晤,商討對策,諸葛亮又受劉備之命,於柴桑(今江西九江西南)與孫權結盟,共抗曹軍。孫、劉聯軍以少勝多,大敗曹軍水師於赤壁(一般認為在今湖北赤壁西北,長江南岸),迫使曹軍退回中原。這就是決定南北相持局面的赤壁之戰。曹操北歸以後,用兵於關中、隴西,把統一範圍擴及整個北方。

建安十六年,劉備率部進入益州,逐步佔據了原來劉璋(劉焉之子)的地盤。二十四年,劉備從曹軍手中奪得漢中,據守荊州的關羽也向曹軍發起進攻,但是孫權遣軍襲殺關羽,佔領荊州全部,隔三峽與劉備軍相持。

漢延康元年(220)一月,曹操死;十月,子曹丕稱帝(即

《赤壁圖》（局部）

明楊晉繪。赤壁一說位於今湖北赤壁市境內，因三國時期的赤壁之戰而聞名後世，是後代文人畫家筆下的常見題材。

魏文帝曹丕），國號魏，都洛陽，建元黃初。221 年，劉備在成都稱帝（即漢昭烈帝劉備），國號漢，世稱蜀，又稱蜀漢，建元章武。孫權於 221 年接受魏國封號，在武昌稱吳王。222 年，蜀軍與吳軍相持於夷陵（今湖北宜都境），猇亭一戰，被吳將陸遜擊敗，退回蜀中。229 年，孫權在武昌稱帝（即吳大帝孫權），後遷都建業（即建康，今江蘇南京），建立吳國。猇亭之戰以後不久，蜀、吳恢復結盟關係，共抗曹魏。南北之間雖然還常有戰事發生，有時規模還比較大，但是總的說來，力量大體平衡，鼎足之勢維持了四十餘年之久。

　　三國疆域，大體魏得北方，蜀得西南地區，吳得東南地區。魏國置司、豫、兗、青、徐、涼、雍、冀、幽、并、荊、揚等州。其中涼州領戊己校尉護西域，幽州地境達於遼東，南部諸州大致依秦嶺、淮河分別與蜀、吳相接。蜀置益州，自秦嶺至於南中（今四

川大渡河以南和雲南、貴州，因在巴、蜀之南，故名）。吳有揚、荊、交三州。三國戶口，魏有戶六十六萬餘，口四百四十餘萬；蜀有戶二十八萬，口九十四萬，吏四萬，兵十萬餘；吳有戶五十二萬餘，口二百三十萬，吏三萬餘，兵二十三萬。

魏

漢末社會中的世家大族，魏晉時稱為士族，影響很大，名士多出於這個階層，或者在政治上站在這個階層一邊。曹操由於其宦官家族的身世，一般說來不為名士所尊重，不具備戰勝出身於世家大族的割據者的政治優勢。曹操殺戮譏議自己的名士邊讓，引起兗州士大夫的激烈反抗，其勢力幾乎覆沒。東漢世家大族的代表人物袁紹，實力和影響遠勝曹操，在討曹檄文中曾辱罵曹操是「贅閹遺丑」。官渡之戰時，曹操的文武官員多與袁紹通謀。曹操為了戰勝強大的對手，不得不度外用人，即從較低的社會階層中網羅有能力的人才。後來他一再發佈「唯才是舉」的教令，拔用那些不齒於名教，但有治國用兵之術的人。但曹操選官的真正準則並不是「唯才是舉」，而是「治平尚德行，有事賞功能」。曹操不但不曾籠統地否定世家大族素所強調的德行標準，而且很重視對名士的爭取。在其帷幄中有許多名士。官渡戰前，徐州混亂，他曾派出名士陳群、何夔等人出宰諸縣，以圖穩定局勢。曹操得鄴城後，立即辟用袁紹原來轄區內的名士；破荊州，也盡力搜羅本地的和北方逃來的士人。曹操越到晚年，越是以慎德

為念。

　　曹操死後數月，曹丕在尚未代漢稱帝之時，採納了陳群建議的九品官人之法，選擇賢而有識鑒的官員，兼任其本郡的中正，負責察訪與他同籍而流散在外的士人，評列為九品，作為吏部授官的依據。這就是九品中正制。魏國齊王芳時，又增設州中正。九品中正制初行時，士人品定之權掌握在政府的中正手裏，中正採擇輿論，按人才優劣評定品第高低，多少改變了東漢末年名士臧否人倫、操縱選舉的局面，有利於政權的穩定。但在士族階層發展和易代紛紜的歲月中，此制並不能長久地超然於士族勢力和政局之外而堅持其既定準則，西晉時已是「上品無寒門，下品無士族」，九品中正制反而成為鞏固士族力量的工具。

　　為保持固定的兵源，曹魏建立了士家制。士家有特別的戶籍，男丁世代當兵或服特定的徭役。士家身份低於平民，士逃亡，妻子沒官為奴。冀州士家有十萬戶以上。

　　曹操勢力得以不斷壯大，經濟上主要得力於屯田。曹操於建安元年破汝南、潁川黃巾，奪得大批勞動人手、耕牛和農具，在

《魏公卿將軍上尊號奏》碑拓本（局部）

碑文記載了東漢獻帝末年，華歆、賈詡、王朗等對曹丕勸進之事，實際是曹丕玩弄的一個政治手腕。建安二十二年（217）十月，曹丕迫漢獻帝禪位，自立為帝，國號魏。

許昌附近開闢屯田區。接着，許多郡國都置田官，招募流亡者屯田。屯田區一般都在易墾或衝要地點，自成系統，不屬郡縣。屯田民是國家佃客，以四六分（用官牛的）或對分（不用官牛的）向國家繳納地租，但不負擔另外的徭役。一部分屯田用軍士屯墾，稱為軍屯。屯田者的生產有政府保障，其勞動生產率比郡縣的自耕農民高，在短期內屯田即能保證軍糧的需要。齊王芳時，由壽春到洛陽一線，軍士屯田取得很大的成果。

曹操進駐冀州後頒行租調制，對土地所有者（包括自耕農和地主），每畝土地徵收田租穀四升，每戶徵收戶調絹二匹、綿二斤。戶調取代漢代沉重的人頭稅，對農民有好處，也有利於大族豪強庇蔭佃客。曹操命令加重對豪強兼併行為的懲罰，但大族豪強兼併事實上難於阻止。

隨着北方的統一和屯田制、租調制的施行，北方社會秩序趨於穩定，生產逐漸恢復。政府修整道路，興建水利，便利了交通和漕運。恢復的冶鐵業中，利用水力鼓風冶鑄的水排得到推廣，絲織業也興盛起來。商品交換漸有起色，魏明帝時重新頒用錢幣。洛陽、鄴城日趨繁華。魏國與日本境內的邪馬台國保持着較頻繁的交往。西域諸國也有使臣和商人往來內地。

文化方面，文學、哲學和科學技術都有重要成就。曹操、曹丕、曹植父子都是著名詩人，還有以王粲、陳琳為代表的所謂建安七子。三曹和建安七子在詩歌創作上形成「建安風骨」，留下許多名篇。才華橫溢的女詩人蔡琰（文姬）有《悲憤詩》傳世，著名的樂府敘事詩《孔雀東南飛》也創作於建安時期。以何晏、

《文姬歸漢圖》（局部）

南宋陳居中繪。蔡文姬是東漢著名學者蔡邕的女兒，在兵荒馬亂中為董卓舊部羌胡兵所擄，流落至南匈奴左賢王部。建安中，隨着曹操軍事力量的不斷強大，中國北方趨於統一。曹操出於對故人蔡邕的懷念，「痛其無嗣」，派遣使者將蔡文姬從匈奴贖回。

王弼為代表的玄學的產生，是哲學思想的突出成就。後世稱為「醫聖」的張仲景，著《傷寒雜病論》（後人析為《傷寒論》及《金匱要略》二書），奠定了中國醫學體系的基礎。華佗則精於外科手術，首創用麻沸散作手術麻醉劑。數學家劉徽在圓周率計算上有重大貢獻。馬鈞在機械上有多種發明，包括提水工具翻車。在宗教方面，道教由於黃巾起義和張魯保據的失敗，略有沉寂，佛教則繼續流傳。洛陽有佛寺，西域僧人前來傳法譯經。潁川人朱士行遠赴于闐求經，是第一個西行求法的漢僧。

魏國建立不久，政權開始衰敗。齊王芳在位時發生了輔政的宗室曹爽和太尉司馬懿的權力之爭。曹爽重用名士何晏、鄧颺、李勝、畢軌、丁謐等人，改易朝典，排斥司馬懿。司馬氏是東漢以來的世家大族，司馬懿本人又富於謀略，屢有軍功。景初二年

（238），他率軍平定公孫淵，使遼東歸入魏國版圖。正始十年（即嘉平元年，249），又乘曹爽奉齊王芳出洛陽城謁高平陵的機會發動政變，逼迫曹爽屈服，並處死曹爽及其黨羽，獨攬朝政，史稱高平陵事件。後來，司馬懿及子司馬師、司馬昭陸續鎮壓了起自淮南的王凌（嘉平三年，251）、毌丘儉（正元二年，255）、諸葛誕（甘露二年，257）的軍事叛亂和其他朝臣的反抗，鞏固了司馬氏的統治。以竹林七賢為代表的一批玄學名士對司馬氏持消極反抗態度，其中的嵇康被司馬氏以非毀名教，和欲助毌丘儉為亂之罪名殺害。他們之中的大部分在魏和西晉初都陸續歸服於司馬氏。

當反抗力量都被消滅以後，司馬氏乘時立功，於魏景元四年（263）出兵滅蜀。兩年後，司馬炎以接受禪讓為名，代魏為晉。魏國歷五帝，共四十六年。

蜀

董卓入洛陽的前一年（中平五年，188），漢宗室劉焉出任益州牧。焉死，子璋繼任。劉焉、劉璋相繼鎮壓了益州豪強的反抗。建安十六年，劉璋邀請暫駐荊州的劉備入蜀，使擊保據漢中的張魯。建安十九年，劉備佔據益州；二十四年進駐漢中，自稱漢中王。是年，留守荊州的關羽被孫權軍襲殺。劉備於 221 年稱帝後，為爭奪已失的荊州，於次年出峽，與吳軍進行了夷陵之戰，敗退入蜀，病死。其子劉禪繼立。

劉備在荊州時，邀約客居襄陽的諸葛亮輔佐。諸葛亮看清

了北有曹操，東有孫權，荊州不可持久的形勢，從戰略上促成劉備進入益州，以圖自保。劉備死，諸葛亮輔劉禪。小國弱民，處境困難。今川西和雲、貴的一些少數民族，當時統稱西南夷，接連發生叛亂。益州郡（今雲南晉寧東）豪強雍闓執太守，求附於吳。牂柯太守朱褒、越嶲夷王高定元都響應雍闓，南中地區動亂擴大。建興三年（225），諸葛亮率軍南征，大軍分為三路，諸葛亮軍西平越嶲，馬忠軍東平牂柯，然後他們與中路李恢所部共指益州郡。此時孟獲已代雍闓據郡。諸葛亮敗孟獲，並按出軍時馬謖「攻心為上」的建議，對孟獲七縱七擒，終於使孟獲歸心，南中平定。諸葛亮把夷人渠帥移置成都為官，把南中青羌編為軍隊，並允許大姓招引夷人做部曲（魏晉南北朝時期主要指家兵、私兵），以南中的牛馬特產充實蜀國軍資。西南夷人地區的閉塞狀態，從此有所改變。

南中戰爭結束，蜀吳結盟也取得圓滿成果。諸葛亮於建興五年率軍進駐漢中，同魏國展開爭奪關隴的激戰。諸葛亮在益州疲憊情況下急於求戰，一方面力圖以北伐來鞏固自己「興復漢室，還於舊都」的正統地位，一方面則以攻為守，藉以圖存。建興六年，諸葛亮命趙雲據箕谷（今陝西漢中西北）以為疑兵，自己率主力取西北方向進攻祁山（今甘肅禮縣東北）。前鋒馬謖在街亭（今甘肅莊浪東南）敗陣，蜀軍撤回。以後三年，諸葛亮又屢次出兵，都由於軍糧不濟，沒有成果。建興十二年再次北伐，進軍至渭水南面的五丈原（今陝西眉縣西南），病死軍中，蜀軍撤回，北伐停頓。

諸葛亮死後，蜀國以蔣琬、費禕、董允等人相繼為相，因循守成而已。景耀元年（258）以後，宦官擅權，政治腐敗。大將軍姜維北伐，勞而無功。景耀六年，魏軍三路攻蜀，姜維在劍閣抗拒魏鍾會大軍，而魏鄧艾則輕軍出陰平（今甘肅文縣西）險道南下，於這年冬滅蜀。蜀國歷二帝，共四十三年。

吳

漢末黃巾起義時，孫堅隨會稽朱儁到中原鎮壓黃巾軍，以後又轉戰於涼州和荊州江南諸郡。董卓之亂時，孫堅參加討伐董卓的關東聯軍，隸屬於袁術，在淮南活動。孫堅死，子孫策統領部眾，約於興平元年（194）開始向江東發展。他得到周瑜等人的幫助，驅逐暫駐曲阿的揚州刺史劉繇，逼降會稽太守王朗。建安元年獻帝都許以後，孫策拒袁術而聯曹操，受封為吳侯。建安四年，孫策擊破袁術廬江太守劉勳，吞併其部曲，並取得豫章郡地。建安五年，孫策死，策弟孫權統眾。建安十三年，孫權由吳徙治京城（今江蘇鎮江），籌劃赤壁之戰，勢力達於荊州；十五年招附保據嶺南的士燮兄弟，取得東南半壁。建安十六年孫權徙治秣陵，次年，改秣陵為建業。建安二十四年，孫權破關羽，佔有荊州全境。三年以後又取得夷陵之戰的勝利，限制了蜀國出峽發展的可能。孫權尚存的困難，一是對付山越的不寧，一是在淮南巢湖地區抗拒曹魏的壓力。

散佈在東南州郡山區的山越人，阻險割據，甚至北聯曹魏，

反對孫權勢力向南方內地擴張。孫權與山越進行過多次戰爭，屢獲勝利。嘉禾三年（234）諸葛恪率軍進攻丹陽山越，經三年圍困，山越十萬人出山投降，其中四萬丁壯補兵，餘下的成為編戶。孫吳統治的幾十年中，山越人大體與漢人趨於融合，東晉南朝史籍中，關於山越的記載只偶爾一見。

　　孫權主要的軍事活動在淮南。赤壁戰後，曹操軍屢攻合肥地區，雙方互有勝負。江北居民多渡江，瀕江數郡成為空虛地帶。諸葛亮死，魏蜀戰爭停止後，魏國加強了在淮南對吳國的進攻。吳軍除沿江設督駐軍、遍置烽燧以外，還在巢湖南口築濡須塢，嚴密防守。魏軍水師有限，進攻難於奏效，所以魏、吳相持有年。

　　孫權統治時，江東經濟有顯著發展。北人南來，山越出居平地，勞動力增多。長江兩岸地區都設有屯田區，其中毗陵屯田區（今江蘇常州、鎮江、無錫一帶）最大。會稽郡農業生產比較發達。歷代陸續修成的浙東運河和江南運河在孫吳時發揮了通航效益。江南運河雲陽至京口（今江蘇丹陽至鎮江）一段流經山間，不便通航，吳末得到修整。雲陽以西開闢破岡瀆，使秦淮河和江南運河相聯通，為三吳至建業的便捷水道。絲織業開始在江南興起，但織造技術還不高，所以蜀錦成為重要的輸入物資。銅鐵冶鑄繼承東漢規模而有發展，青瓷業也在東漢釉陶製造基礎上走向成熟。由於河海交通的需要，造船業很興盛，海船經常北航遼東，南通南海諸國。黃龍二年（230）萬人船隊到達夷洲，即今台灣省，這是大陸與台灣聯繫的最早記載。吳國使臣朱應、康泰泛海至林邑（在今越南南部）、扶南（在今柬埔寨境）諸國。大

秦商人和林邑使臣也曾到達建業。

　　經濟的發展，與外界交往的增加，促進了江南文化的提高，出現了一批知名的經學家和文史之士，如虞翻、陸績、韋昭。佛教開始在江南傳播，居士支謙從洛陽南來，世居天竺的西域僧康僧會，稍晚從交趾北上。他們在建康譯經傳法，影響頗大。道教在南方民間繼續流傳。

　　孫吳諸將以私兵隨孫氏征戰，孫吳屢以國家佃客賜給功臣，功臣往往擁有多至數縣的俸邑，因而逐漸形成吳國武將世襲領兵的制度。同時，江南也出現了像吳郡的顧、陸、朱、張那樣的佔有大量土地和僮僕，而且各有門風、世居高位的大族。他們和世襲領兵的武將同是孫吳政權的主要支柱。

　　孫權死後吳國日趨衰弱，而魏國則在司馬氏消滅淮南地區三次軍事叛亂後日趨強大。由於司馬氏以先滅蜀，後取吳作為國策，而在滅蜀（263）、代魏（265）後又忙於新朝定制，吳國政權暫得延續。晉泰始五年（269），羊祜受命都督荊州諸軍事，鎮襄陽，籌劃攻吳。羊祜命王濬在益州籌建水師，並預定攻吳的軍事方略。咸寧五年（279）冬，晉軍出兵自長江以北、江陵至建業之間五道攻吳，而以益州水師為奇兵出峽順流，於太康元年（280）三月攻下建業，吳帝孫晧降，吳國亡。吳國歷四帝，共五十二年。東漢初平元年（190）後出現的全國分裂局面，經過魏、蜀、吳三個區域的局部統一和相持後，至此又歸於全國的統一。

（田餘慶）

晉，3世紀60年代至5世紀20年代以漢族為主體的封建王朝。魏咸熙二年（265）十二月，晉王司馬炎（即晉武帝司馬炎）奪取政權，建立晉朝，先都洛陽，後遷長安，歷四帝。建興四年（316）為匈奴劉氏所滅，史稱西晉。建武元年（317）琅邪王司馬睿（即晉元帝司馬睿）在江南即晉王位，都於建康，歷十一帝。元熙二年（420），為宋武帝劉裕所滅，史稱東晉。

晋

西晉

　　晉武帝太康元年（280）平吳，統一南北，全國計有司、冀、兗、豫、荊、徐、青、揚、幽、平、并、雍、涼、秦、梁、益、寧、交、廣十九個州，一百七十三個郡、國，二百四十餘萬戶。

　　晉武帝司馬炎即位後，採取寬和節儉的方針，繼續推行廢止典農官的政策，把曹魏以來的屯田民編入郡縣為自耕小農，從而增加了納稅人口。全國百姓的賦稅徭役負擔歸於一律，有利於政令的統一和中央集權的統治。對於吳蜀故地，採取了一些區別對待的措施，加以安撫。同時也注意防範，如派中央兵到江南駐守，把吳人向北遷徙。吳蜀人士在朝廷的仕進，無形中受到一些限制。出身於東吳高門的顧榮和陸機、陸雲兄弟，雖有「三俊」之稱，平吳後到洛陽，只被任命為八品的郎中。在朝廷大臣中，存在以山濤、羊祜為首的和賈充、荀勖為首的兩派政治勢力。但晉武帝「寬而能斷」，在重大問題上擇善而從，平吳以統一全國的決策，就是力排賈充等反對意見，堅決採納羊祜、張華等人的主張而制定的。

　　晉武帝立白癡的惠帝為太子，又為他娶了兇狠狡詐的賈南風（賈充之女）為妃。平吳以後，武帝不再兢兢業業，卻奢侈放

縱起來。他死後，元康元年（291），賈后聯合楚王瑋先後殺死輔政的楊駿（惠帝繼母之父）和汝南王亮，接着又消滅楚王瑋。賈后專擅朝政，任用裴頠、張華，維持了短暫平穩的政局。但延綿十六年之久的八王之亂也從此開始。趙王倫殺賈后，廢惠帝自立。齊王冏、成都王穎、河間王顒聯合起兵，殺趙王倫。諸王為爭奪中央權力，內訌不已。以後加入混戰的，還有長沙王乂、東海王越。光熙元年（306）惠帝被東海王越毒死。永嘉五年（311），劉曜攻陷洛陽，懷帝被俘至平陽（今山西臨汾西）。五年後，即位於長安的湣帝投降於漢。

　　西晉的政治、經濟、軍事措施，多沿襲曹魏舊章，又加以改革，其目的在於鞏固中央集權的統治。而東晉南朝門閥士族的興盛，人身依附關係的加強，方鎮勢力的強大，這些影響以至削弱中央集權統治的因素，這時也開始出現。

　　中央最高官職有三公：太尉、司徒、司空。尚書省長官有令、僕射，執行皇帝詔命，統領百官，處理政務。令以外有時設總錄一人，或錄尚書六條事若干人。前者地位高於尚書令，後者地位與尚書令大致相當。尚書左丞掌監察省內及群官。太康年間（280～289）尚書省所屬有吏、左民、度支、五兵、田曹、殿中六曹，曹郎三十四人。掌任命官員的吏曹，在諸曹中最為重要。中書省的監、令掌起草詔令。侍中（一般四人）侍從皇帝左右，以備顧問，兼司諒諍和評議。尚書所奏文案若有不妥，侍中即加封駁。西晉時，尚書令一般地位在中書監令及侍中之上，只有賈后執政期間詔令多出中書，不經尚書省。還有御史中丞和司隸校

尉，掌糾彈不法，廷尉掌斷刑獄。西晉用人途徑，除開府的三公自己辟召掾屬和刺史舉秀才，太守察孝廉外，仍襲用九品中正制以選拔官吏。中正一般只注意被評定者家世的封爵與官位，很少注意真正才能，不能起選拔人才的作用。但州中正的作用加強，吏部選用任命之前，又須經司徒府核實九品的評定，這些都是朝廷為了集中用人權力，以加強控制。

　　法制方面，西晉改變了秦漢以來律令不分的狀況，把屬於行政規章制度的條文獨立為令，為後代所沿襲。晉律篇目體系比較完備，而條文大為減少（六百二十條）。某些律條的規定，起了緩和階級矛盾的作用，鞏固了中央政權。

　　西晉規定，高官顯爵者各按官品高下佔有田地。第一品多達五十頃，二品四十五頃，三品四十頃，四品三十五頃，五品三十頃，六品二十五頃，七品二十頃，八品十五頃，九品亦可佔有十頃。東漢、三國以來，大族佔有處於依附地位的人口，西晉則第一次在全國範圍內以法令形式承認私家依附農民。高官可按官品高低庇蔭親族，多者蔭九族，少者及三世，免除其租稅徭役負擔。為了耕種所佔田地，還允許他們庇蔭勞動人手，作為佃客和衣食客。限定第一、二品官佔有佃客不超過五十（疑當作十五）戶，第三品十戶，第四品七戶，第五品五戶，第六品三戶，第七品二戶，第八、九品一戶。雖然法令規定免除國家租稅、徭役的戶數，寓限制之意，但在佔有大量田地情況下，高官顯爵者必須擁有更多超過法令規定的從事勞動的依附人口。對於一些高官，朝廷賜給菜田、廚田，同時賜給附着於田地從事耕種和其他勞役

的田騶與廚士。地方政府與官吏，從朝廷獲得公田與祿田。西晉滅亡七八十年後，北方鮮卑慕容氏統治下的南燕存在着「百室合戶，千丁共籍」的局面，正是西晉承認私家依附農民的惡性發展。在佔有大量土地和依附人口的基礎上，東漢、曹魏以來世代高官而且世襲封爵的家庭，在政治、經濟、社會各方面據有特殊優勢地位，形成門閥士族。

西晉本着古代一夫一婦耕田百畝的遺意，承認男子佔有田地的限額為七十畝，女子三十畝。課租不問每戶佔田多少，按一丁交納租穀。丁男五十畝，收租四斛。即課田每畝定額交租八升，改變了屯田民按收成比例納租的方式。同時沿用曹魏之制，丁男之戶交納實物，稱為調。戶依資財貧富分為九等，調按戶等收

魏晉南北朝時期守衛圖畫像磚

塢門前站立一個手持木棍的男子，右邊樹下蹲着一隻狗，正在為主人看守莊園。看守莊園男子的身份可能就是衣食客。衣食客的身份地位歷史記載不明確，往往和佃客、典計等相提並論，說明他們既不同於從事耕作的佃客，也不同於管理家務的典計，可能是一種由主人供給衣食、辦理雜務的隨從。他們不得獨立為戶，只能註籍於主人的戶籍上，因而對主人有依附關係。

取，九等平均定額，大致每戶年納絹三匹，綿三斤，稱為九品混通之制。這種田租、戶調的名稱與方式一直沿用到唐代。

西晉時，世代為兵的士家（兵家）繼續存在，同時也實行募兵，並徵發良人來補充兵源。中央直轄一些精銳部隊，稱為中軍，宿衛宮殿和首都，分別由領軍、護軍、左衛、右衛、驍騎、遊擊等六將軍統領。中軍被派遣到地方駐屯或作戰，則稱為外軍（一說外軍是洛陽城外諸軍）。領軍、護軍將軍還主管武官的選拔任用。西晉初，刺史加將軍號，統領州郡兵。平吳以後，刺史專理民事。另有都督（資歷稍淺者稱監或督）某州或某幾州諸軍事，大都由諸王擔任，駐守軍事要地，統領州郡軍隊。他們有處死部下的權力，依使持節、持節、假節三級稱號而範圍大小不同。都督的主要僚屬由中央任命，以防止都督專擅。都督起初不一定管地方行政，西晉末開始例行兼領治所所在的刺史職務。西晉分封宗室為王，封國內民戶的租調，三分食一。東晉渡江以後九分食一。諸王主要職責在於分駐軍事重鎮。西晉初年所封諸王，其封國大都即在都督區內。八王之亂後期的主要人物齊王冏、成都王穎、河間王顒、東海王越是統領重兵坐鎮許昌、鄴、長安和下邳的都督，這時封國所在已經和都督區沒有關係。

封建統治階級互相混戰造成的災難，迅速激化了階級矛盾；民族矛盾中有些帶有階級矛盾的因素，也加劇起來。統治階級無法緩和各種矛盾，導致了西晉王朝的滅亡。

惠帝時，人為禍患之外，加以疾疫饑饉等天災，百姓背井離鄉，流離失所。各地方的統治者不但不妥善安置，反而迫使他們

還鄉，甚至濫加殘害。如荊州刺史王澄沉溺巴蜀流民八千人於長江，各地流民不斷反抗，先後有太安二年（303）張昌於安陸（今湖北雲夢），光熙元年（306）劉伯根、王彌於東萊（今山東掖縣），永嘉四年（310）王如於宛（今河南南陽），永嘉五年杜弢於長沙發動起義。鬥爭的時間雖不長，但都不同程度地打擊了司馬氏政權的統治。荊、江、徐、揚、豫五州之境，一度多為張昌起義軍所佔據。但顛覆西晉王朝的根本力量是匈奴、羯、氐、羌、鮮卑這「五胡」中的匈奴與羯，「五胡」或加巴賨人稱為「六夷」。

西晉時北方、東北和西北，尤其并州和關中一帶居住着很多處於不同社會發展階段的少數民族。江統曾說「西北諸郡皆為戎居」，關中百餘萬口，「戎狄居半」。平吳以前，涼州鮮卑族人禿髮樹機能起兵反晉，不少羌胡人參加（270～279）。惠帝時，氐人齊萬年在關中起兵（296～299），「秦、雍、氐、羌悉反」，郭欽、江統都主張「徙戎」，即把與漢族雜居內地的少數民族集體遷徙到邊遠之地。他們預見到被壓迫的廣大少數民族對晉王朝統治的威脅，但建議都未見實行。備受民族和階級雙重壓迫的各少數民族，相繼起而反抗。惠帝永興元年（304），率領流民由西北進入益州的賨人李雄在成都稱成都王，匈奴五部與雜胡的首領左賢王劉淵在左國城（今山西呂梁離石區北）稱漢王，這是少數民族最初建立的兩個政權。湣帝降於漢，西晉亡。以後其他少數民族相繼崛起，漢族統治者張氏、李氏也先後在涼州據地自保，形成十六國局面。

東晉

西晉覆亡後，各少數民族競相建立政權，戰爭不已。中原的漢族人士不願受胡族統治，紛紛南遷。西晉時，北方諸州人口約七百餘萬。而永嘉之亂後幾次大批南渡的達九十萬人，約佔八分之一。東晉和南朝境內人民，大約土著佔六分之五，北來僑人佔六分之一。司馬睿與封國琅邪的大族王氏建立默契，各自出鎮南方要地，以預謀退路。早在永嘉元年（307），司馬睿已出鎮建業。長安陷後，建武元年（317）睿稱晉王，次年即帝位。

西晉末年的江南也不平靜。司馬睿來之前，有石冰、封雲領導的揚州、徐州農民起義。出身於倉部令史的盧江陳敏，乘掌握江淮漕米之機，招誘吳地士族，企圖在江東割據自立。以後吳興錢璯圖謀推翻司馬睿和揚州刺史王敦，在廣陵起兵。這三次性質不同的事件中，孫吳以來的世族義興周玘率領鄉里私兵，支持了司馬睿。江南大族到東晉初年還擁有相當強大的武裝實力，為司馬氏政權的南遷掃除了障礙。

東晉政權優遇南來的北人，在他們聚居的地方設立所謂僑州、僑郡、僑縣。僑州郡縣沿用北方原籍的舊名，但隸屬關係極其錯綜複雜。有的僑州下只領僑郡、僑縣，也有僑州下既領僑郡、僑縣，也領實郡、實縣。有的僑郡、僑縣又隸屬實州。實郡也有時領僑縣，僑郡往往也領實縣。有的僑郡縣由於是高門大族的原籍，由僑郡縣改為領有實土的郡縣，而更多的僑郡縣因不具備此條件，只有等待土斷（東晉、南朝整理戶籍及調整地方行政

區劃的政策。其主要精神是劃定州、郡、縣領域,居民按實際居住地編定戶籍),以備領有實土。

僑州郡縣人民不屬當地編戶,豁免租賦、徭役,並另立白籍,以區別於土著的黃籍。僑人中的下層多投附世家大族,成為受其蔭庇的戶口。其上層亦即門閥士族,如琅邪王氏、潁川庾氏、陳郡謝氏、譙國桓氏等,都是司馬氏政權的主要依靠力量,在中央和地方擔任要職。此外,如祖逖、郗鑒、劉遐、蘇峻等士族中地位較低的家族,則先在胡族統治的北方立堡塢自固,聚集宗族鄉黨數百以至上千家,然後率領這些流民南來,歸附東晉。他們的武裝成為早期抗胡的主要力量。除郗鑒等少數人外,流民領袖多未能與司馬氏政權合作到底。江南廣大土著人民是東晉王朝財政、徭役和兵力的主要來源,負擔沉重。但東晉初年,南方與北方民族矛盾突出,南方內部階級矛盾退居次要地位,東晉政權建立八十年之後,才爆發大規模農民起義。孫吳時大族的上層人物,對於司馬氏被迫南來所建政權,起初並不竭誠擁護。如陸玩目王導為傖(南人對北人的蔑稱),拒絕與王氏通婚。晉元帝對於江南士族中政治、社會影響較大的人,如顧榮、賀循、紀瞻、陸玩等,渡江之初已加意籠絡。元帝由於自己不掌握強大兵力,對於擁有武裝力量的南方豪強,暫時也不得不倚重。如周玘平錢璯,甘卓破周馥,紀瞻禦石氏。鎮壓杜弢起義也靠的是南土寒庶陶侃。來自北方的統治階級對南人終有顧慮,在攫取田產方面,僑姓大族渡江後,避開江南大族的田園聚集之地,王氏、謝氏、郗氏、蔡氏等,都深入到內地會稽、臨海一帶廣佔土地與山

澤。政治上對南人更有戒心，如陶侃立大功後反被王敦從荊州遷官廣州。元帝對義興周氏心懷疑憚，以致周玘憂憤而死。沈充、錢鳳之慫恿王敦起兵反司馬氏，陶侃對庾亮積怨之深，都反映統治階級中僑人士族的壓倒地位和僑人、南人之間的矛盾。

晉元帝初年，有揚、江、荊、湘、交、廣、寧、梁、益、徐、豫十一個實州，領九十六實郡，同時開始置立僑郡、僑縣。至孝武帝太元四年（379），有揚、江、荊、湘、交、廣、寧、豫、徐九個實州，幽、燕、冀、青、并、雍、秦、梁、益九個僑州，領實郡八十四，僑郡四十餘。東晉時僑州不冠南字，劉宋時僑州始冠南字，如南徐、南兗。東晉疆土縮小，而州郡之數遠遠超過西晉。刺史本人或所帶將軍府的長史、司馬，往往兼任州治所在的郡守。州以上分區置都督，以刺史充任，有兼督數州以及某幾州中的數郡軍事，都督鎮守之地常依形勢變化而有改動。東晉仕宦途徑大體仍由公府辟召、州郡察舉秀才、孝廉和中正依九品選拔官吏。但這時已非西晉那樣一統局面，元帝自稱「寄人國土」，因而中央官制雖沿自西晉，而頗加簡化，以求事權統一、行事簡便。如光祿勛等九卿或省或併，地方官如郡丞亦曾省罷。魏晉以來尚書與中書、門下職責原有分工，起相互制約作用；而東晉的錄尚書及尚書令有時兼中書監、令，尚書僕射有時兼門下、中書官職，但仍以尚書之職位為主。單任中書令者，多優遊無事，以文采、經義見重。揚州是政治、經濟、軍事重心所在，中央政府首腦錄尚書或尚書令，往往兼都督中外軍事或數州軍事、揚州刺史或丹陽尹等京畿地方長官，以控制實權。所以東晉

大權集中於宰相，與西晉的皇帝集權，尚書、中書、門下並立，互相牽制的形勢不同。

成帝咸和五年（330），始度百姓田收租，改變西晉課田五十畝收租四斛辦法，大率每畝稅米三升。戶調可能仍沿西晉每戶絹三匹、綿三斤之制。孝武帝太元二年（377）廢除度田收租制，以口為對象，王公以下口稅三斛。八年，又增稅米每口五石，大抵比西晉時賦稅為重。東晉的徭役也極為繁重，孝武帝時「殆無三日休停」。東晉戶口應不少於東吳時（五十二萬戶，二百三十萬口），而桓溫上疏說當時戶口凋寡，不當漢之一郡（東漢最大之南陽郡有五十二萬戶、二百四十萬口）。這主要是由於依附人口太多，東晉規定給客制度，品官可以庇蔭流民為佃客，第一、二品官蔭佔佃客四十戶，三品三十五戶，四品三十戶，五品二十五戶，六品二十戶，七品十五戶，八品十戶，九品五戶。政府所承認的蔭佔佃客數字，各品官都比西晉增多。他們的戶口附於主人的戶籍，實際上，官僚貴族所蔭庇的佃客，還遠不止於規定的數字。他們不負擔國家的租稅徭役，但須把收穫的一半交給主人。佃客之外，還有稱為典計、衣食客等名目的依附人口。此時，世代當兵的兵戶依然存在，同時也以逃亡農民、罪犯及其家屬、被俘少數民族、豁免的奴隸等為兵。招募的軍隊也佔重要地位，如著名的北府兵，就是招募勁勇組成的。

東晉疆域狹窄，貴族官僚大量佔山固澤。世家大族大量庇蔭人口，未入私門的僑人流民，又不編戶籍，影響政府的財源與兵源。成帝咸和時（326～334）已開始實行土斷，即把僑人從

白籍（東晉、南朝設置僑州郡縣安置僑民，他們的戶籍用白紙書寫，稱白籍）移入黃籍（兩晉、南朝時對正式戶籍的稱謂），成為所居地方的正式編戶，納稅服役。在實行土斷的同時，必然也搜檢官僚貴族隱匿的戶口。桓溫、劉裕執政時期，兩次大規模實行土斷，收到「財阜國豐」和開拓兵源的效果，有利於鞏固偏安江南的政權。

東晉統治階級內部，存在着北人士族與南人士族，北人士族中的上層與下層，皇室司馬氏與僑姓大族，各大族之間，中央與地方（揚州與荊州）等錯綜複雜的矛盾。當時流行的「王與馬，共天下」說法，既反映了王氏扶持在南方尚未站穩的司馬氏政權，也反映了東晉一代皇室與僑姓大族不斷的鬥爭。王導執政，以寬和著稱，其目的除結好南人，鞏固司馬氏地位外，也為維護世家大族的利益。元帝對王敦，和簡文帝對桓溫，都曾有過「請避賢路」的表示，為封建社會中的君臣關係所罕見。「君弱臣強」的局面，是司馬氏與以王氏為首的各大族「共天下」的結果。

王敦擔任都督江、揚、荊、襄、交、廣六州軍事、江州刺史，擁重兵鎮守武昌（今湖北鄂州）。元帝畏王敦，任用劉隗、刁協與之相抗。劉、刁維護皇室威權，「崇上抑下」，如大批徵調大族家的奴僮和依附的客，以充兵役，引起王氏等大族的不滿。永昌元年（322），王敦以問罪於劉隗、刁協為名，起兵攻下建康，殺死刁協等。又從武昌移鎮姑孰（今安徽當塗），自領揚州牧，內外大權集於一身。兩年後，王敦病重，仍命其兄王含為元帥，率軍進攻建康。建康未克而王敦病故。他雖被遣責為叛逆，

琅邪王氏的地位卻未受任何影響。

　　成帝即位年幼，舅父庾亮執政。北方來的流民首領蘇峻、祖約都擁有重兵，分別駐在歷陽（今安徽和縣）和壽春。他們不滿於大族庾亮、卞壼等人的排擠，咸和二年（327），起兵進攻建康。江州刺史溫嶠乞援於荊州刺史陶侃，聯合擊敗蘇峻。陶侃死後，庾亮代為江、荊、豫三州刺史，既擁強兵據上游，又執朝廷大權。他代表皇室利益，與王導產生矛盾。但在衝突表面化之前，王導、庾亮相繼去世。

　　桓溫繼庾氏之後據有荊楚，又領揚州牧，也集內外大權於一身，企圖奪取司馬氏政權。桓溫先廢司馬奕為海西公，立簡文帝，實則企望其讓位於己。穆帝時，簡文帝為會稽王輔政，任用殷浩以抵制桓溫，但未成功。接近皇室的庾氏家族中，多人被桓溫殺害。桓溫病中要求朝廷賜他「九錫」，以為禪讓的前奏。由於謝安等人的拖延策略，桓溫不及待而死。謝安輔政，姪兒謝玄在淝水之戰中立了大功。但孝武帝的兄弟會稽王司馬道子排斥謝氏。東晉前期，政權一直在大族手中。淝水戰後，轉入孝武帝及司馬道子之手。戰後兩年，謝安被迫避往廣陵，不久死去。戰後四年，謝玄又從坐鎮的邊境要地彭城被調移內地任會稽內史。以後，桓溫的幼子桓玄又以荊州為據點，攻入建康，殺司馬道子父子，總攬朝權。元興二年（403），桓玄稱帝，國號為楚。劉裕從京口（今江蘇鎮江）起兵討伐，桓玄退歸江陵，失敗被殺。

　　東晉政權所受外部威脅，主要來自黃河流域的胡族和長江

上游（益州）的政治勢力。北人南渡之初，上下同仇敵愾，要求驅逐胡人，返回故土。祖逖及其部下流民可為代表。祖逖從淮水流域進抵黃河沿岸，聯繫保據塢壁不甘臣服胡族的北方人民，謀劃恢復中原，經營達八年（313～321）之久。當時北方匈奴劉氏與胡羯石氏相爭，形勢有利於東晉。但元帝無意北伐，對祖逖所需人力、物力都不予支持，加以皇室與王敦矛盾尖銳，祖逖備遭掣肘，壯志未酬而死。石氏兵力一度威脅江南，後趙建國，據有幽、冀、并諸州後，軍事優勢更為顯著。庾亮、庾翼雖先後擬議北伐，由於力量對比懸殊，都未實現。石虎死後，河北大亂，西晉遺民二十餘萬口渡河欲歸附東晉。褚裒北伐，先鋒達到彭城，戰敗退回。以後北方前燕與前秦東西並立，殷浩北伐也屢次失敗。

永和十年（354）桓溫伐前秦，深入敵境，但未乘勝奪取長安，只徙關中三千餘戶而歸。兩年以後，又伐前燕，奪取了洛陽，但不久復歸於燕。太和四年（369）再度北伐，到達距前燕首都鄴不遠的枋頭，未再前進，退敗於襄邑（今河南睢縣）。桓溫晚年借北伐以樹立威名，謀求禪讓，但未成功。前秦苻堅吞併前燕後，屢次南向出兵，意圖統一南北。太元八年（383），苻堅以絕對優勢的兵力威脅江南，謝玄率北府兵以寡敵眾，淝水一戰秦軍大敗。乘前秦衰弱，後秦姚氏佔有關中，後燕慕容氏立國河北，東晉雖暫時解除了大軍壓境的威脅，並未能在北伐事業上有所進展。

義熙六年（410）劉裕滅南燕，此後青、兗等州歸屬東晉、

劉宋五十餘年。十三年，滅後秦。由於關中懸遠，東晉很難從江南遙控，劉裕又忙於南歸奪取政權，無意進一步恢復中原，一度收復的長安與洛陽，隨即為赫連夏與北魏所得，終東晉之世，未能長期恢復西晉的兩京。

江南政權穩固與否，和長江上游益州的歸屬很有關係。成漢李氏據蜀三十年，永和三年桓溫西征滅之，有利於鞏固東晉政權。二十六年以後，益州又被前秦佔領，淝水戰後才復歸東晉。到義熙元年，譙縱據益州，又從東晉分裂出去。劉敬宣一度攻益州，距成都五百里而敗還。及至九年，劉裕西征，滅譙氏，從此益州再歸東晉統治。東晉百年間，益州不受其統治的時間達五十年。只是由於佔有益州的勢力未與北方密切聯合，不具備能順流東下、吞併江南的實力，東晉政權才得免除來自益州上游的後顧之憂。

隆安三年（399）爆發了孫恩、盧循起義，鬥爭持續近十二年，司馬氏政權受到沉重打擊。孫恩死後，桓玄起兵稱帝。劉裕對內鎮壓孫恩、盧循起義，討平桓玄，對外北伐滅南燕，西征平譙縱，江南政權擺脫了最直接的外部威脅，得到穩定。滅後秦之後，420年劉裕取代了東晉。

兩晉的文化

兩晉一百五十年間，在中國文化的發展上，有幾個方面出現了以前歷史時期未曾有過的貢獻。

山東曲阜發現的清代孔氏族譜圖

詳細繪製了從孔子一直到四十三代衍聖公的
名字、孔氏家族的輩分及當地幾大分支的基
本情況。孔氏家族的族譜是中國歷史上延續
時間最長、包羅內容最豐富、譜系最完整的
族譜。

　　西漢煩瑣章句和東漢讖緯迷信的經學，這時已經衰落，但儒
家經典的研究並未中斷。西晉流行鄭玄注，東晉流行王肅注。後
代傳習的《左傳》杜預集解、《穀梁傳》范寧集解和《爾雅》郭
璞注，都出於晉人之手。晉代史學頗為發達，晉人所撰古代和當
代史的書很多。西晉陳壽的《三國志》、東晉干寶的《晉紀》、
孫盛的《晉陽秋》、常璩的《華陽國志》，都為當時和後代所推
重。荀勖（？～284）繼承劉向以來的圖書目錄之學，改變圖書
七種分類為甲乙丙丁四部，亦即經、史、子、集四大類。千餘
年來，這種分類法未全廢棄。史部著作從經書獨立出來，自成一
類，也自晉代始。由於門閥士族的興盛，重視世系譜牒，西晉摯
虞曾撰《族姓昭穆記》，東晉賈弼始創譜學，齊梁時人繼承，近
二百年不衰。咸寧五年（279）汲塚發現竹簡所寫古籍，有《竹

書紀年》、《穆天子傳》等，為千餘年後發現秦漢竹木簡及敦煌、吐魯番古寫本的先聲。裴秀繪製《禹貢地域圖》，定出製圖的六條原則，成為一直沿用到明末的中國繪製地圖的基本方法。

曹魏時興起的玄學，在西晉仍然是盛行的顯學。它以老莊思想為骨架，討論中心為「本末有無」問題，即有關天地萬物為何如此存在和如此存在又有何根據的問題，是研究遠離「世務」和「事物」的哲學本體論。西晉談玄學知名的有裴頠（267～300）、郭象（252～312），東晉有張湛。玄學是先秦兩漢哲學發展的結果，提出了新的討論對象、概念、範疇、方法，形成一種思辨性較強的哲學。對於中國哲學的發展和魏晉南北朝時期思想的解放，都起了積極作用。

西晉在文學方面也有其獨特成就。一般而言，西晉人的詩文多重詞藻雕飾及寫作技巧，但也出現了左思、劉琨這樣的作家。左思以詠史詩形式抒發感情，表達對當時社會的不滿，詩風雄健高遠，超越前人。劉琨在民族矛盾尖銳的情況下，身處鬥爭前沿，寫下不少悲涼慷慨的詩歌。西晉以文學知名的，還有陸機（261～303）與潘岳（247～300），他們的作品都以藝術技巧而不以思想感情勝。但陸機有《文賦》討論文學內容與形式、創新與承襲等關係，聲律的作用，文體的分類，等等。摯虞有《文章流別集》及《文章流別志論》，實即包含作品選、作者略歷及各種文體的評論，惜其書失傳。陸、摯兩家著作的出現，標誌着西晉時文學和史學一樣，獨立於經學之外，開始成為系統研究的對象。陸、摯兩家的書，是《文心雕龍》與《文選》的先

驅。由於玄學的影響，東晉詩歌作品多理過其詞，淡乎寡味，但也出現了陶淵明（365～427）這樣的田園詩人。陶淵明的詩歌是他全部生活和對現實生活的真實反映，關於農事的歌詠、景物的描寫、遺世獨立的藝術風貌，都對後代詩人具有廣泛而深遠的影響。

佛教來自印度及中亞，到晉代仍不斷有僧人西行求法。東晉末法顯赴天竺，歷盡艱險；劉宋禪代後始歸，攜來當時急需的律藏。西晉佛教的發展，在外國僧人譯經事業以外，中國僧人的貢獻漸多。道安（312～385）在襄陽編定的《綜理眾經目錄》成書於東晉寧康二年（374），為中土第一部佛經總目，不僅標列歲月，還評論譯筆，對後漢以來傳譯的佛經起了總結作用。道安還制定僧徒戒規，組織僧人四出傳教。在佛教教義與佛教哲學方面，慧遠（334～416）宣傳因果報應，以為輪迴轉生是人生最大痛苦，應當信佛修持，超出輪迴，求永遠解脫。僧肇（384～414）撰《不真空論》，主張萬物無真實性，但並非不存在，萬物皆虛妄不真而空，是不真的存在。道生（355～434）提出人人皆可成佛，又主張頓悟，以為真理玄妙一體，不可分割，因此悟證真理只能頓悟而成佛。西晉時天師道流行，為王謝等高門所信奉。道家著述有葛洪（約283～363）的《抱朴子》內外篇，內篇論述神仙方藥、養生延年、禳邪卻禍之事，外篇則主要為儒家和刑名家觀點的政論。

葛洪還著有《肘後卒急方》，講述各科病症的治法與藥方，對結核性傳染病和天花已有記載和認識。王叔和的《脈經》總結

《遠官帖》

東晉王羲之書。王羲之是
東晉書法家。字逸少，琅
邪臨沂（今屬山東）人，
後移居會稽山陰（今浙江
紹興）。始任秘書郎，繼為
長史、寧遠將軍、江州刺
史，並曾為右軍將軍、會
稽內史，因此後人稱他為
王右軍。

西晉以前脈學經驗，是現存最早脈學專著。皇甫謐（215～282）
撰《針灸甲乙經》，是中國針灸學的重要著作，流傳到朝鮮、日
本等國。繪畫方面，人物畫像仍是流行題材，晉宋之際才出現
山水畫。著名畫家顧愷之強調人像畫傳神之處全在目睛，指出
了繪畫技法要領。書法自後漢以來被作為藝術來欣賞，晉代索靖
（244～303）、衛夫人（272～349）和王羲之（303～361，
一說307～365，一說321～379）、王獻之（344～386）父
子有關書法的理論和筆法，都為後代所重視，影響廣泛。

（周一良）

十六國時期是 4 世紀～5 世紀上半葉中國北部民
族割據並開始走向民族融合的時期。

十六國

十六國與五胡

　　兩漢以至魏晉，為了便於控制，也為了補充兵源和勞動人手，朝廷經常通過強制和招引，使邊遠地區的少數族人相繼內遷。西晉時，西自今青海、甘肅，東經寧夏、內蒙古、陝西、山西、河北以至遼寧，南到河南，都有少數族人與漢人錯居雜處。其中除遼河流域的鮮卑和青海、甘肅的氐、羌外，大都由原住地遷來。早在晉初，由於晉政權和地主豪強的壓迫和剝削，也由於少數族的權貴謀求恢復他們在本族中已失去的權位，和滿足他們的掠奪貪慾，以民族形式組織起來的暴動，甚至戰爭，已不斷發生。到惠帝時（290～306）皇室間的奪權鬥爭由宮廷擴散到地方，混戰使人民飽受痛苦，也削弱了晉政權的統治力量。惠帝晚年，階級矛盾和民族矛盾一齊激化，西晉皇朝崩潰。從304年巴賨李雄和匈奴劉淵分別建立政權開始，到439年魏滅北涼止，一百三十六年間，在中國北部和四川，先後建立了習慣上稱之為十六國（其實不止十六國）的各族割據政權。其中除四個漢族政權（西涼、北燕、前涼、冉魏）外，建立這些政權的統治者為匈奴（包括匈奴盧水胡和匈奴鐵弗部）、羯、鮮卑、氐、羌五族，史稱「五胡」。

　　以383年東晉和前秦的淝水之戰為界，十六國的建立可分

前後二期。前期的政權有：成漢、漢和前趙、後趙、前燕、前秦、前涼（還有鮮卑拓跋部的代和冉閔的魏不在十六國內）。後期的政權有：後秦、後燕、南燕、北燕、後涼、南涼、西涼、北涼、西秦、夏（此外還有西燕不在十六國內）。

人民的生產與生活

在這個歷史時期裏，各族之間征服與被征服、統治與被統治的關係經常變換，民族壓迫與反壓迫的鬥爭反覆進行。長期的動亂，統治者的狂暴屠殺和劫掠，漫無限止的勞役，給各族人民帶來巨大災禍。在戰亂中生產極其困難，有時人民需要背着盾、帶着弓箭到地裏勞動，為了生活與生產，大量的勞動人民不得不投身塢壁主或在部落貴族的武裝庇護下成為蔭附戶口。各族政權為了便於奴役，常常通過軍事征服把各族人民遷到自己國都周圍；一個政權消滅，另一個政權建立，隨着統治中心的轉移，又進行另一次的遷移。這種頻繁的遷來遷去，使人民的生活與生產更加不能安定。

總的看來，這一時期中國北部的社會經濟遭到嚴重破壞，但是不同區域、不同時期，情況也不盡相同。經過流民起義建立起來的成漢政權地處西南，李雄統治的三十年內（304～334）「事少役稀，百姓富實」，益州成為全國最安定的地區。在北方，前涼統治的河西走廊和前燕統治下的遼河流域，都比較安定。西晉末年亂時，中原人民紛紛避難，大致黃河以南的人民南下江南，關中秦、雍地區人民小部分南流巴蜀、荊州，大部分西遷河西走

廊，河北人民北入遼東、遼西。前涼、前燕地處邊遠，地廣人稀，大量人民的流入提供了開發荒地的勞動力。前燕慕容皝統治時（333～348），開放供貴族遊獵的官地，仿照曹魏分成辦法，使流人佃種，顯然有利於荒地的開發。前涼的農業、畜牧業都有所發展，特別是六十年（317～376）較穩定的政局，保證了自古以來著稱的絲綢之路暢通，涼州州城姑臧成為國際、國內東西使節、商旅往來的樞紐。

　　黃河南北與關中地區是遭受戰禍最劇、社會經濟破壞最嚴重的地區，但在戰事間歇期間，有的統治者為了鞏固其政權，不得不推行一些有利於生產的措施，使被破壞的社會經濟有所恢復。後趙石勒經過一番殺掠，在佔領河北後頒佈的租調徵收額相比西晉輕減，還曾派使者出去勸課農桑；石虎統治之初（335 年左右），徵集的大量租穀，下令每年輸送一百萬斛到京都，其餘儲藏在水道旁的糧倉。大量租穀當然為剝削農民所得，但也表明後趙境內農業有所恢復。曾經一度統一北方的前秦，政治比較清明，苻堅信任漢人王猛，抑制氐族權貴，獎勵關心農業生產的清廉官吏，史籍稱讚當時「豪右屏氣，路不拾遺」，平定前燕後，據說「關隴清晏，百姓豐樂」，從國都長安到境內各地商販在驛道上往來不絕。這些話雖不能盡信，也反映了繼前、後趙破壞之後，關中的農業、手工業和商業在這時獲得恢復和發展。繼前秦的後秦姚興統治時（394～416）雖然兵戈不息，但也還注意政治，曾下令解放百姓由於饑荒而自賣的奴婢，並注重刑罰，懲治貪污，這些措施直接或間接地有利於前秦末年，大亂後關中經濟的恢復。其他如西

涼李暠（400～417 年在位）在玉門、陽關擴大耕地，注意農業，
史籍記載「年穀頻登，百姓樂業」；北燕馮跋（409～430 年在位）
曾減輕賦役；南涼禿髮烏孤（397～399 年在位）也注意農桑。他
們統治的一隅之地也曾為生產提供了較有利的條件。

各族所建政權的性質

　　建立政權的諸少數族原先處於不同的歷史發展階段。有的
早已解散部落，人民已成為州郡編戶，他們早就和漢人一同生活
在封建社會裏，部分秦、雍之地的氐羌就是這樣；多數還保留部
落組織形式，其中有的可能已進入封建社會，但還帶有濃厚的氏
族社會殘餘，并州的匈奴可能處於這種情況；有的似乎還逗留在
家長奴役制階段，比如鮮卑。不論諸族原先的發展階段怎樣有差
異，由於他們置身於一個成熟了的封建社會中，在封建經濟的基
礎上建立政權，因此基本上都是封建政權。

編戶與蔭附戶口

　　當時大量人民成為塢壁主和部落貴族的蔭附戶口。塢壁主不
少是大姓豪強，塢壁隨着軍事形勢的變化興廢無常，大姓豪強卻
一直存在，也一直佔有多少不等的蔭附戶。前燕、後燕的部落貴
族都擁有大量軍營蔭戶，後秦貴族也領有營戶，他們都成為軍事
封建貴族，佔有今山東的南燕，蔭附之家「百室合戶，千丁共籍」

（包括漢族大姓和鮮卑貴族）。據說這種蔭附之風是因襲前秦、東晉之弊。蔭戶是貴族豪強的私屬，有的喪失土地，在主人田地上佃作，有的帶着土地以求庇護，他們不承擔國家賦役，只對主人負有義務。這種義務從貢納、力役以至分成制地租有很多差別，但都是封建性剝削。還有許多登記上州郡戶籍的所謂編戶，他們是封建國家賦役剝削的對象。和歷朝一樣，為了保證國庫收入和勞役來源，各族君主往往進行戶口檢查，使蔭戶復歸於編戶。一次檢查也可能收得效果，但從來也沒有能夠防止百姓繼續流入私門。上述蔭戶基本上都是漢人，關於少數族人的封建化過程，記載缺略，但可以斷言，他們也終於和漢人一樣，或者成為州郡編戶，或者成為私屬。

少數族政權與漢族士庶的關係

各少數族政權是在眾多漢人居住的地域上建立的，為了鞏固其政權，各族統治者無一例外地都力圖取得固有封建勢力的合作。後趙石勒頒佈法令，不准侮辱「衣冠華族」（即士族），並恢復為士族服務的九品官人法，派遣專職官員掌管士族定品和參加選拔。對於漢族人民，石虎是個非常殘暴的異族君主，蓄意「苦役晉人」，作為消除反抗力量的措施；另一方面他也尊重傳統的士族特權，不僅繼續承用九品官人法，並且下令被征服的前趙境內（雍、秦二州）士族也給予免役和優先選任官吏的權利。遼河流域湧入大量流人，因此，前燕政權之始，就任用作為流人首領

的中原士族參加統治，有的甚至領兵征伐。以後，前燕分支後燕、南燕也都承用這一「以漢制漢」政策。後燕慕容寶曾「定士族舊籍」，前秦苻堅也恢復「魏晉士籍」，其目的都在於區別士庶，一面承認士族的免役特權，又一面清除擠入士族行列的庶族，以免減少勞役徵發對象。以上舉的只是一些明顯事例，其他各少數族政權在不同程度上都有跡象表明他們對於士族特權的尊重，也都吸收士族豪門參加統治。

教育與文化

　　為了獲得統治者需要的人才，加強與固有封建勢力的合作，有些少數族統治者還設置學校。前趙劉曜設置太學、小學，選拔百姓二十五歲以下、十三歲以上，資質可教的一千五百人為學生，太學生後來通過考試，授予官職。所謂「百姓」實際上應是士族豪門子弟。後趙設置太學、四門學、郡國學，學生是將佐和豪右的子弟，將佐可能也包括部分少數族人。前燕慕容皝設置「官學」，入學的是大臣子弟，稱為「高門生」，達千餘人，他還自著開蒙讀物《太上章》和《典誡》十五篇作為教材。南燕慕容德南渡稱帝，坐席未暖，就設置太學，選公卿、士族子弟二百人為太學生。後秦姚興時，來自各地的一些老儒生在長安開館授徒，聚集生徒一萬幾千人。姚興經常接見這些老儒，還鼓勵諸生遊學洛陽。特別是他設置律學，召集地方上沒有專職的「散吏」入學，其中學得好的便派回原來郡縣主管刑獄。律學的設置開唐

代的先聲。那時甚至在不太安定的南涼，禿髮利鹿孤當政時也曾設立學校，置博士祭酒，教導貴族大臣子弟。設學授經，固然為了統治者的需要，但客觀上有利於遭到嚴重破壞的傳統文化的保存與傳播，而且促使部落上層分子加快接受漢文化，對於民族融合具有積極意義。前燕王慕容皝能夠著書作教材，前秦苻堅弟苻融、從子苻朗都讀書能文，通曉佛學、玄談。苻朗的著作《苻子》，至今還有片斷流傳。姚興能講佛教經典，又通曉佛學。他們接受傳統文化，表明少數族上層分子漢化的深度。

前涼政權抗拒了劉曜、石虎的入侵，涼州（今甘肅武威）是北方最安定的地區，傳統的漢魏制度和文化在那裏受到尊重。前涼政權建立前，張軌任涼州刺史，到任後建立學校，徵集管內九郡士族官僚子弟五百人入學。西涼李暠也曾立學，增置高門生至五百人。根據吐魯番出土文書和石刻，西涼和北涼都曾在境內策試秀才。由於涼州沒有遭到嚴重破壞，保留漢魏舊籍較多。314年，晉潛帝定都長安時，前涼張寔曾進獻經史圖籍。437年北涼沮渠牧犍向南朝劉宋進獻各類書籍一百五十四卷，其中多數是涼州人的著作。

佛教的傳播與發展

在這個動亂的時代裏，佛教獲得巨大的發展。歷盡苦難的人民對於現實世界感到無能為力，佛教乘虛而入，引導人們把希望寄託在佛天保佑與來生福報上。統治者也需要從佛教教義裏

得到精神上的支持，因而積極提倡佛教。石
勒、石虎尊崇來自西域、善於法術的大和尚佛
圖澄，據說曾立寺八百餘所。石虎「苦役晉
人」，不少人民削髮為僧，在寺院的庇護下逃
避勞役。漢代以來不准漢人為僧，石虎說我
是「戎」人，理當尊奉「戎神（即佛）」，下
令不論華夷貴賤，都可以出家。佛圖澄收了許
多徒弟，其中有不少名僧，特別是釋道安。道
安是冀州常山（今河北石家莊元氏西北）人，
俗姓衛，先後在黃河南北、襄陽、長安宣揚佛

北涼高善穆石造塔。
甘肅酒泉出土。

法，獲得東晉、前秦統治者的尊崇。他在整理和翻譯佛經，編制
佛經目錄，制定儀軌、戒律，特別在宣傳佛法方面，對於當時佛
教的興盛起了很大的作用。和道安同時稍後，原籍天竺的鳩摩羅
什是個博學多聞、通曉漢語的僧人。那時羅什在龜茲，379 年道
安由襄陽到長安，勸苻堅迎羅什東來。382 年苻堅命大將呂光西
征，要求呂光平龜茲後，迎接羅什到長安。但呂光還軍，前秦業
已大亂，呂光隨即割據涼州，羅什也留居涼州十七年。直到 401
年，後秦姚興才把羅什迎至長安。姚興十分尊敬羅什，待以國師
之禮，在他主持下譯出佛教經論近三百卷。當時僧人群聚長安，
參加譯經的數以千計。前、後秦時，長安是北方的佛教中心，關
中佛學達到十六國時期的最高峰。佛圖澄的法術，釋道安的傳
教，鳩摩羅什的譯經，為佛教奠定了大發展的基礎。前涼自張軌
以來一向信仰佛教，早就有譯出的佛經流傳內地。北涼沮渠蒙遜

尊崇中天竺僧人曇無懺，他也深通漢語，在姑臧譯出佛教經論多種。當時涼州繼長安之後成為北方譯經中心，涼州所屬的高昌郡也是個譯經場所，沮渠蒙遜從弟沮渠京聲曾到于闐求經，東還到高昌譯出其中一部分。

東西交通

當時常有僧人西行求經，留下東西交通最可靠的記錄。其中最值得稱道的是法顯。399 年他從長安出發，經歷十分艱苦的行程，越過蔥嶺，渡過印度河，抵達北天竺，又從海道回國，幾經危難，412 年才到達劉宋所屬的青州長廣郡（今山東青島北）。他所著的《佛國記》記載國內西域各族和今印度、巴基斯坦的歷史傳說和地理，是研究東西交通的要籍。

河西走廊是通往西域的要道，建立於此地的政權除後涼外，都自認為是涼州地方政權。他們接待來自國內外的使節、僧人、商旅，並繼續管理國內西域各族事務。前涼於 327 年將原由戊己校尉管理的高昌屯田區改為高昌郡；後涼呂光派其子呂覆為西域大都護，鎮守高昌；西涼李暠也命兒子為西夷校尉，管理西域。北涼沮渠蒙遜、牧犍父子受拓跋魏任命為「西域羌戎諸軍事、涼州牧」，受劉宋任命為「西夷校尉、涼州牧」，蒙遜滅西涼後，曾接見鄯善國王，並受西域各國的貢獻。通過河西走廊和西域，通往天竺、波斯、大秦等國的通道在這個動亂時期仍然通行。當時除出玉門經鄯善，沿南山北坡西行的南道和出玉門經伊吾、高

昌、龜茲西行的北道外，有時因為戰亂，繞過河西走廊由西平
（今青海西寧）入吐谷渾境，通過柴達木盆地至鄯善，也是一條
道路，此路又是西域經益州和江南交往的通道。經由這些道路，
西域和內地、中國和西方各國間的經濟、文化交流繼續進行，中
國的絲和紡織物以及蠶桑絲織技術這時傳到高昌、焉耆、龜茲等
地，並有可能傳到波斯、大秦。隨着佛教東來，西方雕塑藝術傳
入，世界著稱的藝術寶庫 —— 敦煌石窟，就是在這時開鑿的。

分裂與融合

　　十六國時期是一個民族分裂時期，同時又是各族大融合的
時期。由於各族統治者的暴行和暴政，給人民帶來嚴重災禍。社
會經濟和文化遭到嚴重破壞，但被破壞的經濟在不同時期有所恢
復，西南、西北、東北幾個地區在不同程度上還有所發展。被
破壞的傳統文化終於保存下來，而且在一定程度上吸收了西部和
北部各族文化，甚至還吸收了外來文化。經由這場動亂，內遷
各族的社會形態發生了很大變化，有的進一步接受漢族成熟了的
封建制度，有的由家長奴役制進入封建社會。各族成員都按照
各自的階級成分逐漸分別與漢族地主和農民兩大階級融合。在
一百三十六年中，有的種族名稱基本上已經消失，例如匈奴、
羯、巴氐、河西鮮卑，都已成為漢族的組成部分。

（唐長孺）

5 世紀初至 6 世紀末南北朝時期，是指在中國南方與北朝對峙而立的宋、齊、梁、陳四個朝代。宋（420～479）由劉裕建立，傳八帝；齊（479～502）由蕭道成建立，傳七帝；梁（502～557）由蕭衍建立，傳四帝；陳（557～589）由陳霸先建立，傳五帝。581 年，隋滅北周，是為開皇元年。九年，隋滅陳，南北統一。

　　南朝四朝繼承了東晉的領土，其範圍為中國南方 —— 秦嶺淮河以南的地區。其中：劉宋最大，北疆達到黃河；南陳最小，只有江陵以東、長江以南的狹小國土。

　　南朝四朝都建都於建康。其疆土以劉宋時最廣，黃河以南，淮水以北以及漢水上游大片地區皆屬於宋。大明八年（464）計有揚、南徐、南兗、南豫、徐、青、冀、兗、豫、東揚、江、郢、荊、湘、雍、梁、南秦、益、寧、廣、交二十一州。宋明帝時，淮北的徐、兗、青、冀四州和豫州的淮西諸郡被北魏佔領，南朝疆土從此壓縮到淮水以南。齊對劉宋的州郡進行了部分調整，據《南齊書・州郡志》，齊世計有二十三州。梁設州轉多，最多時達一百零七州。陳朝時，雍州、益州歸北周，荊州歸後梁，北面與北齊劃江為界，疆域最為狹小，全境初分為四十二州，後來又多設新州，史稱數倍於前。政區劃分的加細，反映土地的開發和生產的發展，同時也是對人民加重剝削的表現。南朝還有雙頭州或雙頭郡（即兩州或兩郡同治一地），大都設在軍事要地或邊荒區域。

南朝

宋齊梁的政治

　　劉裕，彭城郡人，僑居京口。蕭道成和蕭衍是蘭陵郡人，僑居武進，都出身於僑人中的低級士族。他們建立軍功後，主要依靠僑人及土著中出身寒門的謀士與武將，分別以軍事重鎮京口、淮陰、襄陽為根據，形成政治軍事勢力。然後乘前朝皇帝或昏庸暴虐，或年幼無能，進入首都建康，以禪讓方式奪取了政權。

加強皇權

　　宋武帝劉裕從東晉「王與馬共天下」的政治局勢汲取教訓，努力加強皇權，以鞏固統治。晉宋以來，皇室多與高門聯姻，外戚易有權勢。所以劉裕臨終遺誡：「後世若有幼主，朝事一委宰相，母后不煩臨朝。」宋齊梁朝較有作為的皇帝，大都繼承了劉裕的傳統。南朝一百七十年間，沒有出現母后聽政，因而也杜絕了外戚專權。南朝世家大族雖然社會上、經濟上的優越地位未變，實際政治權力主要已不掌握在他們手裏。

　　南朝的中央官制，基本沿襲東晉，又有其特點。尚書、中書、門下三省的長官位高望重，而實權不大，但往往仍由宗室諸

王任尚書令和中書令。吏部尚書及所屬的吏部郎，掌握官職的任命，在南朝還一直受重視。宋孝武帝置兩名吏部尚書，以分其權。但宋齊兩代皇帝主要倚靠中書通事舍人（四名）處理政務。通事意為呈遞文書，凡臣下陳奏和皇帝詔令，都通過他們，實際上成為最接近也最能左右最高決策者皇帝的人。劉宋時，江夏王劉義恭任錄尚書事，而尚書省無論大小事，都由中書通事舍人戴法興專斷，義恭畏服而已。齊時中書通事舍人茹法亮威權甚盛，位至三公、出身琅邪王氏的王儉只得慨歎：「我雖有大位，權寄豈及茹公！」齊武帝曾說：「學士輩不堪經國，唯大讀書耳。經國一劉系宗（宋齊兩代都任中書通事舍人）足矣！沈約王融數百人，於事何用？」齊明帝時，詔命專出舍人之手，天下文簿版籍的副本，也歸他們掌管，儼然兼中書省與尚書省的長官於一身。「寧拒至尊敕，不可違舍人命」，成為當時朝廷官僚中的信條。梁武帝時，仍選拔有才幹者任中書通事舍人，或以他官兼領此職。但他主要依靠的不在寒庶，而是明習吏事的低級士族，如范雲、徐勉任吏部尚書，周捨、朱異任中書通事舍人。宋齊以來，中央的軍事統帥權和武器的控制權，也由中領軍、中護軍轉移到寒人操縱的外監與制局監手中。有時制局監也由中書舍人兼任。但南朝中央朝廷所能支配的兵力，遠不如地方兵力強大。

　　地方官制如都督、刺史、太守等，亦同東晉。刺史多帶將軍開府，而州與府各置僚屬。州之佐吏別駕，治中等治民，府之佐吏長史、司馬等治兵。但軍府的佐吏地位一般較州僚屬為高，府官長史常兼首郡太守或代行州事。郡太守如帶將軍，軍府佐吏亦

高於郡佐。皇子年幼為方鎮，則行事、長史以至出身寒庶、地位低下的典籤（典掌機要的官）主持一州事務。劉裕在地方行政方面鞏固皇權、抑壓世家大族的措施，是只命皇子或宗室諸王擔任重要方鎮。齊梁亦遵此慣例。如揚、南徐、江、荊、雍等軍事、經濟、政治要害諸州的刺史、都督，宋齊梁三朝幾乎都是劉蕭兩姓，與東晉王、庾等大族雄踞上游、控制京畿的局面迥不相同。一般州的刺史與郡的太守，有時任命地方土著豪強擔任。府州機構中官員人數，常由州府長官決定。州郡俸秩供給，往往隨土所出，無有定准。郡縣長吏任期六年，後減為三年。

統治階級的內部矛盾

南朝中央與地方勢力之間亦即建康與上游諸州之間的矛盾，由東晉皇室與大族之間轉化成皇室內部的矛盾。宋孝武帝時，南郡王劉義宣、臧質從荊州起兵。明帝時，晉安王子勛、鄧琬從江州起兵，當時袁覬在雍州，臨海王劉子頊在荊州，都與江州聯盟，以三州為中心，東揚、湘、益、廣等州也都響應，形成「普天同叛」的局面。蒼梧王時，桂陽王劉休範亦從江州起兵。南朝時，異姓舉兵反對建康朝廷的，不是來自任何高門士族，蕭道成、蕭衍之外，齊時有王敬則、陳顯達、裴叔業、崔慧景，都是寒庶或晚渡北人出身的武將。在政治和軍事上，世家大族已經沒有實力，所以南朝皇帝的防閒猜忌，也轉向了在中央或地方掌握權勢的宗室諸王。宋文帝由於疑忌而加害諸王，幾個兄弟都未

戰馬畫像磚

河南鄧州南朝墓出土。

幸免。孝武帝時，對諸王車服器用樂舞制度作了苛嚴限制，達
二十四條之多。還規定王國境內各官對諸王只稱下官，不得稱
臣，罷官以後對諸王不再致敬，以防止諸王與其臣屬的關係過於
親密。劉宋六十年中，皇族被殺者一百餘人，南齊宗室也多被皇
帝誅剪，宋齊兩朝皇室內部的矛盾鬥爭異常激烈。

與北魏的戰爭

　　宋文帝元嘉年間和梁武帝統治前期天監、普通年間，南朝政
治比較穩定，經濟比較繁榮。這兩個時期，南朝具有對北方進行
戰爭的較強實力。當時廣大北方統一於鮮卑族建立的北魏，它在
南朝人心目中，已不是劉、石那樣「亂華」的外族，而更具有對
立的封建政權性質。

　　宋武帝永初三年（422），魏奪得滑台（今河南滑縣）。宋少
帝景平元年（423），又克洛陽、虎牢（今河南滎陽西），佔領司、
兗、豫州。元嘉七年（430），宋北與赫連夏結盟，向北魏進兵。
魏以兵少撤退，一度宋獲得河南四鎮滑台、洛陽、虎牢、碻磝（今
山東茌平南），沿河置守。半年餘以後，又先後失四鎮。二十七

年，宋軍大舉北進，江夏王劉義恭駐彭城（今江蘇徐州）為總指揮。宋軍奪取碻磝，圍攻滑台與虎牢之後撤退。柳元景從襄陽向北進軍，到潼關後也退回。魏太武帝拓跋燾率大軍南攻，經過彭城，南下至瓜步（今江蘇南京六合區），聲言將要渡江，建康震動。魏軍留住了十八天，二十八年正月北撤。魏軍殺傷掠奪，南兗、徐、兗、豫、青、冀六州備遭殘破。魏軍士馬也死傷過半。二十九年，宋軍又攻佔碻磝、虎牢，無功而還。宋明帝泰始三年（467）至五年，曾響應晉安王子勛起兵反對明帝的徐州刺史薛安都、兗州刺史畢眾敬、青州刺史沈文秀、冀州刺史崔道固，先後投降北魏，從此南朝失去四州與豫州的淮西之地。

　　梁天監三年（504），魏取梁司州。四年，又取梁漢中地帶，並有乘勢奪蜀之議。十月，梁臨川王蕭宏統軍北伐，「器械精新，軍容甚盛，北人以為百數十年所未之有」。但由於蕭宏怯懦，指揮無方，竟於次年九月大敗而回。六年，梁軍進攻北魏，在鍾離（今安徽鳳陽）獲得大勝。十年，梁將馬仙琕又在朐山（今江蘇連雲港）大捷。齊末南朝失去壽春，梁武帝力圖收復，築浮山堰堰淮水以攻壽春，服役的人「死者相枕」。因淮水暴漲，堰成後數月全部崩壞，緣淮城戍村落十餘萬口漂流入海。大通元年（527），陳慶之在渦陽（今安徽蒙城）大敗魏軍。中大通元年（529），陳慶之乘北魏階級矛盾與統治階級內部矛盾激化之機，率軍送魏宗室元顥入洛陽，由於孤軍深入，後援不繼，為魏軍所敗而歸。當時南北雙方都不處於絕對優勢或劣勢，因而多次交戰終無決定性結果。

侯景之亂與南朝的衰敗

　　侯景之亂是對梁朝後期腐朽統治的沉重一擊，南朝從此衰落不振。侯景出身懷朔鎮兵，隨爾朱榮鎮壓六鎮起義。後歸高歡，官至河南道行台。高歡死後，因與其子高澄不和，投降西魏，被高澄擊敗。太清元年（547），又擁十三州請降於梁。梁武帝以為侯景歸附合他夜夢中原牧守皆以地來降之兆，不顧朝臣反對，接受侯景，封為河南王、使持節督河南河北諸軍事、大行台。武帝晚年迷信佛教，政治腐敗，「政散民流」，「人人厭苦，家家思亂」。二年，侯景自壽春南下，只有兵八千人，馬數百匹，就渡過長江，包圍台城一百三十餘日。侯景免北人奴隸為良民，編入軍中，人人感恩，為之致死。梁諸道援軍之數十萬人集建康。但將帥各有打算，相互猜忌，彼此觀望，不能通力合作抗擊侯景。三年，侯景終於攻破台城，梁武帝被囚，病餓憂憤而死。傀儡簡文帝蕭綱繼位，不久被侯景殺害。大寶二年（551），侯景自立為帝，國號漢。他西進攻荊州刺史湘東王蕭繹，承聖元年（552）為蕭繹將王僧辯和自廣州北上的陳霸先所敗，被殺。侯景攻佔建康三年，稱帝一百二十天。建康和三吳富庶之區無事日久，遭戰亂後人口凋敝，城邑殘破。公侯富人在會稽者多南渡嶺南，世家大族遭受沉重打擊。

　　侯景敗亡後，益州刺史武陵王蕭紀稱帝於蜀。蕭繹也稱帝，定都江陵，是為元帝。元帝攻滅蕭紀，而西魏乘機奪取了益州。他又和侄兒湘州刺史河東王蕭譽、雍州刺史岳陽王蕭詧內訌，攻

殺蕭譽，蕭詧乞援於西魏。承聖三年，魏軍攻下江陵，殺元帝，
俘「衣冠士族」男女數萬口，驅入長安為奴婢。這是對南朝門
閥士族又一次大打擊。西魏立蕭詧於江陵，是為後梁，實際仍西
魏傀儡，而襄陽入於西魏。侯景亂後，蕭氏諸王兄弟叔侄自相屠
殺，使南朝進一步大傷元氣，上游失去屏障，西境急遽收縮，陳
朝初年形成「文軌所同，千里而近，人戶著籍，不盈三萬」的衰
敗局面。

南朝的經濟

　　南朝除了發生劉宋的四方反叛、唐寓之暴動、侯景之亂外，
社會相對穩定，從而為經濟的發展提供了較好的條件。

士族的莊園經濟

　　東晉以來，宗室高官與世家大族廣佔田園。到南朝時，他
們不僅擁有大量田地，而且封山固澤，壟斷山澤的出產，剝奪百
姓伐木打柴、捕魚捉蝦的機會，也影響了政府的收入。儘管宋武
帝劉裕禁止霸佔山澤，宋代僑姓大族謝靈運的《山居賦》描寫
他的莊園仍是「田連岡而盈疇，嶺枕水而通阡」，生產五穀、瓜
果、蔬菜、藥材等豐富物資，還有飛禽走獸魚類，衣食服用可
以自給自足。會稽士族孔靈符的莊園「周回三十三里，水陸地
二百六十五頃，含帶二山，又有果園九處」。這兩家並非個別例

子，以致宋大明初朝廷不得不對佔固山澤也作出限制的規定：第一、二品官可佔山三頃，三、四品二頃五十畝，五、六品二頃，七、八品一頃五十畝，第九品及百姓一頃。先已佔者，不得更佔；先佔不足數者，可以佔足。這是皇權對既成事實既加以承認、又力圖限制的措施。但這一規定與謝、孔兩家情況相較，可以想見其實際效果十分有限。因而到齊高帝時，又下詔禁止封略山湖。

賦役制度

耕種小塊土地的廣大自耕農，是南朝租稅徭役的主要負擔者。南朝初期，大體沿襲東晉每歲丁租五石、戶調絹三匹、綿三斤的舊制。宋大明五年（461），改為民戶歲輸布四匹。由於戶調輸布，劉宋時田租戶調往往合稱租布。南齊制度與宋相同，但田租多以布折納，也稱為租布，而租穀折為布以後，又以其半折為錢交納。這時田租戶調合稱為租調。齊時農民負擔又有三調的名目，其內容主要有兩種說法：1. 指調粟、調帛及雜調。2. 指布或絹、絲、綿三色。宋齊時，大體計資定課，即根據每戶的田、桑、屋宅三項，估計資財，分為九等，九品混通，定出上述平均數額。梁代改為按丁徵收，每丁租米五石以外，另交祿米兩石，以供官俸，較宋齊為重。調則每丁布絹各兩丈，絲三兩，綿八兩，祿絹八尺，祿綿三兩二分，較宋齊為輕。宋齊力役時限不見明文，可能已為二十日。梁代明確規定每丁歲不過二十日。丁

中之制：半丁晉十三歲，宋齊十五，梁十六；全丁晉十六歲，宋齊十七，梁十八；六十一半丁，六十六為老，晉宋齊梁相同。單就全丁從役年齡而言，南朝較以前為寬。租調之外，百姓還有口錢、酒稅、牛埭稅、陂塘橋桁稅等苛雜，以及其他臨時性雜調與力役。賓客的賦役負擔則更為沉重。

農業、手工業、商業

由於北方大批勞動人手南渡，生產工具與技術發展，水利灌溉發達，南朝農業有了較大發展：荒地開發，農作物產量提高，品種增加。尤其荊揚兩州，土地人口佔南朝疆境之半，「荊城跨南楚之富，揚部有全吳之沃。魚鹽杞梓之利，充牣八方；絲綿布帛之饒，覆衣天下」。「一歲或稔，則數郡忘饑」。雖然主要手工業部門還是控制在官府之手，南朝的冶製、製鹽、採煤、造紙、瓷器、漆器等手工業仍有發展。梁築浮山堰，沉東西二冶鐵器數千萬斤，可見產量之高。東晉南朝在麻楮之外，利用桑皮、藤皮造紙，有白如霜雪的紙，也有各種彩色紙。紙往往以萬枚計，屢見記載。青釉瓷器的燒製工藝和造型技巧，東晉南朝都有出色成就。

社會生產發展，使農民的多餘產品可以拿到市場出售。宗室、顯宦、高門士族則經營邸舍（貨棧），放高利貸，從事商業以牟暴利。建康從孫吳以來即是南方政治經濟中心，亦為南朝最大商業城市，經常是貢使商旅雲集，方舟數以萬計。梁時建康有

二十八萬戶，以每戶五口計，居民至少約一百四十萬人，是 6 世紀世界上罕見的大都會。建康有大市四處，小市十餘。市有令、丞等管理。此外的商業城市有江陵、成都等。襄陽、壽春是南北互市的主要地點，廣州則是對外貿易的中心。

東晉一百年間，一直使用漢魏和孫吳時的舊幣，政府沒有鑄造新錢。南朝市場商品流通增多，商品的價格總額增大，貨幣的需要量因而也大為增長。雖然東晉以來不斷有廢止錢幣，代以穀帛的議論，但始終行不通。劉宋時大量鑄造四銖錢，同時五銖錢等古錢仍舊流通。南朝與北朝不同，交易媒介主要是錢幣，穀帛只佔次要地位。宋代大將沈慶之指着自己的田地說：「錢盡在此。」宋時百姓租米調布部分折錢交納；齊時錢與實物各半，成為定制，有些力役也折錢代役。錢幣在宋代政府收入中的地位，僅次於米穀，而高於布絹。齊時各級政府費用、官吏俸祿都有一部分用錢開支，梁時百官俸祿都用錢支付。南朝貨幣主要由政府鑄造，因江南銅的產量不足，錢幣始終缺乏。有時允許私人鑄錢，成色更差，造成幣制混亂。好錢被政府或權勢之家收藏，如梁臨川王蕭宏家有錢三億餘，齊武帝齋庫也藏錢數億。梁時鑄鐵錢，幣制更形紊亂。錢百文為一陌，齊時已出現不足陌現象，以七十或八十為一陌，梁末甚至以三十五錢為一陌了。

社會各等級、階層與集團

南朝社會存在着士庶兩個不同等級和僑人南人兩個不同集

團。士庶兩大集團內部，又各自劃分為不同階層。比起東晉，更明顯地呈現出錯綜複雜的景象。

士族

南朝在律令上並未「分別士庶」，但社會習慣和不成文法認為，「士庶區別，國之章也」。這種區別「實自天隔」，皇權也不能消滅它。士族的身份連同祖父兩代的官爵，都登記在戶口冊黃籍上。除非特殊情況，士族一般不服力役和兵役。同里伍庶族犯罪，士族不連坐，某些罪行的處罰，士族較庶族為輕，一般不受鞭笞。不得以士族之女為妾，不得隨意黜士族為賤民。庶族只能入太學，而士族得入國學，因此在文化教育方面享受更好機會。南朝士族得以保持其優越門閥地位的經濟基礎，是佔有廣大田莊山澤和附屬於土地上的大量依附人口。雖然同一家族中個別支派由於種種原因沒落窮困，並不影響其士族身份。

士族通過仕宦途徑和婚姻關係網，來維護門閥制度，形成封閉性集團。南朝士族子弟很重視起家官，目為一種資格。他們青少年時從秘書郎、著作佐郎等官職進入仕途，不久即升遷他職。宋齊以來，尚書令與僕射、中書監與令、侍中、吏部尚書以至司徒左長史等官，全部或者絕大部分為士族所壟斷。刺史職位則宋代士族比例最大，南齊有所下降，梁陳時士族庶族大致各佔一半。總的講，士族任中央官多於地方官。五等封爵也是士族維持其門閥地位世代不絕的一種保證。所以「爵位蟬聯，文才相繼」

成為士族誇耀的口實，也是構成士族的主要條件。士族所居官都是被認為「清顯」職位，一般不理政事，只是優遊容與，享受崇高名位與優厚待遇。士族之間彼此結成婚姻關係，絕不與所謂「非類」的寒門庶族結親，目的是保持士族集團的凝固性和封閉性。宋時還規定，士族如與工商雜戶為婚，就喪失士族身份。士族之中，又有高低階層之分，兩者之間，一般也很少通婚。低級士族擔任的某些官位，高級士族不屑擔任。但低級士族往往在政治、軍事等方面表現出才能，宋齊梁三朝開國君主，都出於這一階層。南朝盛行譜牒之學，各種族譜甚多。士族成員不但要熟悉自己家譜世系以避祖先名諱，而且要注意迴避別人祖先名諱。對家族言，族譜是嫁娶結親時從世系識別士族的必要參考；對官府言，族譜是通過世系區分士庶，防止庶族冒充士族規避徭役的手段之一。

庶族

　　庶族的上層包括下列類型：1.雖然富有而非世代官宦，缺乏文化教養傳統的家族。2.長期居住在地方，宗族強盛的地方豪強著姓。3.商人。4.手工業者。除後兩類外，前兩類與士族一樣，都屬封建社會中的剝削者。庶族一律要為政府服力役兵役。史書中所見的次門、單家、役門、三五門大致都屬於庶族中的這一階層。庶族上層的各門品，可以由地方官根據需要來「條次」（即調整），但「士大夫故非天子所命」，皇帝不能命令某姓家族為

士族，地方官更不能把庶姓提升为「舊門」（士族）。但在地方上有很多通過改注戶籍冒充士族者。他們固然不為高門所承認，但也可享受高門士族的某些特權，至少可以免役。庶族裏的中層，是人身依附關係極強的半自由人，包括部曲、佃客、門生、吏戶、軍戶（亦稱兵戶、營戶）、工戶、樂戶等。部曲、佃客、門生等既從事農業生產，也隨同主人作戰。軍戶沿自三國時期，不但世襲為兵，而且老人小兒都從役，與三丁抽一、五丁抽二的三五門不同。吏戶也世代相襲，全家為官府機構或官吏服力役，從事生產、作戰或其他役使。但吏戶出身者可以賜爵，有與平民身份相同的一面，梁時貧民租種豪家富室所佔公田，交納高額地租，實際成為佃戶。還有被「僱借」而非服役的工匠。宋齊時所謂「自賣為十伕客」的人，能夠有自己支配的時間即「私夫」，借以庸賃養母，積足錢後以自贖。這些是人身依附關係較為鬆弛的勞動者。奴僮構成庶族的最下層，經過放免才能成為半自由的兵戶或上升為平民。南朝一百七十年間，曾九次下詔放免奴婢。

僑人與南人

東晉以來士族僑舊之間的界限，南朝前期不但未趨淡漠，反更突出。僑姓士族的社會勢力益加鞏固以後，對南人更公開排擠。宋時尚書令僕、中書監令無一南人；齊時尚書令無南人，僕射十六人中一南人，中書監令二十二人中一南人。南人任侍中者

較多。宋齊兩朝刺史中，南人不足北人的百分之二。梁陳時有變
化，南人比例有所增加。婚姻方面，皇帝后妃與公主女婿，皆以
北人為主。士族中亦南人北人各自為婚，僑人與南人為婚者極罕
見。來自北方的士族，渡江較晚者，也被視為粗鄙北人而受到
歧視。

　　南朝士族盡心力於維護門閥制度及家族利益，對於改朝換
代無動於衷。新朝皇帝也利用高門士族作裝飾點綴，只求其馴服
配合，不借重任何實力。另一方面，士族及代表其利益的政府，
對於庶族冒充士族逃避徭役等負擔，逃亡農民、隱匿戶口等，都
採取嚴厲手段加以制止。南齊朝廷檢定黃籍，查出冒充士族者，
從戶籍上加以糾正，稱為卻籍，遣戍遠地。百姓怨嗟，多逃亡避
罪。以此為導火線，永明三年（485）冬，以圖墓看風水為業的
富陽庶族唐寓之利用人民怨恨，發動暴動。除眾多逃亡農民與藏
丁匿口之外，投附的還有三吳被卻籍者三萬人，其中不少是冒充
士族的地主富人。唐寓之攻克新城、桐廬、富陽、鹽官、諸暨、
餘杭、錢唐等縣和東陽郡。唐寓之稱帝，國號為吳。由於三吳乏
馬，官兵騎軍對唐軍形成極大威儡，暴動很快失敗。但政府也被
迫停止檢籍，放還謫戍邊遠的人民。

陳朝的興亡

　　陳霸先出身寒庶，據說祖先從潁川南渡，居於吳興。他曾
在鄉里任里司，後為梁新喻侯蕭映的小吏。蕭映任廣州刺史，霸

先隨行。因鎮壓少數民族立功，官至西江督護、高要太守，督七
郡諸軍事。侯景之亂時，陳霸先率兵三萬、舟艦兩千北上，協助
討平侯景。梁元帝蕭繹任命他為揚州刺史，鎮京口。梁元帝敗亡
後，陳霸先和王僧辯共迎元帝子蕭方智至建康。以後王僧辯又迎
立北齊送來的蕭淵明為帝，使建康朝廷處於北齊操縱之下。陳霸
先利用江南民心不滿，殺王僧辯，大敗北齊軍，逐回江北。他擁
立蕭方智為帝，557 年受禪，改國號為陳，是為陳武帝。

　　陳朝立國三十二年，沒有出現像元嘉或天監、普通時期那
樣政治穩定、經濟繁榮的局面。疆土遠比宋與梁為迫蹙，蕭梁的
殘餘勢力尚存，還有來自北方齊周以及南部境內的地方豪強的威
脅，都使建康朝廷建立後不遑寧處。先是梁宗室蕭勃在廣州起
兵，梁湘州刺史王琳又聯合北齊抗陳，佔據郢州、江州，俘獲南
下鎮壓蕭勃的陳軍大將。陳文帝雖擊敗東下進攻建康的王琳與北
齊的聯軍，但湘州又被北周襲取。直至陳文帝收復江郢，周軍才
被迫撤退。此外，侯景亂梁、蕭梁政權瀕於瓦解之際，東晉以來
被僑姓士族目為庶族異類，摒斥於南朝政治舞台之外的南土豪強
著姓，都擁有大量部曲私兵，又招募鄉里，以討侯景為名，形
成割據勢力。如豫章熊曇朗、臨川周迪、東陽留異、晉安陳寶應
等，都有較強的軍事實力。陳文帝對他們先加籠絡，次第誅滅。
還有一些勢力較弱，不至直接威脅陳家朝廷統治的地方豪強，如
新安程靈洗、新蔡魯悉達、巴山黃法氍、始興侯安都、長沙歐陽
頠等，陳文帝則用為各地刺史，藉他們的力量以穩定五嶺以北。
陳時朝廷政事及機要並歸中書省。中書舍人五人，下屬二十一

局，為尚書省相應各曹的上司，尚書省俯首聽命而已。無論僑姓士族或江南士族，不僅政治上早已無所作為，社會聲望和經濟地位也都一落千丈，門閥制度已經沒落到徒有軀殼了。

陳宣帝時，北周約陳共伐衰亂的北齊。陳軍於太建七年（575）大敗齊兵於呂梁（今江蘇徐州東南），收復淮南失地。北周乘齊軍受陳牽掣，伺機東進，先取平陽（576），終於滅亡北齊（577）。陳宣帝又命大將吳明徹北伐，想進一步奪取徐兗。吳明徹堰清水灌彭城，被周軍遮斷船路，大敗被擒。淮南之地盡入北周（579）。陳後主陳叔寶荒淫奢侈，大臣們都是陪他飲酒賦詩的「狎客」，還以為長江隔限南北，北軍不能飛渡。開皇九年（589）陳為隋所滅，南北歸於一統。

南朝少數民族的融合

南朝的政治控制與經濟開發向南深入，擴展到中國南部廣大地區，漢族與少數民族的接觸聯繫日益頻繁。少數民族與漢族人民聯合反抗南朝政府，在聯繫與鬥爭過程中，加快了南方各族的融合。

南方少數民族主要有蠻、傒、俚、僚、爨（cuàn）等。蠻族人數最多，佔地最廣，遍及荊、湘、雍、郢、司、豫、南豫、江等州。蠻人分為兩大支。一大支是以虎為圖騰的廩君蠻。他們由南郡向東移動，到漢水下游，北接淮汝，南極江漢。其中最有名的是由西陽郡（治所在今湖北黃岡）的五條水得名的五水蠻。另

一大支是以狗為圖騰的槃瓠蠻，發祥於辰州，由長沙武陵一帶北上到荊雍。武陵有五條溪，因此也稱為五溪蠻。蠻族生產米穀布絹，與漢人相似。部落解體，社會以戶為單位，已進入封建制階段。不少蠻族酋帥擁有大量部曲。南朝政府設立左郡左縣，羈縻統治。這類郡縣數目漸增，反映漢族與少數民族接觸融合的範圍日益擴大。南朝政府一般只從蠻族收納米穀，不徵徭役，所以漢民避徭役者往往逃入蠻中。地方官有時橫徵暴斂，加重對蠻人的剝削壓迫，不斷引起反抗。南朝一百七十年中，史書記載的蠻族大小起事有四十餘起。在荊、雍、豫三州設立的南蠻、寧蠻、安蠻校尉，就是統帥軍隊鎮壓蠻族的武將。政府往往將被征服的蠻族遷出所居舊地，或謫為兵戶，或役如奴隸。

　　傒人分佈於江湘兩州南部和廣州北部，以強悍善戰著稱。他們可能源於以狗為圖騰的五溪蠻，因此稱傒，常被誣衊為傒狗。傒人漢化較早，如東晉陶侃、南齊胡諧之，已和漢族沒有區別。

　　俚人，亦稱里人或俚僚，分佈於交、廣、越諸州，在漢族社會經濟文化影響下，已進入封建社會。他們受南朝政府的剝削，與漢族不完全相同，如始興俚人必須以銀納稅。俚人地區物產富饒，有白銀、珍珠、翡翠、犀象等。梁末及陳時所轄地域縮小，對這個地區的開發益加重視，往往署當地酋豪為長官，「以收其利」。同時置西江、南江兩都護在軍事上經濟上加以控制。俚人不甘忍受剝削，南朝時起義見於記載者有十八次。

　　僚人，為南蠻別支。在 4 世紀中葉自南而北進入巴蜀地區，分佈於梁、益兩州，僚人與漢人雜居的成為郡縣編戶；居深山者

受世襲的「頭王」統治，處於奴隸制階段。生產以農業為主，南朝朝廷剝削沉重。宋以來僚人屢次起兵反抗。南齊時，益州害怕僚人進攻，州城北門「常閉不開」。梁武帝時，梁、益二州「歲歲伐僚，以自裨潤，公私頗藉為利」。被俘的僚人，大都淪為奴隸。

爨人主要分佈在寧州（今雲南地區）。東晉至梁，朝廷任命的寧州刺史見於記載者，約三十人，然大都遙領，未能到任。地方統治實權，掌握在擔任郡守縣令的土著首領手裏。而大姓爨氏世代為寧州最高統治者，或任刺史，或死後追贈刺史稱號。後代因此稱寧州當地民族為爨人。爨人分東西兩部：東部以朱提郡（今雲南昭通）為中心；西部以建寧郡（今雲南陸良）、興右郡（今雲南文山）為中心。爨人地區「戶口殷眾，金寶富饒」，隋唐以後中央朝廷才逐步實現有效統治。

雲南陸良的《爨龍顏碑》
（局部）

南朝劉宋大明二年（458）鐫立。碑額題「宋故龍驤將軍護鎮蠻校尉寧州刺史邛都縣侯爨使君之碑」。碑文追溯了爨換家族的歷史，記述了爨龍顏的事跡，為研究爨氏家族及晉南北朝時期雲南的歷史提供了重要資料。

南朝的文化

南朝的文化，在文學、史學、哲學、宗

教以及藝術、科學等方面都具有特色，總的講勝過北朝，對後代影響較為深遠。

文學

　　東晉詩風以玄言為主，淡泊寡味。劉宋以後，描寫山水景物的詩盛行起來，謝靈運可為代表。齊謝朓則在山水自然景物描寫中傾注人生情感，宋鮑照的詩具有較豐富的社會內容。南朝的樂府民歌清新生動，抒情小賦精巧細緻，思想內容和社會意義雖有所不足，但往往情思橫溢，蕩氣迴腸。五言詩的體裁南朝時已趨成熟，開始向七言發展。詩人多精煉字句，整齊對偶，呈現出向律詩體裁過渡的趨勢。周顒、王融、沈約等在佛經梵吹唱誦的影響下，創為「四聲」「八病」之說，進一步講求聲律，形成「永明體」。結集各體文學作品的總集《文選》和一種體裁的總集《玉台新詠》，都出現於南朝。尤其值得注意的是，系統的文學批評著作《文心雕龍》和《詩品》出於南朝文人劉勰、鍾嶸之手，說明南朝文化發達，文學作品的規律已成為當時人特別提出來研究的對象了。傳世的南朝時期詩文，其作者及篇目數目，皆遠多於北方。

史學

　　史學在南朝受到重視。宋初設立儒、玄、文、史四學，何承

天主持史學，置有生徒。著作郎負責修國史，下有佐郎，分司資料收集及撰寫。正史編纂於南朝者，有《後漢書》《宋書》《南齊書》，梁陳二史也基本上成於南朝。宋裴松之註《三國志》，梁劉孝標註《世說新語》，以註的體裁薈萃史料，亦屬南朝首創。南朝僑姓和江南大族的家譜族譜見於著錄者甚多，說明南朝譜牒之學較北朝為盛。地方歷史的著作，見於著錄者亦南多於北，反映東晉南朝社會經濟比較發達，文人學士也較多。南朝史學著作的一個特點，是較有思想深度，每試圖從宏觀考察說明歷史發展之所以然。宋裴子野《宋略》、陳何之元《梁典》皆仿干寶《晉紀》之例設總論，論一代治亂興衰，探求經驗教訓。沈約《宋書》諸志多溯及前代。梁武帝敕命編《通史》，書雖不傳，用意當亦在觀歷史之會通。范曄撰《後漢書》，自命精意深旨存在於序或論中，借以「正一代得失」。沈約《宋書》和蕭子顯《南齊書》取法於范曄，其中史官議論往往切中要害，表現出對歷史現象的洞察能力。所謂南人之學「清通簡要，得其英華」，也許這就是在史學方面的體現。

玄學與宗教

南朝繼東晉之後，玄學清談仍然在士大夫中流行，宋劉義慶的《世說新語》即此種風氣下產物。梁范縝根據玄學崇尚自然的思想，運用辨名析理的方式，著《神滅論》以破佛家的因果論，引起一場有名的爭論。南朝經學以梁代為盛，對以往經學各派進

行綜合與取舍，學風比較自由開放。南朝重禮學，反映門閥世族的要求。治經方式上則受佛教講經影響，流行講疏、義疏體裁，成為介於義理與訓詁之間的經學著作。

佛教方面，宋代僧人道生主張一切眾生皆有佛性，人人皆可通過頓悟方式而成佛。陳代印度高僧真諦為鳩摩羅什以後，玄奘以前的譯經大師，譯出《攝大乘論》及《攝大乘論釋》，提出統攝一切心理活動的「阿黎耶識」學說，以它為一切事物賴以產生和變化的最後根據，也是精神創造物質學說的理論根據。道教方面，宋代道士陸修靜整理道經，總括為「三洞」分類法，成《三洞經書目錄》，為後代所遵用。梁陶弘景主張融合道家內丹外丹之說，兼顧養神與養形，並編造出新的神仙系統。南朝的道教思想往往把道教的煉形、佛教的澄神、儒家的養德融為一體，致力於會通佛道兩教以至儒家學說。南朝僧人也往往兼通外典，喜作玄學清談。

藝術

隨着山水詩的出現，長期以來的以表現人物為主的繪畫傳統開始轉變，山水景色也成為繪畫的內容。南朝還有不少以人物畫著稱的畫家，也有人在團扇上畫出「咫尺之內而瞻萬里之遙」的山水。南齊謝赫撰著了研究繪畫理論的《古畫品錄》，而他所總結的「六法」，已不僅限於人物畫，對後世有很大影響。南朝書法也名家輩出，王羲之後裔、由陳入隋的僧人智永所寫千字文，

是今天能看到的南朝名跡。

科技

　　南朝的科學也頗有成就。宋齊時人祖沖之是世界上第一個將圓周率的準確數值算到小數點後七位數字，即 3.1415926 和 3.1415927 之間。南朝時，曆法有所改進，煉鋼技術有所提高，在醫學和藥物學方面，陶弘景作過顯著貢獻，他的《肘後方》廣泛流傳，很有影響。

（周一良）

北朝與南朝相持並存。一般以魏太武帝拓跋燾統一北方（439）算起，至楊堅建隋代周（581）為止，包括北魏、東魏、西魏、北齊、北周五個王朝，歷時一百四十二年。另一說，起於拓跋珪建國稱魏（386），止於589年隋文帝楊堅滅陳、統一全國。

　　北方五個王朝的統治者出自塞北的鮮卑族或與鮮卑族有着密切的關係。北魏統治者是鮮卑拓跋部的貴族。東、西魏本來就是從北魏皇室中分裂出來的，它們的實際掌權者高歡、宇文泰，同時又是北齊、北周政權的真正創建人。高歡是生長在北鎮的鮮卑化漢人，宇文泰也是徙居代北的鮮卑宇文部酋豪的後裔（一說為役屬於鮮卑的南匈奴後裔）。因此，一方面在北朝時期，除了編戶、出客、牧子、隸戶、奴隸與官府、大族豪強、牧王、奴隸主之間的階級矛盾，土與客、士與庶、地方勢力與中央政權之間的統治階級內部矛盾外，還始終存在着程度不同的鮮卑文化與漢文化之間的矛盾與融合問題。另一方面，鮮卑族的文化傳統對北朝的政治、軍事、經濟以及典章制度都有深刻影響，從而形成了自己的特點，出現了均田制、府兵制和樸素粗獷的民間文學。北朝時期，統治時間最長、疆域最廣的是北魏，其全盛時（太和二十一年，497），西至焉耆，東到海，北界六鎮與柔然接壤，南臨淮、沔與南齊為鄰。東、西魏時期，其南、北疆界稍有內縮，除西魏之建、泰、義、南汾四州在河東外，大抵以黃河為界劃分東、西魏。齊、周時期，北朝的疆界有擴展：北齊南併淮水流域，瀕長江與陳對峙；北周佔有梁、益，控制江陵，長江上游、漢水流域全歸周有。周武帝建德六年（577）滅北齊，疆域之大，超過北魏。武帝去世，宣、靜相繼，大權旁落，楊堅專政，五年即建隋代周，再八年渡江滅陳，統一了全國。

北朝

北魏

北朝之一，繼十六國分裂局面之後在中國北部重建統一的封建王朝。鮮卑族拓跋珪所建。歷十二帝、二王，共一百四十九年（386～534）。

建國立制

東漢末年鮮卑族的檀石槐政權瓦解以後，許多鮮卑及號稱鮮卑的部落、氏族在今內蒙古和山西北部一帶活動，拓跋部就是其中之一，又稱「索頭鮮卑」，遊牧為生。310 年，西晉封拓跋猗盧為代公，314 年，進封為代王。338 年拓跋什翼犍在繁時（今山西渾源西南）北即代王位，建立代國。376 年，代國為前秦所滅。淝水之戰後，拓跋珪於 386 年重建代國，稱王。同年改國號為魏，建元登國，史稱北魏，亦稱拓跋魏、元魏、後魏。天興元年（398），拓跋珪即皇帝位（道武帝），定都平城（今山西大同東北）。

魏道武帝拓跋珪建國時，拓跋部正處於原始公社組織繼續解體，奴隸制還極不成熟的階段。拓跋珪解散部落組織，使鮮卑部

民分土定居，由氏族組織轉變為地域組織，從遊牧經濟轉向農業經濟。皇始元年（396），拓跋珪攻佔後燕的并州（今山西太原西南）後，始建台省，置百官，封拜公侯將軍，中央官尚書郎以下和地方官刺史、太守以下一般都任用儒生。天賜三年（406）下令諸州置三刺史，郡置三太守，縣置三令長，其中一人為拓跋宗室，其餘為非宗室的鮮卑人或漢人。北魏政府面對漢族地區宗族強盛、塢堡甚多的局面，依靠那些宗族主作為統治的支柱，建立了宗主督護之制，由各地宗主來督護地方，負責徵收租課和徵發兵役徭役，實際上起着地方基層政權的作用。

拓跋珪推行勸課農耕發展生產的政策。登國九年（394）打敗匈奴別部劉庫仁、劉衛辰兩部，佔領五原（今內蒙古包頭西北）至稒陽塞（今內蒙古包頭東）外以後，在此實行大規模屯田，效

北魏石棺線刻畫（局部）
———————————
河南洛陽出土。

果很好。拓跋珪破後燕，於天興元年強迫後燕境內數十萬漢族和
其他各族勞動人民遷往平城附近，計口授田，分給他們耕牛農
具，發展農業生產，使經濟力量不斷增強。

前期政治

天賜六年拓跋珪死，子拓跋嗣（明元帝）繼位。明元帝在位
時對南朝劉宋發動進攻，奪取了黃河以南的司、兗、豫等州的大
部分地區。泰常八年（423），明元帝死，其子拓跋燾（即魏太
武帝拓跋燾）繼位，他先後滅夏、北燕，於太延五年（439）滅
北涼，完成黃河流域的統一，結束了一百多年北方十六國分裂
割據的局面，北朝從此開始。太平真君十年（449），太武帝又
親率大軍擊敗北方的柔然，使其北徙，消除了長期以來對北魏的
嚴重威脅。接着揮師南下，兵鋒直抵瓜步（今江蘇六合東南）。
此時北魏疆域北至大漠，西至今新疆東部，東北至遼河，南至
江淮。

北魏建國後，其社會躍入封建制，生產力逐步發展。但在統
治方式上，北魏前期仍然保留着濃厚的奴隸制殘餘，特別是在統
一北方以前，繼續將戰爭中擄掠的人口沒為奴婢，賞賜給諸王貴
族和有戰功者，從事農業和手工業的生產勞動。賦稅方面，在推
行宗主督護制的地區，平均每戶每年的戶調是帛二匹，絮二斤，
絲一斤，粟二十石，外加地方徵收的調外之費帛一匹二丈。且任
意增加臨時征調，動輒每戶要交三十、五十石粟。當時官吏沒有

正式的俸祿，貪污、賄賂、高利貸公行。太武帝統治期間，大將
公孫軌到上黨（今山西長治北），去時單馬執鞭，回來則從車百
輛。拓跋統治者推行民族歧視政策。在戰爭中，被驅迫當兵的各
族人民在前衝鋒，鮮卑騎兵在後驅逼。十二年，太武帝圍攻盱眙
（今江蘇盱眙東北）時，寫信給劉宋守將臧質說，攻城的都不是
我鮮卑人，你殺了他們，免得他們將來造反。北魏為了鎮壓其他
民族的反抗，在氐、羌、盧水胡等族聚居的地區設置軍鎮，嚴厲
統治。魏律規定犯謀反大逆者，親族男女不論少長全部處死。甚
至還在實行原始的車裂法。

　　北魏前期落後的統治，引起各族人民連綿不斷的反抗鬥爭。
其中規模最大的，是太平真君六年九月，雜居在今陝西、山西等
地的漢、氐、羌、屠各等族人民，在盧水胡人蓋吳領導下，於杏
城（今陝西黃陵西南）爆發的起義。諸少數族和漢族被壓迫人民
爭相響應，起義軍很快發展到十餘萬人，東起潼關，西至汧隴
（今陝西、甘肅交界處）。蓋吳派使者要求劉宋出兵聲援。一年
後，起義軍雖被太武帝親自率軍鎮壓而失敗，但各族人民的共同
鬥爭促進了民族的融合。

馮太后、孝文帝改革

　　為了緩和階級矛盾，北魏統治者力求限制地方豪強勢力，
加強中央集權，使鮮卑貴族進一步封建化，並與漢族地主緊密結
合，更有效地共同統治各族人民。因此馮太后和魏孝文帝元宏進

行了一系列的改革：1. 首先整頓吏治。延興二年（472），政府
規定，地方牧守治績好的可以久任，滿一年升遷一級；治績不好
的即使就任不久，也要受到處罰，甚至降級。2. 延興五年，為改
變過去州、郡、縣爭收租調的混亂局面，政府確定只能由縣一級
徵收，徵收時禁止使用大斗、長尺、重秤。3. 太和八年（484）
頒佈俸祿制，申明俸祿以外貪贓滿一匹絹布的處死。次年頒行的
均田令中，又規定地方守宰可以按官職高低給一定數量的俸田。
所授公田不准買賣，離職時移交下任。4. 九年十月，頒佈了均
田令，對不同性別的成年百姓和奴婢、耕牛都作了詳盡的受田規
定。授田有露田、桑田之別。露田種植穀物，不得買賣，七十歲
時交還國家。桑田種植桑、榆、棗樹，不須交還國家，可以出賣
多餘的部分，買進不足的部分。還授土地時對老少殘疾鰥寡都給
予適當的照顧。5. 九年或十年初，以三長制取代宗主督護制，採
用鄰、里、黨的鄉官組織，抑制地方豪強蔭庇大量戶口。6. 十
年，孝文帝對租調制度也進行了相應的改革。新租調規定以一夫
一婦為徵收單位，每年交納帛一匹，粟二石。十五歲以上的未婚
男女，從事耕織的奴婢每八人、耕牛每二十頭的租調，分別相當
於一夫一婦的數量。7. 十八年，孝文帝排除穆泰、元丕及太子恂
等鮮卑舊貴族和保守勢力的反對，把都城從平城遷至洛陽。8. 孝
文帝改革鮮卑舊俗，主要是禁着胡服，改穿漢人服裝；朝廷上禁
鮮卑語，改說漢話；規定鮮卑貴族在洛陽死後，不得歸葬平城，
並改他們的籍貫為河南洛陽，改鮮卑姓為漢姓；鮮卑貴族門閥
化，提倡他們與漢族高門通婚。9. 太和中，議定百官秩品，分

九品，每品又分正、從。從品為北魏之首創。十九年，又按照家
世、官爵等標準，將代北以來的鮮卑貴族定為姓、族，姓為高，
族次之，其中穆、陸、賀、劉、樓、于、嵇、尉八姓，「皆太祖
已降，勛著當世，位盡王公，灼然可知者，且下司州、吏部，勿
充猥言，一同四姓」。所謂四姓，一說為中原漢族高門崔、盧、
李、鄭，一說為漢族甲、乙、丙、丁四種郡姓，後者似為確。班
定姓族，使鮮卑貴族與漢士族得以進一步結合。

社會經濟的發展

　　在北魏王朝一個半世紀的歷史發展過程中，社會生產力逐步
得到恢復和發展，中國北方自西晉永嘉之亂以後，經過十六國時
期的戰爭破壞，百姓死於兵革，斃於饑饉，幸存的人口不足百分
之五十。中原地區一派凋敝景象。北魏統一北方後，經過各族人
民長期的辛勤勞動和共同鬥爭，生產關係得到了調整，生產有明
顯的發展。特別是孝文帝改革後，自耕農民顯著增加，孝明帝正
光以前，全國戶數已達五百餘萬，比西晉太康年間增加一倍多。
農業、手工業都有顯著的發展。《洛陽伽藍記》稱北魏後期百姓
殷富，年登俗樂，衣食粗得保障。在手工業方面，北魏後期煉鋼
技術有新的成就，相州牽口冶（在今河南安陽）製成銳利的鋼
刀。商業也逐漸活躍起來，太和以前，北方商業幾乎處於停頓狀
態，錢貨無所周流。孝文帝時，元淑為河東太守，當地許多百
姓棄農經商。隨着商業的發展，貨幣恢復流通，太和十九年，

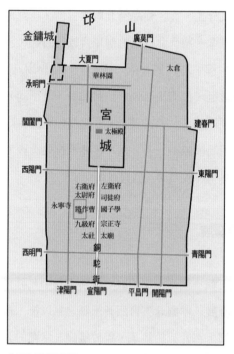

北魏洛陽城平面圖

又重新鑄造「太和五銖」錢，規定此錢在京師及全國諸州鎮都可通行。宣武帝時，洛陽的商業相當繁榮，成為國際性的商業大城市。

北魏的衰亡

隨着生產的發展和鮮卑貴族漢化的加深，北魏統治者日趨腐化，吏治逐步敗壞。高陽王元雍富兼山海，其住宅、園囿像皇宮

一樣豪華，童僕多達六千，妓女五百，一餐費數萬錢。他與河間
王元琛鬥富，奢侈豪華程度超過西晉的石崇、王愷。被稱為餓虎
將軍的元暉做吏部尚書時，賣官鬻職都有定價，人們稱吏部為賣
官的市場，稱這些官吏為白晝的劫賊。地方州郡的刺史、太守也
聚斂無已。他們徵收租調時，恢復長尺、大斗、重秤。繁重的兵
役和徭役使大批農民家破人亡。破產農民紛紛投靠豪強，重新淪
為依附農民，或逃避賦役，入寺為僧尼。

　　北魏控制的編戶日益減少，影響了政府的收入。北魏統治者
除加重剝削未逃亡的農民外，多次檢括逃戶，搜捕逃亡的農民，
因而引起農民的反抗。延昌四年（515）冀州僧人法慶領導的大
乘教起義，公開宣稱「新佛出世，除去舊魔」。北魏政府動員了
十萬軍隊才鎮壓下去。

　　北魏初年，為了阻止柔然南下的威脅，東起赤城（今屬河
北），西至五原修築長城；在沿邊要害處設置軍事據點，即沃野
等六鎮。六鎮鎮將由鮮卑貴族擔任，鎮兵多是拓跋族成員或中
原的強宗子弟。他們被視為「國之肺腑」，享有特殊地位。但遷
都洛陽後，北方防務逐漸不被重視，鎮將地位大大下降，被排斥
在「清流」之外，升遷困難。因而他們對北魏政府嚴重不滿，鎮
兵的地位更是日趨低賤，與謫配的罪犯、俘虜為伍，受到鎮將、
豪強殘酷的奴役和剝削，名為府戶。鎮兵對鎮將、豪強和北魏政
府懷有強烈的階級仇恨，加之塞外的柔然不時進擾掠奪，也加深
了士卒生活的困難。正光四年（523），終於爆發了六鎮起義。
關隴、河北等地各族人民也陸續起義。激烈的階級鬥爭使北魏政

權搖搖欲墜。邊鎮豪強集團利用當時的混亂局面，各自發展勢力。肆州秀容（山西朔州）的爾朱榮，聚集了北鎮豪強和流民，勢力發展最快。武泰元年（528），胡太后毒死孝明帝，自居攝政，爾朱榮以給孝明帝報仇為藉口，進軍洛陽，在河陰將胡太后及大臣兩千餘人殺死，控制朝政。此後，內亂不止。永熙三年（534），北魏分裂成由高歡控制的東魏和宇文泰掌握的西魏。

科技文化的發展

北魏時期，科學文化取得了新的成就。北魏末年賈思勰所著《齊民要術》，是中國現存最古、最完整的農書，包括農藝、園藝、林木、畜牧、養魚和農產品加工等許多方面。它對從西周以來古代農業、手工業等方面取得的知識技術，都作了總結性的敘述。

魏末酈道元以《水經》為綱，寫成地理名著《水經注》。它詳盡介紹了中國一千二百五十二條河流，闡明了水道的變遷，疆域的沿革，並以優美的文字記敘了各地的自然風光和民間故事，還記錄了礦藏、鹽井、溫泉、火山等情況，有重要的史料價值。

文學方面，北朝民歌充分體現了北方民族大融合的特徵，風格剛健，語言質樸，感情真摯。《敕勒歌》《折楊柳歌》《木蘭詩》就是當時民歌的代表，楊衒之的《洛陽伽藍記》，既是一部地理名著，又是一部文學作品，《水經注》從文學角度看，也不愧為一本文字優美的遊記。

山西大同雲岡石窟第 20 窟的化身如來佛

大佛裸露在外，又稱「大露佛」，高 13.7 米，髮髻高聳，揚眉凝目，是雲岡石窟中北魏石雕的代表作品。

　　北魏雕塑藝術，集中表現在當時的石窟寺中。它繼承了秦漢以來中國的藝術傳統，也受到國外，特別是古代印度藝術的影響。摩崖石窟分佈很廣，西起今甘肅，東至今遼寧，保存至今的著名的有山西大同雲岡石窟，河南洛陽龍門石窟，甘肅敦煌石窟，以及甘肅天水的麥積山石窟、永靖的炳靈寺石窟，山西太原的天龍山萬佛洞，河南鞏義的石窟寺等。在這些石窟寺中有古代藝術工匠所塑造出來的數以萬計的佛像，代表了當時中國雕塑藝術的最高水平，至今仍是馳名世界的藝術寶庫。

（盧開萬）

東魏

北朝之一，從北魏分裂出來的割據政權。都鄴，有今河南汝南、江蘇徐州以北，河南洛陽以東的原北魏統治的東部地區。歷一帝，約十七年（534～550）。北魏政權在魏末各族人民大起義打擊下搖搖欲墜，統治階級內部展開了激烈的權利爭奪。爾朱榮發動河陰之變，控制了北魏中央政權。

永安三年（530），孝莊帝利用朝見機會殺爾朱榮。榮姪爾朱兆起兵赴洛陽，殺死孝莊帝，立元恭為帝（節閔帝）。太昌元年（532），原爾朱榮部將高歡在河北大族的支持下，消滅潼關以東的爾朱氏勢力，殺節閔帝，立元修為帝，即孝武帝。北魏政權落入高歡手中。

永熙三年（534），孝武帝不願做高歡控制的傀儡皇帝，逃往長安，投靠宇文泰。高歡隨即立元善見為帝（孝靜帝），從洛陽遷都於鄴，史稱東魏。次年，宇文泰在長安立元寶炬為西魏文帝，北魏正式分裂為東、西魏。高歡以原六鎮流民為主，建立強大武裝，自己住在晉陽（今山西太原西南），使之成為東魏政治中心。

高歡所控制的東魏政權，實質上是北魏將領和河北大族相結合的產物。他為了獲得鮮卑貴族的支持，竭力推行鮮卑化的政策；為了得到漢族豪強地主的擁護，聽任他們貪污聚斂，為非作歹，吏治日趨腐化。

東魏與西魏相較，東魏地域廣、人口多，經濟發達。高歡屢次發兵進攻西魏，企圖吞併對方。天平四年（537），東魏軍西

征，在潼關左邊的小關遭西魏軍襲擊大敗，大都督竇泰自殺，高歡被迫撤軍。此後，在沙苑之戰（537）、河橋之戰（538）、邙山之戰（543）中雙方互有勝負。武定四年（546），高歡親率大軍十餘萬人圍攻西魏據守的玉壁（今山西稷山西南），苦戰五十餘天，他病倒軍中，被迫退兵，次年年初，死在晉陽。其子高澄、高洋相繼掌握東魏政權。武定八年，高洋廢孝靜帝，代東魏自立，建立北齊。

（盧開萬）

西魏

　　北朝之一，由北魏分裂出來的割據政權。歷三帝，共二十二年（535～557）。都長安。管轄今湖北襄陽以北、河南洛陽以西，原北魏統治的西部地區。北魏永熙三年（534），孝武帝元修脫離高歡，從洛陽逃至長安，投靠北魏將領、鮮卑化的匈奴人宇文泰。次年宇文泰殺孝武帝，立元寶炬為帝（文帝），史稱西魏，政權實由宇文泰掌握。

　　西魏政權建立後，宇文泰於大統元年（535），頒佈二十四條新制，後又增加至三十六條，稱為「中興永式」。其主要內容是：嚴禁貪污、裁減官員、置立正長（正即閭正、族正，長指保長。保、閭、族為地方基層組織名稱）、實行屯田、制定計賬（預計次年賦役的概數）和戶籍等制度。七年，關中大族出身的蘇綽

把漢族封建統治的經驗總結為六條：1. 清心；2. 敦教化；3. 盡地利；4. 擢賢良；5. 恤獄訟；6. 均賦役。宇文泰對這些統治經驗非常重視，頒行為「六條詔書」，作為施政綱領，並專門組織中下級官吏學習，規定不通曉這六條及計賬的人，不能當官。十六年，又正式建立由八柱國分掌禁旅的府兵制。府兵共有兵力約五萬，除宇文泰和宗室元欣外，分別由六個柱國大將軍統領。此制的建立，對軍隊進行統一指揮和訓練，有利於中央政權的加強。繼續推行均田制。根據敦煌文書《西魏大統十三年計賬》可知，均田制下的授受雖已實行，但授田不足額卻是普遍的現象。當時最普遍的一種力役為「六丁兵」，即每個丁男在六個月內為政府服役一個月，一年內要服役兩個月。

西魏期間，社會較為安定，國力日趨強盛，有效地抗擊了東魏的多次進攻，而且於廢帝二年（553）取得南朝梁的蜀地，次年又奪得江陵。557 年初，宇文覺廢西魏恭帝自立為帝，即孝閔帝，建立北周。

　　　　　　　　　　　　　　　　　　　　　　（盧開萬）

北齊

　　北朝之一。高洋所建。歷六帝，共二十八年（550～577）。武定五年（547），實際掌握東魏政權的高歡死後，長子高澄繼續掌政。不久高澄遇刺身亡，弟高洋繼承。八年，高洋代東魏稱帝

（即齊文宣帝高洋），國號齊，建元天保，建都於鄴，史稱北齊。

北齊繼承東魏所控制的地盤，佔有今黃河下游流域的河北、河南、山東、山西及蘇北、皖北的廣闊地區。有戶三百萬、口兩千萬。天保三年（552）以後，齊文宣帝高洋北擊庫莫奚，東北逐契丹，西北破柔然，西平山胡（屬匈奴族），南取淮南，勢力一直伸展到長江邊。他在位期間是北齊國力鼎盛的時期。當時，農業、鹽鐵業、瓷器製造業都相當發達，是同陳、北周鼎立的三個國家中最富庶者。

北齊繼續推行了均田制。按照北齊武成帝河清三年（564）令的規定：京師鄴城周圍三十里內的土地，全部作為公田，按照級別授給「代遷戶」（北魏遷都洛陽時，原代京舊戶隨之遷入洛陽，稱代遷戶）中的各級官吏和羽林虎賁；三十里外百里以內的公田，則授給與「代遷戶」相應級別的漢族官吏和漢人充當的羽林虎賁；百里以外的州郡推行均田制。北齊的均田制大體與北魏相同而略有變化：北齊取消了受倍田的規定，但一夫一婦的實際受田數，仍相當於倍田；北魏奴婢受田沒有限制，北齊則按官品限制在三百人至六十人之間。還規定了賦稅：田租、戶調以床（一夫一婦為一床）為計算單位。一床調絹一匹，綿八兩；凡十斤綿中，折一斤作絲；墾租二石，義租五斗。奴婢準良人的一半；牛調二尺，墾租一斗，義租五升。未娶妻者，輸半床租調。百姓為了減輕負擔，多報未娶，如陽翟（今河南禹州）一郡有戶數萬，戶籍冊上多無妻子。

北齊特別是其後期的統治者，自皇帝至各級官吏，多昏庸

殘暴，狗馬鷹亦得加封官號。齊後主高緯不理政事，整天彈唱作樂，揮霍浪費，不惜民力。政治腐敗，貪污成風。後主甚至把地方官職分賜寵臣，讓他們出賣。賦斂日重，徭役日繁，造成人力竭盡，府庫空虛。廣大農民在苛重的賦役下，逃亡者十之六七。階級矛盾日趨尖銳，小規模的農民反抗鬥爭不斷發生，統治階級內部矛盾更加表面化。當北齊政權日趨腐朽之時，關中的北周政權通過一系列的改革措施，國力日益強盛。承光元年（577），北齊為北周所滅。

（盧開萬）

北周

　　北朝之一。宇文覺創建。歷五帝，共二十五年（557～581）。西魏恭帝三年（556），實際掌握西魏政權的宇文泰死後，子宇文覺繼任大冢宰，自稱周公。次年初，他廢西魏恭帝自立（孝閔帝），國號周，都長安（今陝西西安），史稱北周。

　　孝閔帝年幼，大權掌握在堂兄宇文護手中。九月，宇文護殺孝閔帝，立宇文毓為帝（明帝）。武成二年（560），宇文護又毒死明帝，立宇文邕為帝，是為北周武帝。建德元年（572），周武帝宇文邕殺宇文護，親掌朝政，進行了多方面的改革。

　　在兵制方面，周武帝於建德三年，改稱府兵制下的「軍士」為「侍官」，表示府兵是從屬於皇帝的侍從，由皇帝親自領帶。

在長安設置統領府兵宿衛的機構，原來的六柱國、十二大將軍，除被任命帶兵出征或充當宿衛將軍外，不再直接掌握兵權，從而鬆弛了軍士對主將的從屬關係，削弱了過去府兵部落化的傾向。同時，進一步將府兵徵募範圍擴大到漢人，打破鮮卑人當兵、漢人種地的胡漢分治界限。此舉符合民族融合、國家統一的趨勢，也為吞滅北齊，統一北中國提供了軍事力量。

在經濟方面，周武帝修改均田和租調等制度，規定已娶妻的男子受田一百四十畝，未娶的男子受田一百畝。自十八歲至六十四歲的百姓都要交納租調，已娶妻的男子每年納絹一匹、綿八兩、粟五斛，未娶妻的丁男減半。十八歲至五十九歲的百姓都要服役，豐年服役三十天，中等年景二十天，下等年景十天，凶年可免力役。並注意興修水利，增闢農田。如保定二年（562），在蒲州（今山西永濟西）開河渠，在同州（今陝西大荔）開龍首渠，以廣灌溉，增闢農田。還數次下詔，把西魏時江陵俘虜淪為官私奴婢的人放免為民或部曲。自己也比較注意節儉，停修華麗的宮殿，以省民力。

周武帝下令禁斷佛、道二教，銷毀佛經、佛像，勒令僧道還俗。建德三年五月，下詔廢佛，把關、隴、梁、益、荊、襄等地區幾百年來僧侶地主的寺廟、土地、銅像、資產全部沒收，使近百萬僧侶和僧祇戶、佛圖戶還俗，編入國家戶籍，以增加國家直接控制的勞動力，從而相應減輕了一般勞動人民的賦役負擔。

四年，周武帝親率六軍，向北齊發起大規模的進攻，攻下河陰外城後，又圍攻金墉城，後因病班師。次年攻下汾北重鎮晉州

陶騎馬俑

寧夏固原北周李賢夫婦合
葬墓出土。

平陽（今山西臨汾），齊後主全軍潰敗，逃回晉陽（今山西太原西南），又從晉陽逃到鄴。周軍乘勝追擊，攻破晉陽，再向鄴城進發。六年，齊後主讓位給八歲的兒子（幼主恆），自己企圖經山東投奔陳朝，中途被俘。周軍順利進入鄴城，消滅了北齊政權，統一了中國北方。

滅北齊後，周武帝繼續進行改革。建德六年先後下詔：黃河以南諸州凡在齊武平三年（572）以後被齊掠為奴婢的一律免為平民。永熙三年（534）以來東魏、北齊人民被掠為奴婢及江陵百姓沒為奴婢者放免為平民，如果舊主人要求共居，聽留為部曲或客女；並宣佈放免雜戶。在原北齊統治地區，繼續禁斷佛、道。他還頒佈《刑書要制》，嚴懲貪污，規定全國實行統一的度量衡。

宣政元年（578）武帝死，子宇文贇（宣帝）繼位，在位二年，荒淫而死。宇文闡（靜帝）繼位，外戚楊堅輔政，宣布恢復奉行佛、道。大定元年（581）二月，楊堅迫周靜帝禪位，自立為帝，北周滅亡。

（盧開萬）

隋朝是中國封建社會的一個統一王朝，都長安（今陝西西安），歷文帝楊堅、煬帝楊廣、恭帝楊侑，凡三帝，共三十八年。文帝年號二：開皇（581～600）、仁壽（601～604）；煬帝年號一：大業（605～618）；恭帝年號一：義寧（617～618）。大業五年（609）時的隋朝疆域，東、南皆至海，西至且末（今新疆且末南），北至五原（今內蒙古巴彥淖爾境內）。以西京長安、東京洛陽為中心，下統郡（州）一百九十，縣一千二百五十五。有戶八百九十萬七千五百三十六，人口四千六百零一萬九千九百五十六。

隋

隋朝的建立和強盛

隋朝的建立

隋朝皇室據說出於漢代以後的士族高門弘農華陰楊氏，但早自北魏初期就世居武川鎮（今內蒙古武川西）。楊堅父忠是西魏、北周的軍事貴族，西魏時為十二大將軍之一，賜姓普六茹氏，北周時官至柱國大將軍，封隋國公。楊堅襲爵，堅女為周宣帝皇后。

大成元年（579）二月，周宣帝宇文贇傳位於其子衍（後改名闡），改元大象，是為周靜帝，宇文贇自己以天元皇帝名義掌握政權。次年五月宇文贇死，靜帝時方八歲，內史上大夫鄭譯、御正下大夫劉昉假傳遺詔，召楊堅入宮，以左大丞相、都督內外諸軍事名義掌握軍政大權。

楊堅並無煊赫大功，也沒有超越諸大臣的實權與重望，僅憑藉軍事貴族的家世與后父的地位得掌大權。但由於周宣帝誅戮大臣，當時朝中已無有力的反對派；楊堅掌握府兵集中的關中，軍事上對地方居於優勢。他在元老宿將李穆、韋孝寬的支持下，憑仗關中軍事力量，僅用不到半年的時間，就迅速平定了反抗他的

相州（今河南安陽南）總管尉遲迥、鄖州（今湖北安陸）總管司
馬消難、益州（今四川成都）總管王謙。三方叛軍在不同程度上
都和北齊舊臣有關。特別是尉遲迥，所用多齊人，如親信謀士崔
達拏就是第一流高門博陵崔氏。他起兵時，據說「趙魏之士，從
者若流」，不久就至數十萬眾，尉遲迥起兵實際上代表了關東士
族豪強的割據願望。司馬消難自己就是北齊舊臣，王謙所用之人
也有北齊後主的寵臣高阿那肱。所以，楊堅平定三方是在北方統
一的基礎上進一步削弱割據力量。

　　平定地方叛亂的同時，楊堅還屠戮了宇文氏諸王。在消滅內
外政敵以後，他自左大丞相遷大丞相，並於周大定元年（581）
二月代周稱帝，國號隋，改元開皇，是為隋文帝。

統一南北

　　自從西晉末年以來，南北分裂將近三百年，歷史發展傾向是
統一，隋朝完成了這個歷史任務。

　　隋朝初年，北方突厥的勢力強盛，與隋朝相對抗。開皇二年
（582），隋軍挫敗入掠河西以至弘化、上郡、延安（今陝西北
部）的突厥軍。突厥汗國的內部矛盾隨之激化，三年，突厥分裂
為東、西兩汗國。五年，東突厥沙鉢略可汗歸附隋朝，經隋朝同
意，率部內遷白道川（今內蒙古呼和浩特西北），北方獲得安定。
隋朝的力量於是轉向江南。

　　八年二月，隋文帝下詔伐陳。十一月，合九十總管之兵

五十一萬八千人，以晉王楊廣為統帥，沿長江中、下游分兵八路，大舉南進。次年正月，隋大將賀若弼自廣陵渡江，韓擒虎自采石渡江，東西兩路直指建康。賀若弼激戰於鍾山，打敗了前來迎戰的陳軍；韓擒虎因陳將領任忠投降，得以先入宮城，俘後主陳叔寶。長江中下游的陳軍隨即或降或破；嶺南方面，在高涼（今廣東陽江西）太守馮寶妻洗夫人（少數族人）的協助下也迅即安定。這場統一戰爭從發兵到戰事結束，不過四個月。

隋朝平陳之後，得州三十，郡一百，縣四百，籍上戶數共五十萬，人口兩百萬。以後，隋又遷陳朝皇室和百官家屬入關中。江南士族高門從此更加衰落。

陳亡之後，江南士族高門雖大都北遷，但梁陳時正在擴大勢力的地方豪強以及所謂「溪洞豪帥」卻仍然保有實力。隋朝派到江南的官吏都是北方人，不尊重地方豪強的特權。豪強們認為統一損害了他們的利益。開皇十年冬，遍及陳朝舊境的反隋暴動爆發。當時謠傳隋朝要把所有江南人全部遷入關中，豪強們因此得以糾集民眾，大股數萬人，小股數千人。隋朝派遣楊素為行軍總管，領兵鎮壓。統一是大勢所趨，分裂割據不可能真正獲得江南人民的支持；豪強們各踞一方，力量也分散。隋軍將其各個擊破，大約次年即告平定。士族高門的北遷和這次鎮壓，沉重打擊了江南的割據勢力。

西晉末年以來，南北長期分裂的主要原因是尖銳的民族矛盾。北朝後期，鮮卑貴族的門閥化，尤其是各族人民共同的生產鬥爭和階級鬥爭，促進了民族大融合；漢族楊氏代周以後，象徵

民族矛盾的鮮卑政權亦告消亡，南北統一的條件已經成熟。當時，隋的經濟、政治、軍事力量都比陳強。於是，結束近三百年分裂狀態的歷史任務便由隋來完成了。

完成和鞏固統一的改革

在文帝統治時期和煬帝統治的前期，隋朝先後進行了一系列有利於完成和鞏固統一、強化中央集權的改革。

改革行政制度

開皇元年，文帝初即位就廢除了西魏、北周時期仿照「周禮」制定的中央官制，即所謂「六官制」。又綜合參酌魏晉以來的變化，基本形成以尚書、內史（即中書，避楊忠諱改）、門下三省為行政中樞的制度。這一制度後來為唐代繼承和發展。魏晉以來處於發展中的封建官僚機構，在隋代形成了完整嚴密的體系。

南北朝時期由於僑立州郡和其他原因，州郡設置多而且亂：或地不滿百里設置數縣，或兩郡共管一縣，有的郡則沒有屬縣。州、郡、縣名重複出現，混淆不清。開皇三年，文帝下詔廢罷境內五百餘郡，改州、郡、縣三級為州、縣兩級。州置刺史，廢除過去例加的將軍號以及軍府、州府兩套僚佐的制度，將州府和軍府合一。隋還沿用舊制，凡軍事上較重要的州設置總管，兼任刺史，一個總管統轄鄰近幾個州的軍事。隋初曾設置尚書行台節制

尚書省

小·鏈·接

魏晉至宋的中央最高政府機構之一。始名尚書台，後稱尚書省。它是由漢代皇帝的祕書機關尚書發展起來的。秦及漢初，尚書是少府的屬官，是在皇帝身邊任事的小臣，因其在殿中主管收發（或啟發）文書並保管圖籍，故稱尚書。漢武帝劉徹時，尚書地位逐漸重要。尚書在西漢已成為政府機要部門。漢光武帝時，尚書成為政府的中樞，號稱中台，但仍然算是少府的下屬機構。三國時，尚書台已正式脫離少府，成為全國政務的總匯。但在尚書台之外復有中書省。孫吳略仿曹魏，也是尚書、中書並置。蜀漢則沿襲東漢，尚書之權甚重。西晉沿襲曹魏，以尚書台總攬政務，而別置中書、門下二省以分其權。北魏在太和改制以後，正式建立尚書制度。東魏、北齊承襲北魏，而尚書之權較重。隋文帝楊堅於開皇元年（581）恢復了尚書省，並使之成為名副其實的全國最高行政機構。唐沿隋制，也是三省（尚書、門下、中書）並置，尚書省是全國行政的總匯機構。北宋初，形式上還保留尚書省的組織系統，但名存實亡。遼、金有尚書省，與宋制略同。元代以後，尚書省遂廢除。

一方，後雖廢罷，但並（今山西太原西南）、揚（今屬江蘇）、荊（今湖北江陵）、益（今四川成都）四大總管，所轄多至數十州，實即尚書行台的後身。大業元年（605），鑒於漢王楊諒以并州總管起兵，煬帝下詔廢除諸州總管府，進一步加強中央集權。

改革選舉制度

漢代以來，中央的三公府（包括與三公地位相等的最高級官僚）和地方州、郡、縣府的屬官照例由長官自行委任，即所謂「辟舉」。地方機構屬官也規定必須由本地人充當。隨着士族豪門勢力的強大，辟舉道路被他們壟斷，成為門閥制度的一個重要環節。後來經過長期演變，公府辟舉權實際上不再存在，地方軍府的幕僚已不限於本地人，地方州府的辟舉權也日益削弱，但仍然是士族豪門的入仕途徑。同隋代的地方制度改革相適應，開皇末年實行六品以下官吏全部由尚書省吏部銓舉之制，地方各級機構的屬官從此由朝廷委任，也不局限於本地人，徹底廢除了傳統的辟舉制。

保證門閥世襲的九品中正制也在隋代廢除。隋初，雖仍沿襲北朝設置州都（即州中正）、郡正、縣正（避楊忠諱去「中」字），廢郡後，郡正當然不存在，州都和縣正實際上已不再品定人士。州郡辟舉制和九品中正制的廢除表明門閥世襲制的衰落和中央集權制的加強。

儘管如此，由於隋朝門閥貴族，特別是關隴軍事貴族是統治階級的核心，他們的子弟仍可以門蔭出身，即按照父祖官位取

得的入仕資格，升任高官，所以門閥世襲制在隋代選舉中仍居優勢。一般地主的入仕道路主要是通過吏職和軍功。長期由士族壟斷的州郡歲舉（秀才和孝廉）在南北朝後期也已向一般地主開放。舊制規定州舉秀才，郡察孝廉，隋代廢郡，似乎已不再察孝廉。秀才除試策以外往往加試各體文章，錄取非常嚴格，隋朝一代不過十餘人。值得注意的是出現了兩種新的科目——進士與明經。明經之名早見於漢朝，但不是經常科目。進士科是煬帝所創。進士只試策，明經除試策外可能還試經。這兩種新科目的產生適應了一般地主的要求，雖名額很少，錄取的人在政治上並不佔有重要地位，但對後世有很大的影響。

改革府兵制

隋代沿襲西魏、北周的府兵制。府兵創立時的兵士只限於鮮卑與鮮卑化的各族人，基本上沿襲北魏以來鮮卑人當兵、漢人務農的政策。軍民異籍在當時帶有種族隔離的性質。北周後期，大量漢人也被募充府兵，但一旦入軍就全家由民籍轉入軍籍。這種制度是和民族融合的歷史傾向不相適應的。早在大象二年（580）楊堅為北周大丞相時，即下令西魏時受賜鮮卑姓的漢人一律恢復漢姓。西魏賜姓，帶有使府兵部落化的性質，恢復漢姓也就具有破除鮮卑人當兵、漢人務農的意義。開皇十年（590）文帝下詔，府兵全家一律歸入州縣戶籍，受田耕作，只本人作為兵士由軍府統領。這一措施清除了胡漢分治的遺跡，適應了民族融合的時代要求，有利於統一。

府兵制

湖北武漢周家
大灣出土的隋
朝青瓷武士俑

　　中國古代兵制之一。府兵本泛指軍府之兵。西魏權臣宇文泰於大統十六年（550）前，建立起八柱國（大將軍）、十二大將軍、二十四開府（又稱二十四軍）的府兵組織系統。北周武帝建德二、三年間（573～574）改府兵軍士為「侍官」，意思是侍衛皇帝，表明府兵是皇帝的親軍，不隸柱國。隋代軍府有內府、外府（也就是內軍、外軍）之分，以驃騎將軍、車騎將軍為長、貳，有時也設置與驃騎府並行的車騎府。煬帝大業三年（607）改稱鷹揚府，長官為鷹揚郎將，副官為鷹揚副郎將（後改鷹擊郎將）。在唐代，府兵並非唯一的兵種，但府兵在唐初具有較強的戰鬥力，是軍隊的骨幹。唐代府兵制在太宗和高宗統治前期曾經有效地實行，但自高宗後期至武后時就逐漸被破壞，到玄宗天寶年間（742～756）終於被廢除。府兵制前後歷時約二百年。

制定開皇律

　　周大象元年楊堅掌權後不久，就對北周制定的苛重法律進行修改。開皇元年（581）和開皇三年，又制定和修改了隋律，即《開皇律》。隋律以北齊律為基礎進行補充調整，形成了完整的體系。隋代法律對後世有很大的影響。曾經被東亞各國的法律所取法的唐律即是《開皇律》的繼承和發展。煬帝時又曾修改《開皇律》中某些苛重條文，於大業三年（607）頒行，即《大業律》。

　　隋初較重要的改革還有鑄造新五銖錢，統一當時混亂的貨幣，以及統一度量衡。

　　隋代的這些改革適應了國家統一、民族融合、門閥制度衰落的歷史發展趨向，因而具有積極意義。實行這些改革，加強了封建國家機器，維護了以關隴軍事集團為核心的地主階級專政。

均田制的繼續和農業

　　開皇二年，隋朝重頒均田令。受田的主要規定是：自諸王以下至正七品的都督，受永業田自一百頃遞減至四十畝；普通百姓受田遵照北齊之制，丁男一人受露田八十畝（婦人四十畝）、永業田二十畝，限額內的奴婢（繼承北齊制度，親王限額三百人，遞減至八品以下及百姓，限額六十人）和普通百姓一樣受田。北齊還規定丁牛受田，可能隋代已經廢除。隋代所謂「奴婢」，實際上也包括北周時期確定為賤口身份的部曲和客女。

受田百姓承擔國家賦役。開皇三年，隋文帝下令，將受田並承擔賦役的成丁年齡從十八歲提高到二十一歲，受田並承擔輕小勞役（唐代稱為雜徭）的中男的年齡，大概也在同時自十一歲提高到十六歲。力役從每年一個月減至二十天，未被役的丁男納絹代替，稱為「庸」；以後，又規定年滿五十歲者，納庸後免除防戍之役。戶調絹從一匹（四丈）減為二丈。為了防止官吏作弊、豪強欺隱，文帝採納左僕射高熲建議，制定了具有賦役定額、應減應免、計算人戶資產以定戶等高低等各項標準的定式，稱為「輸籍定樣」，頒佈諸州。賦役輕減與「輸籍定樣」的頒佈，招徠了部分逃亡農民，使他們重新列為編戶，其中多數原是豪強蔭庇的私屬。隋朝建立以後，即在舊北齊境內檢查戶籍，取得一定成績。大致在開皇九年，隋朝舊境之內的戶口已增加到六七百萬，大大擴大了賦役對象。

但均田令不僅沒有改變封建大土地所有制，而且為貴族官僚提供了廣佔土地的法律根據。他們的永業田、奴婢部曲受田，還有特賜的土地，都是合法佔有的；非法強佔的田數也不少。由於土地兼併加劇和應受田的戶口增加，大致早在開皇三年就提出了百姓受田不足的問題。當時蘇威建議減功臣之地以給平民，這一建議遭到「大功臣」王誼的反對，沒有實行。開皇十二年，京輔三河（今關中平原和河南西北部、山西西南部地區）百姓受田不足，以致「衣食不給」。文帝派遣使者到各地去「均田」，狹鄉每丁只二十畝，相當於規定受田額的五分之一。受田不足的原因固然與人口增加有關，但主要是由於地主階級特別是貴族官僚

的廣佔土地。長安是都城所在，官府林立；京輔三河是貴族官僚所聚。這兩個地區的「功臣之地」即貴族世襲土地甚多，包括永業田、奴婢部曲受田、賜田，再加上作為官僚部分俸祿的職田和作為官府公用的公廨田，可留供百姓受田的土地就大為減少了。京輔三河是受田不足最突出的地區，當然受田不足不限於這一地區。

在地主土地上勞動的被剝削者有三類人。第一類是奴婢，從奴婢受田這一規定看，他們之中至少有一部分是參加農業勞動的，但在當時，奴婢是一種賤口的泛稱，被稱為奴婢者不一定就是真正的奴隸。第二類是部曲、客女，他們的身份也是賤口，但高於奴婢，大致類似農奴。應當指出，奴婢、部曲、客女的很大一部分是隨從、僕役、私家武裝之類，並不從事生產勞動。第三類是「佃家」、「佃客」，他們來自「浮客」，即逃亡農民。由於他們逃離本鄉，成為非法的「隱丁匿口」，只有託庇豪強才能藏身，所以他們對所從屬的豪強具有強烈的人身依附關係。佃家要交納收穫物的大部分作為地租。逃亡農民組成的「佃家」是地主土地上主要的勞動者。

仁壽四年（604），煬帝即位後，免除了婦人、奴婢、部曲之課。按照「未受地者皆不課」的規定，這三類人至遲在這一年已不受田。其原因可能也是由於無地可授。大業五年又進行了一次大規模的戶口檢查，即所謂「貌閱」，檢出的隱丁匿口以數十萬計。同年，再次下詔均田。檢查戶口與均田相結合，目的都是為了擴大賦役對象。這表明直到大業五年，封建國家仍在力圖維

持農民的受田額，以便攫取租調、徵發兵役和勞役。

　　為了保證租調收益，封建國家必須重視農業生產的盛衰。文帝統治時期，一些水利灌溉工程在各地興建。史籍記載開皇年間，蒲州（今山西永濟西）刺史楊尚希、壽州（今安徽壽縣）長史趙軌、懷州（今河南沁陽）刺史盧賁、兗州（今屬山東）刺史薛胄都曾在轄區內修建堤堰、決水開渠，以利灌溉。在全國統一的條件下，國家有可能較大規模地興修水利。開皇十八年（598），文帝派遣水工巡視各地水源，隨地形高下，發丁疏導。水利灌溉事業的開展有利於產量的增長和耕地面積的擴大。

富實的倉庫儲積

　　賦役對象與耕地面積的擴大，使隋王朝有可能從民間徵得更多的實物。大量穀物和絹帛從諸州輸送到西京長安和東京洛陽。為便於徵集物的集中和搬運，隋朝沿着漕運水道在今陝西、河南境內設置了廣通（在今陝西華陰）、常平（在今河南三門峽東南）、河陽（在今河南孟州、黃河北岸）、黎陽（在今河南浚縣）、含嘉（在今河南洛陽）、洛口（即興洛倉，在今河南鞏義東北）、回洛（在今河南洛陽）諸倉。

　　開皇五年，文帝採納長孫平建議，令諸州以民間的傳統組織——社為單位，勸募當社成員捐助穀物，設置義倉，以備水旱賑濟，由當社為首的人負責管理。由於這是社辦的倉，所以又稱為「社倉」。開皇十五年和十六年，文帝命令西北諸州（大致

為今甘肅、寧夏和陝北地區）的義倉改歸州或縣管理；勸募的形
式也改為按戶等定額徵稅：上戶不過一石，中戶不過七斗，下戶
不過四斗。其他諸州的義倉大概以後也照此辦理。義倉於是成為
國家可隨意支用的官倉。

經過多年搜括蓄積，西京太倉、東京含嘉倉和諸轉運倉所儲穀
物，多者曾至千萬石，少者也有幾百萬石，各地義倉無不充盈。兩
京、太原國庫存儲的絹帛各有數千萬匹。隋朝倉庫的富實是歷史上
僅見的。這固然反映了戶口增長與社會生產的上升，同時也說明受
田農民辛勤勞動的生產成果大部分為封建統治者所掠奪。

手工業和商業

隋代手工業在前代的基礎上有所發展。隋代墓葬中發現的白
瓷和碧玻璃瓶，說明在陶瓷手工業上的突破（據記載，這種碧玻
璃是工藝家何稠創製的）。成都和魏郡（今河南安陽）都以製造
精美的雕刻物著稱。江南傳統的造船業仍繼續發展。為了伐陳，
文帝曾命楊素在永安（今重慶奉節東白帝城）督造大批戰船，最
大的有五層，高百餘尺，可容戰士八百人。煬帝巡遊江都所用的
船隻，在揚州製造，其中皇帝乘坐的龍舟有四層，高四十五尺，
長兩百尺，此外，還有大小船隻數千艘。隋代手工業生產結構基
本上承襲前代，除了廣泛的與農業相結合的家庭手工業以外，一
些具有專業技能的工匠居住在城市，他們主要以家庭成員組成手
工作坊，父子相傳，成為匠戶。史籍記載，鄴城郊郭居住着技作

商賈，精美的雕刻物和曾經進獻給文帝的綾文布都是由這些技作戶製造的。建造戰船和龍舟的工人大量為徵自民間的丁伕，也包括具有造船技能的專業工匠。開皇十八年，文帝曾下令禁止江南民間私造大船，船長三丈以上的一律沒收，說明民間存在着造船工匠。這些具有專業技能的工匠雖然也允許自己開業，但卻牢固地受官府的控制。他們具有特殊身份，隸屬於管理官府手工業的機構，不屬州縣，每年輪番到所屬官府作坊中服役兩個月，免除一般百姓所服的兵役和力役（一般力役是每丁一個月），租調是否減免不詳。除了這些工匠以外，可能還有一些長期在官府作坊中服役的。官府手工業原先由主管金帛儲藏的太府寺兼管，煬帝把這部分職權劃歸少府監。少府監有左尚（製造車輿和隨車儀仗等）、右尚（製造甲冑、鞍轡及其他雜物）、內尚（製造祭祀用品和宮廷所用精巧工藝品）、織染（製造冠服和染色）、掌冶（熔鑄銅鐵器）等署，分管各專業作坊。此外，還有主管建築的將作監，下有左校（管理木作）、右校（管理泥作）、甄官（管理石作和燒造磚瓦）三署。少府諸署的勞動者是所屬的各種專業工匠，將作監諸署的粗重勞動則作為正役徵發百姓。

在社會生產發展、政治安定的條件下，隋代商業也獲得發展。早在隋初，地處南北交通要道的汴州郭外有船客散居，這些船客應是商人。北齊故都鄴城的郊郭也居住着許多商賈、工匠。成都是西南最大的都市，歷來以手工業、商業繁盛著稱。長江流域大致仍然繼承着南朝商船往來不絕的情況。開皇十八年文帝所禁止的江南民間私造的大船，多半是用以運貨的商船。沿江東

下，自江陵、豫章（今江西南昌）以至下游諸郡治所在的城市，商業都比較發達。陸海兩道的絲綢之路仍然是對外貿易的通道。陸道以張掖為中心，聚集着國內西北各族和外國商人，煬帝曾派遣裴矩到張掖去主持貿易事宜。南海（今廣東廣州）是最大的貿易港口，輸出絲綢，輸入象牙珠寶等傳統商品。長安和洛陽是全國政治中心，文帝興建大興城（新的長安城），置有二市，東市名都會，西市名利人。煬帝興建東都後，洛陽的商業比長安更為繁盛。洛陽置有三市，東市名豐都，南市名大同，北市名通遠。豐都市最大，周圍八里，開十二門，市內有一百二十行，三千餘肆，四壁有四百餘店；大同市周圍四里，開四門，一百四十一區，六十六行；通遠市周圍六里，有渠通往洛口，可通大船，來自各地的船舶數以萬計。長安、洛陽和張掖、南海不僅是國內的大都市，也是國際的貿易中心。

隋代的手工業、商業雖然有所發展，但仍然繼承着前代體制。手工業以家庭手工業和官府手工業為主，基本上都是自給自足的性質。店肆必須設在官置的市內，官市則限於郡、縣治所。隋文帝恪守以農為本的經濟政策，令狐熙為汴州刺史時，便奉行文帝意旨，抑制工商；開皇十六年，文帝下詔不准工商入仕為官。這種措施反映了封建王朝重農輕商的傳統。

煬帝的繼位

隋代許多改革是文帝和煬帝兩朝完成的。文帝有五個兒子。

長子楊勇在文帝代周前夕，內領禁衛，外統故齊之地，後立為太子，參決軍政大事，曾經獲得文帝的寵任，但他奢侈好色，使得文帝和獨孤皇后逐漸失去對他的信任。次子楊廣同樣奢侈好色，但卻善於矯飾，貌為節儉孝順，博得父母寵愛。他與大臣楊素勾結，向文帝揭發楊勇的過失。文帝和楊勇間的感情日益惡化，文帝甚至懷疑楊勇有篡奪皇位的意圖。開皇二十年（600）十月，文帝廢楊勇，十一月，立楊廣為太子。仁壽四年（604），楊廣繼位，是為煬帝。傳說文帝是被楊廣暗害的。

煬帝即位時，文帝第五子漢王楊諒身居并州總管重任，統轄今山西、河北、山東境內五十二州，手握強兵。他早就覬覦皇位。七月，煬帝即位，八月，楊諒就以討楊素為名，起兵反叛。楊諒雖然擁有可觀的兵力，但改變不了關中的軍事優勢；他用兵又舉棋不定，忽攻忽守，所以很快就被楊素領兵鎮壓了。

大運河的開鑿

為了控制地方，擴大南北漕運，隋朝在開皇四年曾開鑿由長安新城 —— 大興城到潼關的漕運渠道，稱為廣通渠，又名富民渠。煬帝繼位後，從大業元年（605）至六年，又先後開鑿疏浚了由河入汴、由汴入淮的通濟渠，由淮入江的邗溝，由京口（今江蘇鎮江）達餘杭（今浙江杭州）的江南河，引沁水南達黃河、北抵涿郡（今北京）的永濟渠，相銜接為大運河。這條大運河自涿郡到餘杭，成為貫通南北數千里的水運大動脈。它不僅加強了

隋王朝對南方地區的政治、軍事控制，便利了江南財物向洛陽、長安的轉輸，而且大大加強了中國南方和北方的經濟、文化聯繫，對以後的歷史發展也具有深遠的影響。

隋朝與國內少數族的關係

早在文帝開皇四年，東突厥沙缽略可汗就已與隋和好，五年，南遷塞內。十九年，隋朝扶助啟民可汗為突厥主。他對隋非常尊重。大業三年煬帝巡視北境，到了榆林（今內蒙古托克托西南），啟民可汗來朝，煬帝在千人大帳內設宴款待啟民可汗和諸部落酋長等三千五百人。在巡遊途中，煬帝又親自蒞臨啟民可汗牙帳和部落所在地，接受款待。

西突厥由於內部紛爭和對鐵勒的戰爭，力量削弱。大業七年，處羅可汗入朝煬帝於涿郡的臨朔宮。處羅可汗的部眾，羸弱萬餘口，由處羅弟闕度設統率，居於會寧（今甘肅靖遠）；另一部分由特勤大奈統率，居於樓煩（今山西靜樂）。

大業前期是隋朝極盛的時期。大業五年，煬帝西巡河右，親征吐谷渾。吐谷渾平後，隋在今青海及新疆境內設置西海（治伏俟城，今青海湖西端）、河源（治赤水，今青海興海東南）、鄯善（今新疆若羌）、且末（今新疆且末南）四郡。原來受突厥控制的伊吾吐屯設內附，隨後，隋於其地設置伊吾郡（今新疆哈密）。高昌國王麴伯雅亦到張掖朝見煬帝。這樣，通往西域的南、中、北三道的門戶，便全部被隋朝所掌握。為了管理西域事

務，隋設置了西域校尉。當年六月，在燕支山下，煬帝在巡遊用的「觀風行殿」（下有輪的巨型活動房屋）上張設盛大宴會，款待伊吾吐屯設、高昌王和其他來朝的各族首領三十多人。

在嶺南地區，原高涼太守馮寶妻譙國夫人洗氏，自平陳後，即協助隋派來的將吏安撫當地俚僚諸族。滇南地區在開皇二十年亦獲安定。台灣自孫吳以來，和大陸的關係日益密切。隋代稱之為流求。大業三年煬帝派遣羽騎尉朱寬、海師何蠻出使流求；次

隋唐時期絲綢之路上的重要城市——高昌故城遺址（今新疆吐魯番境內）

年，朱寬再次到那裏安撫當地人民；同年又派遣虎賁郎將陳稜、
朝請大夫張鎮州率軍從義安（今廣東潮州）出海到流求。當地人
見到船艦，以為是商旅之船，紛紛前來貿易，由此可知大陸商人
是經常到流求進行貿易的。此後，台灣海峽兩岸間的經濟、文化
交流進一步加強了。

隋和外國的關係

　　作為具有悠久文化傳統的強盛的封建統一大國，隋朝為遠
近各國所嚮往。文帝是個務實的政治家，他的注意力重點在於內
政，力求國內各族間的安定，不事遠略。他曾因為往來風浪險惡
而諄囑百濟使人不必每年入朝，因而開皇年間對外交往較少。煬
帝想要宣揚國威，他即位後，就下詔召募能夠出使遠方的使人。
大業三年，他派遣使者從海道出使赤土（大致在今馬來半島）和
日本，大約在同時，由陸道遣使到吐火羅、罽賓（通指今克什米
爾一帶；隋代一度指漕國，今阿富汗加茲尼）、石國（今烏茲別
克斯坦塔什幹）、天竺的王舍城（今印度比哈爾邦巴特那南）、
波斯（今伊朗）。大業中，許多國家遣使來隋。煬帝主觀上只是
為了樹立他大一統皇帝的崇高威望，客觀上開展了中外經濟、文
化交流，中國文化進一步在亞洲各國間廣為傳播。

　　朝鮮半島一向和中國大陸有親密的關係。魏晉以來，半島
上高麗、百濟、新羅三國鼎立。三國中除了高麗曾和隋發生戰爭
外，百濟、新羅都和隋朝有友好關係。伐陳時，隋的一艘戰船漂

流出海，返航途經百濟，獲得百濟資送，並遣使祝賀隋的統一。
煬帝統治時，百濟、新羅都多次遣使來隋。

日本自東漢以來，以倭國的名號為中國所知。南北朝時曾八
次遣使劉宋、蕭齊，中國文化進一步在日本傳播。隋時，日本聖
德太子執政，他渴望引進文化，在本國進行改革，便幾次遣使來
隋。煬帝也曾遣裴世清報聘。日本使人來時隨行有學生和僧徒，
他們長期留居中國，學習佛法，也學習禮制和政令，多數直到唐
初才返國。通過他們，隋唐的禮制、政令在日本傳播，對日本劃
時代的大化改新起了推動甚至指導作用。這些學生和僧徒多數是
新舊日籍漢人，他們成為引進中國文化的核心人物。

東南亞各國早在兩漢時就和中國有往來，南北朝時和南朝交
往。和隋通使的有林邑（今越南中南部）、赤土、真臘、婆利（在
今印度尼西亞加里曼丹島或巴厘島）、丹丹（在今馬來西亞馬來
亞東北岸的吉蘭丹或其西岸的天定，一說在新加坡附近）、盤盤
（今泰國萬倫府萬倫灣沿岸一帶，一說馬來半島北部克拉地峽一
帶）等十餘國。其中，文帝統治末年曾和林邑以兵戎相見，隨即
和好，其他各國都曾在煬帝時通使。

那時在中亞阿姆河與錫爾河流域的有所謂昭武九姓國，即
康、米、史、曹、何、安、小安、那色波、烏那曷、穆等國。九
姓國都在大業中遣使來隋。

煬帝統治着幅員廣大的國家。全國的在籍戶數將近九百萬，
人口數將近五千萬，還擁有前所未有的富裕國庫。煬帝志得意
滿，加意粉飾太平。大業五年冬，他徵集四方藝人到東都，次年

正月在東都端門街佈置了歷時一個月的表演大會，參加者達十餘萬人。大會期間，三市的店肆張掛帷帳，置備酒食，主管人員帶領各族人入市貿易，所到之處，都以酒食款待。

東都大會表現了統一王朝的盛況。但也就在大業六年正月，洛陽發生了彌勒教徒的起義；六月、十二月在北方的雁門（今山西代縣）、南方的朱崖（今海南東北部）又先後爆發了人民起義。三次起義的規模都不大，迅即被鎮壓，但卻是強盛的隋王朝崩潰的信號。

隋朝的覆亡

繁重的勞役徵發

導致人民反抗的直接原因是漫無限止的勞役徵發。煬帝營建東京、修長城、開運河，雖有一定的積極意義，但卻濫用了民力；至於純為個人享樂而徵發的勞役，只能給人民帶來災難。

從煬帝即位開始，幾乎每年都有重役。仁壽四年十一月，他發丁男數十萬，在今山西、河南境內夾黃河兩岸掘了兩道長塹。大業元年三月營建東京，月役丁二百萬（次年正月告成，歷時十個月）。同時煬帝徵發河南、淮北丁男前後百餘萬開鑿通濟渠，又發淮南民十餘萬開邗溝，不到半年便完成了這兩項工程。這一年還在江南採伐木材，建築東京和其他各地宮殿；為了巡遊江都而在江南造作龍舟和數以萬計的各色大小船隻。八月巡遊江都，

徵發挽船士數萬人。粗略估計，從仁壽四年十月到大業元年十月的一年間，被徵發的丁男不少於四百萬。大業二年統計的戶數為八百九十萬七千五百三十六，就是說，平均每兩戶徵發一丁，而且徵發地域集中在河南至淮南之間，這一地區被徵發的丁男所佔的比例當然更高。營建東京的兩百萬丁，由於苦役，死亡率殆半，其他勞役的死亡率大概也差不多。可見這一年徵發丁男的比例和死亡率都是高得驚人的。此外，該年被誅戮和流配的所謂楊諒「叛黨」還有幾十萬人。

　　隨後是大規模地修築長城，開鑿永濟渠。早在開皇六年和七年，文帝曾兩次修建長城，一次徵發丁男十一萬（一作十五萬），另一次徵發十萬餘，都是按制度「二旬而罷」。大業三年煬帝到榆林，七月發丁男百餘萬築長城，雖仍按制度「二旬而罷」，但死者過半。次年正月，徵發河北諸郡男女百餘萬開永濟渠，丁男不足，以婦人供役。七月，煬帝北巡五原（今內蒙古五原南），又發丁男二十餘萬築長城。此外，大業三年，還徵發河北十餘郡丁男鑿太行山，開一條通往并州的馳道，雖沒有具體的徵發數字，但徵發範圍達十餘郡，人數當不會少。從大業三年五月到四年七月一年多的時間內，所發丁男以至婦女，大約在三百萬人次左右，徵發地區包括今內蒙古、山西和河北，當時這些地區的戶數，大致為三百五十萬左右，可見徵發比例也非常高。

　　煬帝在十四年統治期間，幾乎沒有一年不出去巡遊。他曾三巡江都，三到涿郡，兩至榆林，一遊河右，還有長安與洛陽間的頻繁往還。伴隨着巡遊，到處建築宮殿；每次出巡，宮人、侍衛

和各色隨從人員多達十萬人，沿路供需都由所經地方承辦。這筆費用最後都落在人民的頭上。

這些勞役徵發超出了人民所能承擔的限度。大業六年就已有人民起義發生。次年，煬帝發動對高麗的戰爭，更大規模地徵發兵役和勞役，終於點燃隋末農民起義的燎原大火。

煬帝三征高麗

隋朝時，朝鮮半島上有高麗、百濟、新羅三國，其中，高麗最強。東晉時，高麗入據遼東，奚、契丹、靺鞨等族受其控制。開皇十八年（598），高麗王高元聯合靺鞨進攻遼西，被隋朝地方軍擊退。文帝發兵三十萬進擊，高元遣使謝罪，罷兵修好。

煬帝即位後，要求高元入朝未成，便決心大舉東征。大業四年（608）開永濟渠，就是要為東征作交通運輸準備。同時，煬帝命令山東（今河北、山東地區）廣置軍府，充實軍馬，整備武器。運輸之役更是繁重：七年二月，煬帝命令在東萊（今山東萊州）海口造船三百艘，官吏督役嚴急，死者達百分之三四十；五月，命令河南、淮南、江南造戎車五萬輛，裝載衣甲帳幕，由兵士自己牽挽，送往高陽；七月，發江淮以南民伕和船，運黎陽（今河南浚縣）及洛口（在今河南鞏義境內）諸倉米到涿郡（轄境在今北京、天津、張家口一帶），船舶連接達千餘里。運輸兵民交錯往還，晝夜不絕，死的就拋在路旁，臭穢滿路。又發民伕自辦車牛運糧械到瀘河（今遼寧錦州）、懷遠（今遼寧遼陽西北）兩

鎮，車牛都一去不返。又發鹿車（即獨輪車）夫六十餘萬，每兩人推米三石，路途遙遠，三石米還不夠路上吃的，車伕到鎮無米可交，只好逃亡。

大業八年，隋軍雲集涿郡，共一百一十三萬三千八百人，分左右各十二軍，運輸人員加倍。當年二月，煬帝和大軍渡過遼水，圍攻遼東城（今遼寧遼陽）。這次聲勢浩大的東征本來不得人心，高麗又頑強抵抗，隋軍遭到失敗，士兵役丁死亡大半，物資裝備幾乎全部丟失。宇文述進攻平壤（今朝鮮平壤）的九軍共三十萬五千人，只兩千七百人生還遼東。七月，煬帝被迫退兵。

失敗並沒有使煬帝接受教訓，他在退兵時就下令繼續搬運黎陽、洛口、太原諸倉穀物北上。九年正月再次在全國徵發兵士集中涿郡。四月，煬帝再渡遼水，和上次一樣攻圍遼東城，一個多月仍沒有攻下。六月，在黎陽督運兵糧的楊玄感起兵攻東都（東京改稱）。消息傳到前線，煬帝有後顧之憂，只好退兵。

同年八月，楊玄感敗亡。但農民起義軍卻風起雲湧，隋王朝處於崩潰前夕。煬帝妄想以對外的勝利來扭轉危亡的命運，於大業十年二月發動了第三次東征。三月煬帝又到涿郡，七月到達懷遠鎮。高麗雖兩敗隋軍，卻因連年戰爭，所受損失也非常嚴重，所以立即遣使請和，並囚送隋的叛將斛斯政。這次戰爭是在義軍遍地的形勢下發動的，徵集的士兵多因道路阻隔，不能如期到達，有的根本沒有來，來的又因沿途多有逃亡，以致兵員不足，實是湊合成軍。煬帝也感到無法把戰爭進行下去，只好因高麗請和，乘勢收兵。

隋末農民大起義

　　煬帝三次東征，給人民造成一場非常嚴重的災禍。大業八年雲集涿郡的兵士和民伕大致為三百五十萬人，如果再加上造船之類的就地徵役、或逃或死的兵民，數字就更大了。以後連年東征，都是在全國徵發，人數也不會少。除了勞役以外，軍需的徵發也非常嚴重，常規租調已預支數年。這樣擾動全國，弄得盛強的隋王朝「黃河之北則千里無煙，江淮之間則鞠為茂草」（楊玄感的檄文），社會生產力遭到嚴重的破壞，人民受到無邊的苦難。

　　河北、山東是籌備東征的基地，兵役、力役最為嚴重。大業七年，這一地區遭到特大水災，次年又發生旱災，人民走投無路，起義的戰鼓首先就在這裏敲響。最早見於記載的是大業七年鄒平縣民王薄於長白山（在今山東鄒平南）起義，自稱「知世郎」，作《毋向遼東浪死歌》號召反抗。這一年還有劉霸道起義於平原東豆子䴱（今山東商河、惠民間），孫安祖、竇建德起義於高雞泊（今河北故城西），鄃縣（今山東夏津）人張金稱、蓚縣（今河北景縣）人高士達各在境內起義。後來發展壯大的翟讓領導的瓦崗（在今河南滑縣南）軍和以後南渡長江由杜伏威、輔公祏領導的起義軍，也都在這一二年間組織起來。從此直到隋亡，見於史籍的武裝反隋力量北至今山西、河北北部，南達嶺南，東至山東、江浙、福建沿海，西達河西走廊，大大小小數以百計，其中在今河北、山東、河南的約佔半數，起義時間也較早。這些起義隊伍經過激烈的搏鬥，分並離合，最後大致形成三

大起義力量：一是威震全國，據有河南的李密領導的瓦崗軍；二是雄踞河北的竇建德領導的夏軍；三是自淮南轉移到江南由杜伏威領導的吳軍。

關隴貴族統治集團的分裂

農民起義軍的發展，促使統治階級內部分化。有的反隋武裝力量，本來就是乘亂起兵的地方豪強，如據有朔方的本郡豪族梁師都，據有江南吳興等郡的江東豪族沈法興，據有江陵的蕭梁後裔蕭銑等；也有擁有兵力的軍府將領，如據有隴右的金城府校尉薛舉，馬邑（今山西朔州朔城區）的鷹揚府校尉劉武周、涿郡的虎賁郎將羅藝等。他們大都志在乘亂割據。更有不少地主豪強參加了起義軍，比如瓦崗軍中的徐世勣、王伯當等。此時，關隴軍事貴族集團也發生了分化。尤其是大業九年楊玄感的起兵，對隋朝的崩潰有很大影響。

楊玄感是大貴族、權臣楊素的兒子。第二次東征時，他以禮部尚書在黎陽督運糧食，六月，聚眾起兵，攻圍東都。煬帝派來救援東都的遼東還軍將到，玄感撤圍西入關中，八月為追兵所及，敗死。楊玄感聲稱「為天下（百姓）解倒懸之急」，具有很大的號召力，一呼而集就有十萬人。他的好友和參謀李密，家世也是西魏以來的關隴世襲大貴族。和玄感通謀的斛斯政、投奔玄感的李子雄及隋宗室觀王楊雄的兒子恭道、大將韓擒虎的兒子世諤，也都是關隴世襲貴族。楊玄感雖然很快失敗，但卻促使了作

隋代壁畫《備騎出行圖》

山東嘉祥英山徐敏行夫
婦墓出土。

為隋朝統治核心的關隴集團的迅速分裂，進一步孤立了隋煬帝。

　　大業十一年八月，煬帝第三次巡視北境。突厥始畢可汗（啟
民子）眼見隋朝大勢已去，就發兵圍煬帝於雁門，也企圖乘機稱
霸。煬帝下詔各地募兵救援，九月解圍，煬帝還東都。從此，突
厥經常攻擾并州，威脅太原。

　　并州地區的起義力量在大業十一至十二年間日益壯大，汾水兩岸義旗競舉。在此背景下，隋太原留守李淵乘機而起。李淵（即唐高祖李淵）是西魏六柱國之一李虎之孫，既是關隴世襲貴族，又是煬帝的姨表兄，一向為煬帝所信任。大業十一年他以山西河東慰撫大使領兵解雁門之圍有功，被留在并州防禦突厥和鎮壓農民軍。大致在大業十二、十三年之間，煬帝命李淵為太原留守。當時，隋朝的危亡形勢已很明顯。李淵既害怕無功被罪，又懷有政治野心，加之次子李世民等的勸說，經過密謀部署，於大業十三年五月起事，七月進軍關中，十一月攻佔長安。李淵立煬帝孫代王侑為帝，改元義寧，尊煬帝為太上皇，自為大丞相，掌握大權。次年五月，李淵代隋稱帝，國號唐，改元武德。

　　大業十三年，瓦崗軍推李密為魏公，先後攻佔洛口、回洛、黎陽諸倉，散糧聚眾數十萬，進逼東都。河北起義軍領袖竇建德也在這年稱長樂王於樂壽（今河北獻縣）。

隋煬帝的窮途末路

　　自大業七年農民起義爆發時起，隋煬帝就力圖用嚴刑酷法鎮壓人民的反抗怒火。文帝時就經常超越法律、任意加刑，這時更甚。大業七年，煬帝命令竊盜以上，不分輕重，隨獲隨殺。九年又下詔凡為盜者抄沒全家。楊玄感被鎮壓後，朝廷追究黨羽脅從，死者達三萬多人，凡取過黎陽倉粟者，不管多少，一律處死。秉承煬帝意旨，統兵鎮壓起義軍的將領任意屠殺人民。如樊

子蓋鎮壓汾、晉間起義軍時，大肆燒殺；王世充鎮壓劉元進領導的起義軍時，一次坑殺三萬人。但是屠殺只能激起人民更大的憤怒，起義隊伍愈加壯大。大業九年以後，隋軍只能據守一些城鎮，已不能控制廣大農村。煬帝命令百姓盡數遷入城內，就近給田，就反映了這一事實。大業十二年煬帝第三次到江都。面對土崩瓦解的形勢，他已經感到處境的危險。但為了逃避現實，他整天飲酒作樂，不准人說「盜賊」眾多，如有人這樣報告，輕則免官，重則處死。那時煬帝所能控制的地域已非常狹小，糧倉被佔，租調不入，江都糧食供應越發感到困難。一些江南出身的官僚建議煬帝南渡。煬帝便在十三年下令修築丹陽宮，準備渡江。

　　大業九年第二次征遼時，煬帝為了擴充軍隊，除徵發府兵外，又曾募人從軍，稱為驍果。這次到江都，天下大亂，府兵上番宿衞制度難以維持，只能以驍果代替。驍果中多數是關中人，一向不願久留南方，往往逃亡。為了安定驍果，煬帝竟然搜括江都寡婦和未嫁女子強配給他們。此舉並沒有收到什麼效果。當驍果們知道煬帝方謀南渡，就決定劫掠馬匹財物，集體西返。十四年三月，在煬帝寵臣宇文述之子宇文智及的鼓動下，驍果發動兵變，殺死煬帝，立煬帝姪孫秦王浩為帝，推宇文智及兄化及為大丞相掌握大權，率眾自運河西返，他們來到徐州時，路已不通，就又掠奪百姓的車牛，改從陸道進向東都。

　　煬帝死訊到達東都，群臣立煬帝的又一個孫兒越王侗為帝，改元皇泰，史稱皇泰主。這年六月宇文化及兵到黎陽，黎陽早

由瓦崗軍佔領。那時，李密已接受東都官爵，便與化及在黎陽的倉城相拒。化及糧盡北走魏縣（今河北大名西），九月殺秦王浩，稱帝，國號許。唐武德二年（619）宇文化及於聊城為竇建德所擒殺。李密擊走宇文化及後，想應命到東都去「輔政」。當時，東都發生內訌，反對召李密的王世充專政，發兵攻李密。武德元年九月，李密於偃師戰敗，降唐。王世充擊敗李密後，聲勢很大，遂於次年四月，廢皇泰主，稱帝，國號鄭，改元開明。到此，三個象徵性的隋政權殘餘全部滅亡。

思想文化和科學技術

隋朝結束了近三百年的南北分裂局面，實現國家的政治統一，有力地推動了思想文化的南北合流。隋朝時期表現在哲學、文學、語言學、音樂、美術等方面的南北交融，是顯著的。

南北朝時期思想界以佛教思想最為活躍。當時南、北佛學的學風不同，南方重視義理，北方重視禪定。陳、隋之際，智顗創立天台宗，參合南北學風，主張義理、禪定並重，提出「止（禪定）」「觀（義理）」法門作為最高修養原則。由於漢魏以來傳入中國的佛經存在着教義上的重大分歧，隨之形成各種學派。天台宗批判、整理、解釋諸經、諸學派的教義，形成一套由低級到高級、分別層次的理論，建立起自己的判教體系。「止觀」法和「判教」體現了南北佛教學風和各種學派的交流和統一，適應了統一王朝的需要。

　　南北朝時期對儒家經典的傳習、講授，南北各有所主，互不相通。學風上，江南繼承魏晉以來的新經學，又受玄學的影響；北方仍守漢代遺風，比較質樸。梁末，一些南方儒生如蕭該、何妥被遷入關中，可能對北學發生影響。隋代最顯赫的經學大師信都（今河北冀州）人劉焯、河間（今屬河北）人劉炫被稱為「學通南北、博極今古」，他們注解《尚書》和《春秋左氏傳》都舍北從南。這時，經學由南北交流走向統一，但這個統一卻是南方征服了北方。

　　南、北文風過去也不相同。南朝講究聲律辭藻；北方質樸，宜於實用。北魏中期以後，南方文學逐漸在北方傳播。北齊、北周時期，北方作家多以南方作家為楷模，出現了以南方文學為主流的文風統一過程。隋代前期，李諤上書，乃至文帝下詔，企圖阻止南方文學的流行，但都沒有收效。煬帝愛好甚至尊重南方文化，來自江南的文人獲得寵任，鄙視江南為「東夷」的臣僚被處杖刑。在煬帝的大力提倡下，南方文學成為正統。

　　由南北交流發展到南北統一的傾向也表現在書法藝術上。南北書法是有區別的。南方自東晉以來流行的是以王羲之、王獻之父子為首的新書體（行草書），秀逸流移，長於書劄序跋；北方上承漢魏隸法，方正遒勁，長於碑刻榜題。西魏破江陵，王家書法的傳人、文學家王褒被遷入關中，不僅對關中文學的轉變有極大影響，書法也為貴族子弟所崇尚，盛行一時，以至作為關中名氣最大的書法家趙文淵（唐人避諱作「文深」）也不得不學習王褒書體，但他的碑榜書卻為王褒所推重。隋代書法藝術綜合南

北，為唐代書法的統一奠定了基礎。

南北朝時期文學創作的需要，還推動了音韻學的研究，音韻之書競出。但那時吳楚之音「輕淺」，燕趙之音「重濁」，四方聲調分歧很大，各種韻書無不雜有地方土音。開皇初年，顏之推、蕭該、陸法言等八人，感到各地語音駁雜，缺乏統一的標準，便共同研討南北古今語音的同異，而以東晉南渡以前洛陽京畿地區的語音系統為標準，對當時語音詳加校正。陸法言記錄了諸人議論的大義，又參酌南北諸家韻書，於仁壽元年（601）撰成《切韻》五卷。《切韻》是一部集南北音韻研究之大成的巨著，為唐宋時期音韻學的更大發展奠定了基礎。

北方、江南、西域以及外國音樂，在隋代也得到交融發展。北齊、北周時期的宮廷已有龜茲、高昌等西域樂，後來為隋朝繼承。開皇九年（589），隋朝平陳，獲得宋、齊音樂和梁、陳樂人，文帝下令太常寺設清商署管理他們。大業六年（610），煬帝命各地撿括西魏、北齊、北周、陳朝的樂人子弟，集中於太常寺。開皇年間曾定七部樂，大業中改為九部樂。其中的「清樂」，即「清商伎」，是號稱「華夏正聲」的漢代舊典；「禮畢」即「文康伎」，據說傳自東晉太尉庾亮家；西涼、龜茲、康國、疏勒、安國樂來自西域；還有天竺、高麗兩部外國樂。隋九部樂後來沿用至唐，又有了新的發展。

科學技術在隋代取得了新的成就。經學家劉焯又是傑出的天文學家。他使用定朔計算法取代過去的平朔法，創製了當時先進的曆法《皇極曆》。後來，唐朝李淳風依據《皇極曆》製成《麟

德曆》，行用於唐朝前期。定朔法的採用是中國天文史上的一項重大改革。劉焯還觀測五大行星的位置，對它們各自的近日點和遠日點作了比較精細的計算。另一位天文學家耿詢，製成了用水力轉動的渾天儀，裝在暗室中，借水力運行，與室外的天象恰相符合，設計十分精妙。

巢元方是隋朝最著名的醫學家。他撰寫的《諸病源候論》五十卷，從病的來源和病的症候兩個方面診斷疾病，共論述了六十七個門類、一千七百二十種病候，並探究其病源，提出醫治的方法，開闢了後世病因學和病理學的研究途徑。

隨着國家的統一，中外交通和商業貿易的發展，隋代地理學取得新的成就，特別是地圖的編繪技術有了顯著進步。大業初年，朝廷根據諸州申報的各地風俗、物產、地圖資料，編成《諸州圖經集》一百卷。大業六年，煬帝又命臣下依據圖經撰成《區宇圖志》一百二十九卷，圖志所敍的山川、郡國和城隍，均附有地圖，是一部地理學的巨著。煬帝時的著名地理學家裴矩，在奉敕去張掖管理西域商人交市時，蒐集了有關西域的山川、風俗等資料，撰成《西域圖記》三卷，書中有地圖，有記述，還有穿着民族服裝的各族人的彩繪圖，是一部地理學名著。

隋朝工匠李春在趙州（今河北趙縣）城南淡水上所建的安濟橋，即趙州橋，是中國現存最古老的大石橋。安濟橋是一座空腔式拱橋，淨跨為 37.02 米，淨矢度為 7.23 米，主拱兩端各有兩個小拱。空腔弧拱式的設計，可以減輕橋基的負擔；單孔大弧孔可以增大排水面積，小拱可以分洪，減輕洪水對橋身的衝擊力；

大跨度、低弧形、單拱的建築設計，既節省工料，又便於運輸通
行。安濟橋的設計和建造，顯示了中國古代勞動人民的智慧和才
能。它比歐洲同類空腔式橋梁的出現要早七百多年。

（唐長孺）

唐朝是中國歷史上的重要朝代之一。在經濟、政治、文化和中外交流等方面，中國在唐代都取得了輝煌的成就。李唐王朝曆高祖、太宗、高宗、中宗、睿宗、玄宗、肅宗、代宗、德宗、順宗、憲宗、穆宗、敬宗、文宗、武宗、宣宗、懿宗、僖宗、昭宗及哀帝共二十帝，中間在中宗、睿宗之際曾出現過短暫的武周政權。據開元二十八年（740）戶部統計，全國共有三百二十八個郡、府，一千五百七十三個縣。唐朝的疆域東至安東，西迄安西，北起單于府，南止日南；都西京長安（今陝西西安），以洛陽（今河南洛陽東）為東都，通稱「二京」。

唐

唐朝的建立和前期的統治

唐朝的建立和平定全國

　　李淵是唐朝的開國皇帝。隋朝末年，農民起義遍及全國各地，隋煬帝楊廣於大業十一年（615）以李淵為山西河東慰撫大使，不久又拜太原留守，以北備突厥，並鎮壓今山西境內的農民起義。當時，隋政權已呈土崩瓦解之勢，統治階級一再發生大分裂，地主武裝和義軍星羅棋布於各地。李淵素有大志，移官太原後，看到隋朝即將敗亡，萌動了取而代之的念頭。他左右的裴寂、劉文靜及次子李世民亦紛紛建議起兵以舉大事。到大業十二年，農民起義在全國已居優勢，隋朝再也無法集中兵力有效地打擊各個武裝集團，李淵覺得時機成熟，遂於次年五月在太原殺死副留守王威和高君雅，正式宣佈起事。

　　七月，李淵與長子建成、次子世民揮師南下，先後破霍邑（今山西霍州），渡黃河，向西南挺進。當時，隋煬帝遠在江都（今江蘇揚州），關內隋軍力量薄弱；中原瓦崗軍與王世充激戰方酣，均無暇西顧。因此李氏父子進軍神速，十一月間攻入長安。李淵進入長安不久，就宣佈遙尊隋煬帝為太上皇，擁立煬帝孫代

王楊侑為帝，改元義寧，是為隋恭帝。李淵任大丞相，進封唐王。大業十四年三月，隋煬帝在江都被殺，五月，李淵逼恭帝禪讓，自己稱帝，國號唐，是為唐高祖。改元武德，仍都長安。

　　唐朝建立後，唐高祖面臨的首要任務是以關中為根據地統一全國。為此，他派李世民攻打據有金城（今甘肅蘭州）等地的薛舉。經過反覆較量，唐軍於武德元年（618）十一月俘殺薛舉子薛仁杲，平定了西北廣大地區。同年冬，幽州羅藝降唐。武德二年，唐朝出使涼州（今甘肅武威），胡商安興貴、安修仁兄弟計擒李軌，平定了河西走廊。同年，劉武周、宋金剛勾結突厥大舉南攻，佔領了今山西大部分地區。唐高祖派李世民率軍征討，於武德三年收復并州（今山西太原西南），劉武周北走突厥，不久被突厥所殺。這時，黃河流域形成竇建德的夏政權、王世充的鄭政權與唐政權鼎足而立的形勢。李淵派李世民東征王世充，鄭、夏結成聯盟抗唐。次年，竇建德被李世民所俘，王世充被迫出

陝西西安城牆

建於明洪武七年到十一年
（1374～1378），是在唐皇城
的基礎上建成的，是中國現存
最完整、規模最大的一座古代
城垣建築。

降。竇氏餘部受唐迫害，因而在劉黑闥的領導下兩次起事，並聯合突厥兵南攻。李淵先後派秦王李世民及太子建成率軍東討。建成於武德六年俘斬劉黑闥，平定了河北地區。在江淮方面，李世民東征時，佔有丹陽的杜伏威受唐朝冊封為吳王，不久，又親赴長安朝見唐高祖。武德六年，杜氏的江淮餘部在輔公祏策動下再度起事反唐，據丹陽，稱宋帝。七年公祏被執殺，江南平。武德四年唐大將李靖圍江陵，南朝梁代後裔蕭銑降，其於隋末所建的蕭政權被消滅。五年，嶺南（今廣東、廣西一帶）馮盎降，唐以其地置八州。同年，據有虔州（今江西贛州）的林士弘死，其地為唐所有。

　　武德九年六月初四，秦王李世民伏兵玄武門發動宮廷政變，殺死其兄太子建成及四弟齊王元吉，逼高祖立自己為太子。不久，世民即位，是為唐太宗。李淵退位為太上皇。次年改元貞觀。

　　唐太宗即位不久，於貞觀二年（628）發大軍征討據有夏州（今內蒙古白城子）的梁師都，師都為其下所殺，夏州歸唐所有，至此全國統一。

政治制度

　　唐高祖武德七年（624）是朝廷宣佈國家大政的一個重要年代，很多制度和法令都在這一年正式頒行，釐定官制也是其中的主要內容之一。到唐太宗、唐高宗和武則天時期，這些制度和法

令又有所發展。

　　唐因隋舊，中央仍實行三省六部制。唐朝的三省為中書省、門下省和尚書省。中書省的正副長官是中書令和侍郎，下設中書舍人，負責起草詔制。門下省的正副長官是侍中和侍郎，下設給事中，負責審核中書省起草的詔旨，駁正違失，並審批尚書省的奏抄。尚書省的正副長官是尚書令和左右僕射，下設左右丞；該省統轄吏、戶、禮、兵、刑、工六部，負責貫徹執行中央擬定的政令。因唐太宗曾任尚書令，以後臣下避居該職，形同虛設，故左右僕射實際上成為尚書省的最高長官。唐初，三省的最高長官都是宰相。當時在門下省還設政事堂，為三省宰相共議軍國大事的場所。後來，凡參加政事堂會議的其他官員也是宰相，均加有「參知機務」「參知政事」等銜，再後逐漸確定為「同中書門下三品」或「同中書門下平章事」。六部的正副長官是尚書和侍郎，左右僕射與六部尚書合稱「八座」。每部分設四司，各司的正副長官是郎中和員外郎，合稱「郎官」。

　　秉承六部政令加以貫徹執行的事務機構有九寺五監。九寺是：太常寺、光祿寺、衛尉寺、宗正寺、太僕寺、大理寺、鴻臚寺、司農寺和太府寺。五監是：國子監、少府監、將作監、軍器監和都水監。九寺五監也是中央的重要機構。

　　中央的監察機構是御史台，以御史大夫、御史中丞為長官，主要掌糾察百官和監督府庫出納，可以說是「天子耳目」。御史大夫下分設台院、殿院和察院。台院置侍御史，掌彈劾中央的百官；殿院置殿中侍御史，掌糾察朝儀、朝會、郊祀及巡視京師，

以維護皇帝的尊嚴；察院置監察御史，掌監察地方官吏。

　　中央的司法機構有：大理寺，是最高的審判機構；刑部，是司法行政機構；御史台，負責監督大理寺和刑部的司法審判活動。每遇重大案件，大理寺卿會同刑部尚書和御史中丞共同審理，稱「三司推事」，即後世「三法司」的前身。

　　地方行政亦沿襲隋制，為州縣二級。州設刺史；有時稱郡，則設郡守。縣設縣令。刺史（郡守）、縣令掌本級地方政府的政令。縣以下在農村實行鄉里制，百戶為里，設里正；五里為鄉，設耆老（貞觀九年，每鄉置鄉長，後廢）。城市的居民區以坊為單位，設坊正。鄉、里、坊是最基層的政權，對城鄉人民進行直接統治，催督課役，鎮壓反抗。在沿邊及內地緊要之處，州（郡）之上還設有都督府，長官是都督，原來只管軍事，因都督例兼所在州刺史，故亦兼管該州民政。

　　唐太宗於貞觀元年（627）根據山川形勢把全國劃分為十個監察區（即道），稱十道，即關內道、河南道、河東道、河北道、山南道、隴右道、淮南道、江南道、劍南道和嶺南道。唐玄宗於開元二十一年（733）又分江南道為江南東道和江南西道，分山南道為山南東道和山南西道，從關內道析出京畿道，從河南道析出都畿道，增置黔中道，共成十五道。唐朝不斷派黜陟使、觀風俗使、巡察使、按察使、採訪處置使等官員分巡諸道，監察刺史以下各級地方官的善惡，以整頓吏治，並加強中央集權。開元年間（713～741）各道漸設有治所，這種監察區開始在一定程度上具有了行政區的性質。

刑律和法規

唐朝先後頒佈了律令格式。律指刑律，令指國家對各種規章制度所定的條例，式指各種章程細則，格基本上指皇帝不斷以制敕形式頒佈的禁令匯編。其中最重要的是一再修訂的《唐律》。

唐高祖即位後，令劉文靜、蕭瑀和殷開山等人損益隋朝的《開皇律》，制定新律，即《武德律》，在武德七年（624）正式頒佈。唐太宗即位後，命長孫無忌和房玄齡等人釐改《武德律》為《貞觀律》。唐高宗即位後，令長孫無忌等人刪改《貞觀律》，勒成十二卷，是為《永徽律》；並令長孫無忌撰《律疏》三十卷，逐條解釋律文。《律》與《律疏》後通稱《唐律疏議》。

在封建社會，法律是維護封建秩序、維持封建禮教和對人民進行鎮壓的工具。根據這種原則制定的《唐律》，首先把謀反、謀大逆、謀叛等定為「十惡」罪，犯者不得赦、減或贖免。其次，保護封建土地所有權，嚴禁妄認、盜賣、盜耕公私田，體現了為封建經濟基礎服務的職能。再次，竭力維護各種封建性的等級特權，皇族、官僚、富人犯法可以通過各種方式減刑或免刑，奴婢、部曲犯法則比「凡人」加等論罪。《唐律》還起調整統治階級內部各集團之間、各成員之間的關係和各剝削階級之間的關係，以及保證統治機構正常運行的作用。

《唐律》是傳世的中國古代最早、最完整的一部法典，對亞洲很多國家產生過顯著的影響。

兵制

府兵制是唐朝前期的基本兵制。西魏、北周時期建立起來的府兵制發展到隋代已漸臻完備，但在隋朝覆亡的過程中遭到破壞。因此，在唐初，統治者必須重新整頓兵制。唐高祖於武德初置十二衛，下設軍府，有時稱驃騎府，有時稱統軍府。唐太宗在貞觀十年（636）調整和健全府兵制，下令改統軍府為折衝府，改統軍為折衝都尉，統率本府衛士（兵士稱號）。折衝府的數目有所增加。當時全國約有六百多府，關內道佔二百六十餘府，形成了軍事上居重馭輕的局面，有利於加強中央集權。每逢戰爭，皇帝命將帥領府兵出征，戰爭結束後，「兵散於府，將歸於朝」，防止形成將帥專兵的局面。

折衝府分上、中、下三等，上府有衛士一千二百人，中府一千人，下府八百人。府兵例從受田民戶中選拔丁男充當，三年一揀點。這種亦農亦兵的衛士三時耕稼，冬季講武，既減輕了國家的軍費開支，又保證了農村勞力。

府兵的主要任務是番上宿衛，即輪流到京師宿衛；另一項任務是戍邊征防，即出征和到沿邊的鎮、戍充當防人。府兵執行這些任務時，均須自備衣糧和部分武器。衛士免除一般的課役負擔。

府兵制是唐朝統治者對全國百姓進行軍事鎮壓的暴力工具，也是捍衛民族利益和進行民族征服的手段。充當府兵是農民的一項沉重負擔。

中央禁衛軍，除主要宿衛南衙，歸十二衛統領的番上衛士外，還另置北衙禁軍。後者是皇帝的親軍，專司守衛宮禁和扈從。其原為元從禁軍，成員老、死後例由其家子弟及上戶子弟補充，後亦改由衛士簡補或招募。北衙軍的名稱及組織屢有改易，曾出現過飛騎、百騎、千騎、萬騎等稱謂，至開元、至德之際終於形成六軍，即左右羽林軍、左右龍武軍及左右神武軍。

除府兵外，統治者往往強行徵募民丁充當鎮戍防守，或臨時組成軍隊出征，以應付戰爭，這種士卒稱作兵募。

唐代從軍的人主要是農民，也有部分地主。立有戰功的軍人可以根據勛位得到勛田，不過實際所得勛田遠遠少於法定的畝數，這種情況越到後來越嚴重。

學校和科舉

學校是培養地主官僚子弟、使之成為後備官員的場所，科舉是選拔官員的主要制度之一。

學校分京師學和州縣學。京師學隸屬於國子監，包括以下六種學校：國子學、太學、四門學、律學、書學和算學。各類學校均置博士與助教以授經業。學生稱作生徒。諸學中以國子學和太學最為重要。國子學專收三品以上官員的子孫，有三百人；太學專收五品以上官員的子弟，有五百人。至於四門學則兼收六、七品官員及庶民子弟，多達千餘人。律學、書學和算學居於次要地位，八、九品官員及庶民子弟可以入學，名額各數十人。在地方

上，州有州學，縣有縣學，規模較小，生徒有限。國子學、太學及四門學的生徒主要學習儒家的經典，諸經中尤其以《孝經》和《論語》為主，是共同必修的經書。考試的方式是讀和講，通經數達到標準方可卒業。唐朝力圖把生徒培養成合格的封建官吏，用以對人民進行統治。唐太宗即位後大力發展學校，增築學舍，大增生徒，各少數族及亞洲各國君長亦遣子弟入國學，於是儒學大盛，為古昔所未有。

唐朝在門下省設宏文館，在太子東宮設崇文館，各置學士若干人，除掌書籍外，亦教授學生，唯學生均來源於高級貴族、官僚子弟，為數不過數十人。

除官家的學校外，當時還有私人聚徒講學。

適應門閥世族日益衰落的歷史趨勢，唐朝繼續發展與完善新興的科舉取士制度。參加科舉的人有由學校保送的生徒，有通過州縣初試的鄉貢。唐代科舉分制舉和常舉。制舉由皇帝下詔舉行，以待「非常之才」，隨時設科，名目繁多。最常見的有賢良方正科、直言極諫科、博學宏辭科等。唐文宗以後制舉始實際停廢。常舉分秀才、明經、進士、明法、明書和明算等科。唐初，秀才科等級最高，到唐太宗時，此科幾至廢絕，士人的趨向才開始轉變為明經、進士兩科。明經科主要試帖經、經義及時務策。進士科在貞觀年間試策和經義，高宗時加試雜文（指詩賦），到玄宗時始改變為以試詩賦為主。此科後來躍居獨重地位，進士及第者往往能飛黃騰達。常舉須先通過禮部試，進士及第者僅得出身；然後通過吏部試，身、言、書、判合格者始得釋褐除官，故

古其風朴略雖因心
忠之道昭美立耳揚
公侯伯子男于朕常
者皆煨爐之末濫觴
跡相祖述殆且百家

唐刻《石台孝經》（局部）

最早保存在唐代長安城務本坊中的國
子監太學（今陝西西安陝西省體育館
一帶）內。五代時移至改建過的長安
城中文宣王廟（即孔廟，今西安鐘鼓
樓廣場附近）內，成為中國古代有目
的地收藏保存碑石的第一個地點。因
該處地勢低窪潮濕，碑石易陷傾，宋
代時又把這些收藏的碑石移至府學北
墉（今西安三學街）。經歷代增添，
形成了今天的西安碑林。

吏部試亦稱「釋褐試」。

　　唐朝入仕的途徑除科舉制外，還有門蔭和「流外」入流。所
謂門蔭，是指憑藉先輩的官資以蔭得官。唐代屬於九品範圍的職
事官稱流內官，低於九品職事官的官吏稱流外官，流外官多半是
出身卑微的胥吏。所謂入流，是指流外官經過考詮，升職為流內
官。唐初，由此兩途入仕的官員遠比科舉出身的人多。以後進士
出身的宰相逐漸增加，到德宗、憲宗之際，由科舉入仕的宰相及
高級官員才佔了多數。科舉制取代九品中正制，成為向地主政權
輸送官吏的主要渠道，是選官制度上的一個進步。它在削弱門閥
士族的等級特權、擴大唐政權的社會基礎、提高官員文化水平等
方面起了重要的作用。

前期政局的發展

　　唐朝前期政治形勢的發展過程中先後出現過太宗朝的貞觀之
治、武則天執政時的政局變動和玄宗朝的開元之治。

　　唐太宗李世民作為傑出的政治家和開明皇帝，接受亡隋的教
訓，懾於農民起義的餘威，與群臣留意「居安思危」，勵精圖治，
出現了天下升平的景象，史稱「貞觀之治」。當時的政績主要表
現在以下幾個方面：任用房玄齡、杜如晦等賢相，知人善任，進
忠賢，退奸佞，朝政清明；太宗虛懷納諫，以魏徵為代表的一些
大臣能夠面折廷諍，避免和糾正了不少錯誤；制定刑律，以輕代
重，君臣執法不避權貴；重視吏治，慎擇刺史，嚴懲貪官污吏；
實行輕徭薄賦、勸課農桑的政策，以恢復經濟，發展生產；縱鷹
犬，罷貢獻，節儉自持，力戒奢淫，二十年間風俗淳樸；修撰《貞
觀氏族志》，以抑制山東舊士族；實行開明的民族政策，促成了
「胡越一家」的盛況，唐太宗被少數族尊為「天可汗」。通過上述
政策和措施，貞觀時期形成了連年豐收、穀價低廉、馬牛佈野、
外戶不閉的狀況。

　　唐太宗承認，他孜孜從政是為了使公卿百官「長守富貴」，
即從地主階級的根本利益和長遠利益出發而採取上述進步的開明
政策。因而，貞觀年間不但有賣子鬻女的現象，而且發生過農民
自殘肢體以逃避徭役的事。勞動人民仍然處於被統治、被壓迫的
地位。

　　貞觀二十三年（649）唐太宗逝世，第九子李治即位，是為

高宗。唐高宗李治統治時期,皇后武則天逐步登上政治舞台,並且成為中國歷史上唯一的女皇帝。她是武士彠之女,十四歲入宮做唐太宗的才人。太宗死後,她入感業寺為尼。唐高宗即位後,召她入宮,封為昭儀。永徽六年(655),高宗在李勣、許敬宗等人的支持下宣佈廢黜王皇后,改立她為皇后。以後她排除異己,對反對立她為后的顧命大臣加以打擊,如先後流放褚遂良,逼長孫無忌自殺。從顯慶(656~661)開始,唐高宗因體弱多病,政柄漸操武后之手,天下稱皇帝和武后為「二聖」。弘道元年(683)高宗死後,武則天立太子李顯為帝,是為中宗。不久,又廢中宗,改立另一個兒子李旦為帝,是為睿宗。天授元年(690),武則天終於廢睿宗稱帝,改國號為周。在稱帝前後,她大力打擊皇親國戚,誅殺海內名士。武周政權持續了十五年之久(690~705)。

武則天操國柄將近半個世紀,在政治上有所作為。她重視農業發展,曾向高宗建言勸農桑、薄賦斂;以後又向全國頒佈了《兆人本業》,用以教導農民,內容包括農俗四時種蒔之法。為了培植自己的勢力,她破格用人,發展科舉制,從庶族地主中選拔官員。她還一再下令放奴為良,限制王公以下的蓄奴數,禁止西北一帶養蓄突厥奴婢,各地不得以「傭力」為名質賣男女。武則天即位前,還令大臣撰成《姓氏錄》,以代替《貞觀氏族志》,進一步貶抑舊士族的地位;同時禁止隴西李氏、太原王氏、范陽盧氏和清河崔氏等七姓十一家相互通婚。上述建議、政策和措施都具有一定的進步性。武則天執政時期,社會生產有所提高,戶口

迅速增加。

武則天在政治上也有消極的一面。她廣建佛寺，築「明堂」「天堂」，造「天樞」，鑄九鼎，浪費了大量的民力物力。所以在其統治的半個世紀中，一方面社會經濟有所發展，另一方面均田制已開始趨向弛壞，農民逃亡逐漸普遍，階級矛盾有激化的傾向。

政治鬥爭是極其殘酷的，武則天在奪權的過程中曾任用酷吏周興、來俊臣和索元禮等，廣事羅織，以酷刑逼供，大興告密之風，一時冤案累累，濫殺無辜中也不免禍及部分勞動人民。到武周政權基本鞏固之後，這種風氣才有所收斂。

神龍元年（705），宰相張柬之、崔玄暐及敬暉、桓彥範、袁恕己等人策動左右羽林軍李諶、李多祚等人發動政變，殺死武則天的親信張昌宗、張易之兄弟，擁立中宗李顯復位，重建了李氏王朝。

中宗復位以後仍然是一個傀儡皇帝，大權旁落在皇后韋氏、女兒安樂公主及武后餘黨武三思等人手中。這些新貴濁亂朝政，濫增官員；廣佔田園，財貨山積，肆意侵剝勞動人民。在一片混亂聲中，中宗於景龍四年（710）去世，韋后立溫王李重茂為帝，是為少帝，並欲加害相王李旦。李旦子隆基遂發動政變，誅殺韋后、安樂公主及武氏殘餘勢力，擁立李旦即位，是為睿宗。此後睿宗妹太平公主因擁立之功而大權在握，與李隆基發生了權力之爭。睿宗於延和元年（712）讓位於太子隆基，是為唐玄宗。次年，太平公主被賜死，黨羽或殺或逐，混亂政局至此結

束。同年唐玄宗改元開元。

　　唐玄宗即位後勵精圖治，力求有所作為。他先後以姚崇、宋璟、張嘉貞、韓休和張九齡為相。諸相或忠言直諫，或守法不阿，或長於吏治，均能較好地輔佐皇帝。玄宗本人留心納諫，精簡機構，釋放宮女，減毀服玩，顯著節省了開支。其時對官吏循名責實，對地方官加強監督，吏治趨向清明；又針對經濟、財政、軍事上出現的問題，進行一系列改革和整頓，收到一定的效果。在經濟上，大力興修水利，邊境上大規模興建屯田，以發展生產。文化方面，在東、西二京置集賢院，集中學者整理典籍，抄寫經史子集約九萬卷。故開元年間形成了政治清明、物阜民殷的局面，史稱「開元之治」。這是繼漢武帝時期之後，中國歷史上出現的第二次鼎盛局面。

唐朝前期的社會經濟和課役制度

地主經濟和租佃關係

　　唐代前期儘管繼續實行均田制，地主佔有土地並剝削依附佃客仍然是基本的生產關係。在地主階級內部，有官僚貴族地主、庶族地主、寺院地主和商人地主等。唐初，有的官僚貴族自北朝以來世代做官，田產代代相承。其中有些是前代的賜田，有些則是新貴從李唐政權獲得的賜田。無論是官僚貴族、庶族地主還是商人、高利貸者，都大量購買土地。有的人「邸店園宅，遍滿海

《輞川圖》（局部）

唐王維繪。盛唐詩人、畫家王維在今陝西藍田西南十餘千米處，原宋之問的輞川山莊
的基礎上營建了輞川別業，形成了既富有自然之趣，又有詩情畫意的自然園林。在古
代，建於業主所屬領地或田產範圍內的別業，與莊園相同。

內」。不少官僚貴族地主還依據官品、勛品從國家得到永業田和
勛田。所有的地主不僅用這些土地出佃收租，而且使之成為供遊
賞的園林，這種情況在長安、洛陽等大城市郊區尤為普遍。在隋
末農民起義打擊下一度有所削弱的寺院經濟，隨着時間的推移又
有恢復和發展，並有日益膨脹的趨勢。寺觀不僅有常住田，而且
可以據均田令得到受田，更多的田產是來源於施捨。

地主剝削農民的主要方式是出佃收租，吐魯番地區發現了不少唐代前期的租佃契約，是當時盛行立契租佃制的見證。吐魯番的租契反映，主佃雙方多為小農，他們往往因彼此受田隔越、經營不便而交錯出質土地，也有小農因家貧無力墾種而出租土地。此即具有典當性質的立契租佃。但由此可以斷定，地主與佃客間建立租佃關係的情況一定也相當普遍了。根據出土契約，租額有高有低，交租的方式分預付和後付，地租有交產品和貨幣之分，上述諸區別取決於土地質量的高低和租田的種類。租佃關係採取契約形式，定額租的產生和流行，凡此都說明唐代佃客對地主的人身依附比以往歷代有明顯的減輕。部曲的記載主要見於《唐律》及部分出土的吐魯番文書，在其他史料中寥若晨星。估計在大多數地區的現實生活中，部曲已經極少，《唐律》中有關部曲的文字是從《開皇律》中承襲而來的，並不反映當時的社會現狀。北朝至隋朝有大量賜奴婢的情況，動輒以數百人甚至以千人計，受賜者大多是立有戰功的軍官。而到唐朝平定全國以後，賜奴婢的數量銳減，說明掠戰俘為奴的習慣不再盛行了。上述各種情況反映，地主對依附者的超經濟強制明顯地趨向緩和，這是生產力水平提高和隋末農民起義推動下的必然結果。

均田制

地主土地所有制在農民起義打擊下有所削弱，因而唐初國家掌握了大量的無主田，統治者把相當一部分官田用作賜田、公

廨田、驛田、屯田，以供祿米、經費和其他軍政開支之用，其餘
大部分則用以實行均田制，即作為永業田和口分田分配給各階
級、各階層的人佔有。民戶中十八歲以上、六十歲以下的男子每
人受永業田二十畝，口分田八十畝。官員按品級受不同數量的永
業田，勛官按勛品受不同數量的勛田。道士、女冠和僧尼，寡妻
妾及篤疾、廢疾者亦能得到少量受田。與北朝和隋代相比，唐朝
放寬了對買賣永業田、口分田的限制。不僅史籍中有很多關於均
田令的記載，《唐律疏議》中有土地還受的規定，而且敦煌、吐
魯番等地發現的大量手實、戶籍和給田文書、欠田文書、退田文
書，也具體而生動地記錄了均田制實施的狀況。從上述文書可
知，民戶「應受田」額與「已受田」額距離頗大，受田一般不足
法定畝數。

　　封建統治者實行均田制的目的是：儘量利用現有勞動人手墾
種土地，發展生產，以緩和階級矛盾和保證財政收入；通過授貴
族、官員永業田和授勛官勛田等辦法，在一定程度上滿足統治階
級的土地要求，因此均田制具有鮮明的階級性。不過實行均田制
可以調動農民的生產積極性，對促進農業的恢復和發展能起一定
的進步作用。

課役制度

　　唐朝前期實行的課役徵斂主要包括租庸調製、戶稅和地稅，
其中，以租庸調為正稅，戶稅和地稅是輔助稅。此外，還有雜徭

雜徭

　　唐代正役以外的一種勞役。雜徭一名始見於北魏，唐代與租庸調並列為賦役正項。這種勞役由地方官（或中央指令）在有事時臨時徵發，由府、州的戶曹或司戶參軍事、縣的司戶佐實際主管。由於雜徭具有地方性和臨時性，不僅各州各縣的服役項目不盡相同，一州一縣每年也不盡相同，均由地方隨事支配。如修築城池，維修河道、堤堰、驛路、廨舍等均是較普遍的雜徭徵發。

色役

　　唐代把各種有名目（即色）的職役和徭役稱為色役。擔任某種色役的人可以免除課役或免除正役、兵役及雜徭，因此投充色役在某種程度上逐漸成為逃避正役、兵役及雜徭的一種手段。唐代服色役的一般是良民及具有資蔭的人，大致可以分為三類：由具有資蔭的五品以上官子孫及品子、勛官所承擔的色役，由白丁充任的色役，由特殊身份的人或賤民充任的色役。

陝西西安何家村出土的懷集縣庸調銀餅

和色役。

租庸調課斂是在均田制基礎上實行的賦稅制度。課戶每丁每年納粟二石，稱作租；納絹二丈、綿三兩，稱作調；服正役二十天，不役者折收絹，每日合三尺，這種以絹折役的辦法稱作「輸庸代役」。不產絲織品的地方，以麻布二丈五尺代調絹，另納麻三斤，庸絹每日折麻布三尺七寸五分。

正役以外，農民須服雜徭，有的還要服色役。

唐朝把民戶劃分為自上上至下下九等，戶等主要根據財產和戶內丁口多少劃分。國家根據戶等高低徵收稅錢，以供軍國傳驛及郵遞之用。開元時，戶稅分小稅和大稅，每年收小稅約四十萬貫，三年收一次大稅約一百五十萬貫。此外，每年還另收八十萬貫供外官月料及公廨之用。天寶年間，八等（即下中等）戶納錢四百五十二文，九等（即下下等）戶納錢二百二十二文。戶稅有越來越重要的趨勢。

唐太宗繼承隋制，於貞觀二年

（628）在全國普遍設置義倉，規定自王公以下至於百姓根據籍內之田造青苗簿，每年每畝納粟或麥、稻二升於義倉，以備荒年賑災之用。義倉徵斂即地稅。後來由於「公私窘迫」，國家遂貸義倉存糧支用。自中宗神龍（705～707）之後，義倉儲糧支用向盡。天寶七載（748）以後，每年地稅總收入達一千二百四十餘萬石，是唐王朝的一筆重要稅收。

農業的發展

在隋末農民大起義的推動下，高祖、太宗、武則天、玄宗先後推行了一系列有效的政策，促使唐代前期社會經濟的發展呈蒸蒸日上之勢。

當時統治者比較重視興修水利和管理灌溉設施。中央尚書省工部設有水部郎中，負責主管水利政令；都水監有都水使者，主持興建水利工程和灌溉、水運等事宜。各地的渠及斗門均置長一人，專司調節渠水、分配使用。國家制定「水部式」，其中包括灌溉法規。唐代的水利工程百分之七十興築於前期，這與當時全

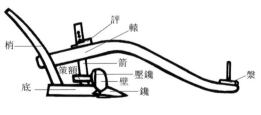

曲轅犁模型示意圖

國統一、社會安定有關。比較大的工程有：武德年間在同州（今陝西大荔）開渠，自龍門（今山西、陝西間黃河之龍門）引黃河水溉田，受益地達六千餘頃；貞觀年間江都（今江蘇揚州）境內修雷塘及新築勾城塘，可引渠溉田八百頃；武則天執政時期在營丘（今山東昌樂東南）東北所開的竇公渠，曲折三十里，受益之田亦為數可觀；唐玄宗統治時期在文水（今山西文水東）、三河（今河北三河東）、彭山（今屬四川）及武陵（今湖南常德）等地興建的很多渠、塘、堰，均能溉田數千畝。隨着水利事業的發展，灌溉技術也有所提高，農民不僅用傳統的轆轤和桔槔汲水，而且製成水車、筒車，用以灌溉地勢較高的耕地。北方旱地還使用立井式水車溉田。

　　農業工具的改進提高了勞動生產率。據各地發現的牛耕圖，唐代前期已經把過去使用的直轅犁改造成曲轅犁，這種新式犁使用起來便於轉彎。耕作技術的進步與灌溉事業的發展提高了單位面積產量。

　　農業的發展導致墾田數量和戶口的增加。開元年間，有的地方高山絕壑，「耒耜亦滿」；有的地方原來榛莽叢生，這時也變成了秔稻之川，土地得到了空前的開發。隨着墾田的擴大，新增加了一些縣。貞觀年間全國人口不滿三百萬戶，經過百餘年的繁衍和逃戶落籍，到天寶十三載（754）增加至九百餘萬戶，而據杜佑在《通典》中估計，如果把隱漏的逃戶、隱戶都計算在內，人口最多時的實際戶數當在一千三四百萬左右。

唐代狩獵紋夾纈絹

夾纈在唐代常用做婦女的服
飾，還作為家具的裝飾品。

手工業的發展

　　唐代前期手工業也取得了長足的進展。手工業分官府手工
業、私營手工業和農民的家庭手工業三種形態。官府手工業作坊
規模最大，分工最細，分屬於少府監、將作監和軍器監三個部
門。盛唐時期僅少府監使用的輪番服役的工匠就近兩萬人，屬將
作監役使的輪番服役的工匠亦達一萬五千人。此外，在全國很多
地方還設有冶監，專門掌管礦冶事業。官府手工業役使的勞動者
有工匠、番戶、雜戶、官奴婢和刑徒等，其中以前三者為主。工
匠、番戶、雜戶每年到官營作坊服役，有的二十天，有的一個
月，有的輪流服役兩個半月或三個月，服役者自備口糧。有的工
匠長期留用，稱作「長上匠」，官府另給報酬。有的官營作坊則
部分地和僱勞力，每日給酬絹三尺，被僱者稱「和僱匠」，有的
稱「明資巧兒」或「巧兒」。各種勞動者都對官府有人身依附關
係。官府手工業的產品主要供皇族、官僚和軍隊消費。隨着生產

力水平的提高和工匠反抗鬥爭的不斷爆發，納資代役與和僱等方式逐漸增加，人身依附趨向緩和。

　　私營手工業作坊均從事商品生產，業主或主人均有技藝，稱師、長老或都料，他們除依靠家庭成員勞動外，也僱用有技藝的工匠。個別的私營作坊規模相當可觀，但一般的作坊規模都很小，仍從事個體經營。到官府作坊服役的各種工匠，有很多就是私營作坊的勞動者。

　　男耕女織的個體農戶也生產手工業品，主要是絲、麻織物。雖然這種家庭手工業在農民經濟中僅處於副業地位，但由於全國大部分人口是農民，所以此類產品的總和在社會經濟中佔有相當比重。農民的手工業產品除供自己消費外，也用於繳納課調，只有一小部分當作商品出賣。

　　手工業生產技術的進步在紡織業、陶瓷業和金屬製造業等部門表現得最為突出。

　　紡織業主要從事絲、麻紡織，遍於全國各地。最重要的產

《搗練圖》（局部）

唐張萱繪。此圖描繪了唐代婦女搗練、絡線、熨平、縫製的勞動場面。

唐三彩

　　唐代燒製的一種低溫多彩的鉛釉陶器。它是在鉛釉陶中加進鐵、銅、鈷、錳等不同的金屬氧化物，而燒製出的集黃、赭、綠、白、藍等色中的一色、二色或三色於一器，甚至也有五色的低溫釉陶。一般由黃、綠、白三種色釉組成，藍色出現較晚。唐三彩具有淋漓變幻的色彩效果。這是利用鉛釉易於流動的特點，在燒製時呈色金屬熔於鉛釉中隨其任意流淌，加之施釉用量的不同，呈現出濃淡及流淌長短等不同現象。唐三彩的製品分為器皿和俑兩大類。器皿類有壺、罐、瓶、尊、碗、盤、杯、缽、枕及文房用具等，形體圓潤、飽滿，體現了唐代豐滿、健碩的藝術特徵。俑類分為人物和動物兩種。前者有文官武士、男女侍從、胡人、貴婦、樂舞人像等，造型精練概括，能刻畫出不同民族、階層人物的性格和特徵。後者以馬和駱駝最出色，比例準確，結構分明，形體轉折起伏完全符合解剖規律。唐三彩的燒製始於初唐，盛唐因厚葬之風盛行，達官貴人為誇耀其財富和追求奢侈的排場，專門用唐三彩陪葬。安史之亂後，隨着唐代國力的衰退，唐三彩的燒製也逐漸走向衰微。

區首推河南道，河北道居第二位，劍南道及山南道的部分地區亦
盛產蠶桑，淮南、江南兩道稍遜於上述各道。上等絲織品稱綾稱
羅；絹和絁是一般水平的產品，但產量較多。據記載，開元時的
絹分八等，布分九等。上等絹多產於河南道，上等布多產於江淮
流域。其中，尤以宋州（今河南商丘南）、亳州（今安徽亳州）
的絹質量最高，屬第一等。鄭州、汴州（今河南開封）的絹列第
二等。唐代絲織品色彩絢麗、圖案新穎，而且吸收了一些波斯風
格和手法。印染技術也有所提高，北朝的蠟纈法在唐代使用得更
為廣泛，唐代還先後出現了夾纈法和絞纈法等新技術。

　　陶瓷製造技術也有顯著進步。傳統生產的越窰青瓷，「類冰」
「類玉」，晶瑩可愛；新產品白瓷開始製造於北方的邢窰（在今河
北邢台），色澤「類銀」「類雪」，質量很高。唐代還出現了三彩
陶俑，即所謂的「唐三彩」，反映施釉技術有了新的提高。白瓷
和唐三彩的出現，為後代彩瓷的產生開闢了道路。

　　金屬鑄造技術也取得了巨大的成就。1970 年在西安南郊何
家村發掘唐代窖藏，出土金銀器二百七十件，經過鑒定，知道當
時已出現了手搖足踩的金屬切削器具。唐代已能用灰吹法提取純
度很高的白銀。銅器製造分佈於揚州、并州、越州（今浙江紹興）
及桂州（今廣西桂林）等地，尤以揚州所產的「方丈鏡」、「江心
鏡」最為馳名。

　　唐代手工業生產的巨大成就，是廣大手工業者辛勤勞動的結
果，但高級手工藝品卻全部供統治階級享用，勞動人民只能使用
一般的民生日用品。

商業的繁榮

在農業、手工業發展的基礎上，唐代商業比魏晉南北朝時顯得繁榮。絹帛雖然繼續當作輔幣使用，但鑄錢大量通行。唐初，開始鑄造輕重適中的「開元通寶」錢，以後廣為流布。開元、天寶時期國家開爐九十九處，一年鑄錢達三十二萬七千餘貫。隨着商業的繁盛，出現了一些藏鏹巨萬、邸店①遍海內的大商人，他們多從事遠地轉運，獲取巨額利潤。更多的是小本經營、逐月食利的小商小販。由於域外通商的發達，胡商遍佈各大都會、名城。

唐代交通的發達，為商品流通提供了有利的條件。出於行政、軍事的需要，驛傳制度得到進一步發展和完善。當時每三十里置一驛，全國共有陸驛一千二百九十七所，水驛二百六十所，水陸相兼的驛八十六所。以長安、洛陽為中心的驛路通往全國大多數地區。交通孔道上還有接待客商的私營店肆，備有「驛驢」，供行旅者騎用，倏忽數十里，相當方便。水路上洪舸巨艦，千舟萬艘，交貿往還，十分繁忙。

城市的繁榮與商業的發展也有一定的關係。當時諸州、縣治所均置市，由市令管理。長安和洛陽是唐朝的政治、文化中心，也是商品經濟比較繁盛的城市。長安的坊為居民區，全城居民約

---

① 邸店：唐代以後供客商堆貨、交易、寓居的行棧的舊稱。亦稱邸舍、邸閣、邸肆、邸鋪、塌坊、塌房。「邸」原是指堆放貨物的貨棧，「店」原是指沽賣貨物的場所。

有百萬左右。商業集中在東、西兩「市」，市內四方珍奇，皆所積聚。長安是當時世界上最大的都市之一。洛陽亦有坊有市，全城共有「三市」：北市、南市和西市，是集中進行貿易的場所。除長安、洛陽外，唐代重要的城市還有地處長江與運河交匯處的揚州及號稱「錦城」的成都。廣州則為最重要的對外貿易城市。在城市中，諸「市」內各業分行序列，從而產生了由同行業者組成的「行」，每行有行首或行頭，負責向國家納稅，執行官府命令。

　　唐朝的工商業雖然空前繁榮，但自然經濟仍然居於絕對支配地位。長安的東、西兩市一共才佔有四坊之地，與全城的百餘坊相比，處於次要的地位；加之錢絹兼行，反映了商品貨幣關係的發展水平還不很高。

唐朝開元、天寶時期的變革和改革

社會變革的基本原因

　　開元、天寶之際，在商品經濟發展的同時，土地制度發生了巨大變化，迫使唐王朝進行了一系列的財政、軍事改革。首先，隨着時間的推移，國家掌握的土地越來越少，均田制於是漸漸被破壞。田令規定永業田只受不還，而且二十畝永業田一般足額，口分田則嚴重不足額。所以每還受一次土地，國家的官田就隨之減少一次。其次，從北魏到唐初，受田私有的傾向漸漸明顯，尤

其是唐朝永業田、口分田在一定條件下均許出賣，而商品經濟的發展更助長了土地買賣的趨勢，這就為土地兼併和均田制破壞提供了條件。再次，貴族、官僚強買民田，侵奪私地，非法侵佔國家土地，也使大量官私土地和民間受田源源不斷地流入他們手中。最後，從北魏開始實行均田制以來，幾經興廢，且廢而一再得以復行的條件是，國家能夠不斷掌握大量荒地。這一情況之所以存在，是由於秦、漢以來只有黃河流域的良田沃壤已經墾闢，而周圍很多地區，尤其是南方，還有大片自然條件非常優越的土地尚未得到開發。而且中原每遇戰亂，就有大量地主率宗族、部曲、奴客南逃，他們到南方很容易「求田問舍」，故在戰亂結束後多不再重返故里認領原有的土地，那些拋荒田的存在，就成為歷屆王朝實行佔田制、均田制的條件。南方經過數百年的開發，到唐代，待開墾的沃壤已不多了，避亂逃亡的地主很難在別處獲得未開墾的荒地，在戰亂平定後多數要還鄉認佔舊有土地，因而地主政權再也不能自行處理「無主拋荒田」了。這是實行了將近三百年的均田制在唐中葉最後失去生

唐永徽二年（651）高昌縣授田簿殘片

新疆吐魯番出土。

括戶

通過檢查戶口，將隱漏不報和逃亡人口搜括出來，遣送還鄉或就地入籍。又稱括客。這種清查浮客的活動，歷代均有。東魏末，高隆之為河北括戶大使，是以括戶名使的第一次見於史籍。隋朝的租調徭役和唐朝的租庸調都以人丁作為徵發對象，因此封建國家十分重視對戶口的控制，嚴禁百姓逃亡。

客戶

中國古代戶籍制度中的一類戶口，與主戶相對而言，泛指非土著的住戶。它不是一個統一的階級或階層，其中包括有地主、自耕農、城市小商販、無業遊民。

命力、無法繼續推行的原因所在。均田制的最終破壞，標誌着地主土地所有制發展到了一個新的階段，這是中國土地制度史上的大變革，具有深遠的社會影響。

課役、財政改革

隨着土地制度的變化，課役制度和財政制度發生了一系列的改革。

均田制實行之初，就有不少農民受田不足。在均田制崩壞的過程中，民戶受田越來越少，只問身丁、不問資產的租庸調逐漸成為農民無法忍受的負擔。為了逃避課役、兵役，他們紛紛逃亡，於是逃戶、浮客日益增加，造成了課丁銳減的現象，故唐朝在財政上不免感到「課調虛蠲，闕於恆賦」。因此，李嶠於武周證聖元年（695）建議，一方面獎勸逃戶返舊貫自新；另一方面，在一定條件下，允許不願還舊貫者所在隸名，即為編戶。大概此議為朝廷所採納，故吐魯番、敦煌出土的武周時期的文書中分別出現了「括浮逃使」和「括戶採訪使」等職銜。進入盛唐以後，逃戶問題更加嚴重，唐玄宗遂於開元九年（721）令監察御史宇文融主持括戶，斷斷續續歷時三年左右，共括得客戶凡八十萬戶，籍外剩田「亦稱是」。勞動人民脫籍亡匿是一種階級鬥爭的方式，括戶是唐王朝針對逃戶採取的措施，鬥爭的劇烈反映了土地制度的加速變化。

唐初，各種服色役的人已有納錢代役的情況，稱作納課或

納資。但此項特殊的錢幣收入在國家財政總歲入中所佔比重甚小，一般服役者仍以履行現役為主。隨着商品經濟的發展和勞動人民人身地位的變化，納錢代役的情況逐漸發展和普遍。由於服色役者可以免除其他課役，而色役本身又可以錢代役，所以部分地主和較富裕的農民也掛名色役，以逃正役，遂形成了「色役偽濫」的情況。到開元初年，終於正式出現了納錢代役的課稅，稱作「資課」，並且成為一項與正稅並列的稅收。天寶時期，農民服正役二十日的現役亦不復存在，幾乎全部為「輸庸代役」所取代。自開元以後，詔令中經常提到以和僱代差科的事，說明徵調番戶、雜戶的情況日見減少，和僱匠在官府作坊中逐漸增加。大致統治者就是以資課酬僱值的。番役制度的改變和國家稅收中錢幣比重的上升，都反映商品貨幣關係有了顯著的發展，國家對勞動者的人身控制進一步趨向緩和了。

關中是京畿所在的地區，集中了大量的皇族、官僚和軍隊，而這一帶土地兼併又特別嚴重，唐王朝在這裏的需求日益增加，同租庸調的破壞發生了尖銳的矛盾，尤其是糧食供應緊張更成為迫在眉睫的問題。為了緩和這種狀況，唐朝在開元年間先後改革漕運，實行「變造」、「和糴」及「回造納布」等一系列新的措施。中宗神龍以後開始興變造法，即取江南義倉米北運關中。開元四年（716）一度禁斷變造，但不久，玄宗就在二十二年採納京兆尹裴耀卿的建議，在運河沿線普遍設倉，分段節級轉運江淮的大量義倉、正倉米達於關中。改革漕運後三年中，共運變造米六七百萬斛，暫時緩和了關中的糧食緊張狀況。但大量漕運引

起了江淮變造之勞，沿途亦增加了轉輸之弊，運費數倍於米價，而關中地主的私廩中卻大量積穀。為了克服捨近求遠的弊病，唐玄宗又於開元二十五年在長安附近大興和糴。從此，不但減少了南糧北調，而且皇帝本人也不再頻頻去東都就糧。由於均田制和租庸調制的破壞，唐王朝向各地徵收貢品也發生了困難，所以唐初已經存在的和市到開元年間進一步發展了。中央政府大規模和糴、和市，需要掌握足夠的支付手段。為此，唐朝在同年下令江南諸州的租並「回造納布」，即以絹代租北運長安。類似的辦法也實行於河南、河北二道不通水運之處，稱作「折租造絹」。天寶初年，韋堅又以江淮義倉粟轉市輕貨，北運長安，顯然是「回造納布」的繼續。唐朝統治者用各地運來的絹、綾、羅、金、銀、珠寶等輕貨購買關中地主的存糧，以解決財政問題，顯然是適應土地制度的變化而採取的改革措施。

兵制改革和沿邊節度使的產生

從武周到開元之末是府兵制加速崩潰的時期。均田制加速破壞，農民受田日見減少，貧苦農民逐漸無力承擔自備戎具、資糧的兵役，這是造成府兵制瓦解的根本原因。番上宿衛的衛士原係執行侍衛皇帝的任務，被尊稱為「侍官」，後來被官吏任意驅使，甚至執童僕之役，身份大為降低，京師人甚至以「侍官」為辱罵時的用語。高宗時因為軍鎮增加，僅府兵不足戍邊，開始強使征行的一部分兵募也充當鎮兵。戍邊的府兵和兵募本來規定三年輪

換，開元時延長至五六年更代，有的甚至長征不歸，並且他們均遭受邊將的種種虐待和迫害。富人子弟由於勛田逐漸不能兌現，不再願意被揀點為府兵或充兵募，大多數想方設法逃避兵役，故兵役幾乎全部落在貧苦農民身上。均田制的破壞引起了舊兵制的崩潰，舊兵制的崩潰又反轉過來加速了農民的破產和逃亡，唐朝統治者在這種惡性循環中陷於兵源枯竭，面臨折衝府「宿衛不給」的嚴重局面。在這種情況下，兵制的徹底改革終於被提到日程上來了。

　　唐玄宗於開元十一年（723）採納兵部尚書張說的建議，下令實行募士宿衛的新辦法。招募來的職業兵稱長從宿衛，不久，改稱「彍（音郭）騎」，分隸於十二衛，分六番宿衛。這種僱傭兵，官給資糧，皆免徵鎮賦役。開元二十五年改革徵防軍，在諸色徵行人及客戶中招募情願充健兒長住邊鎮者為兵，聽家口自隨，官給田地屋宅，稱長征健兒。徵兵制已改為募兵制，唐玄宗於是在天寶八載（749）宣佈停折衝府上下魚書，府兵制至此終告廢除。

　　在府兵制崩潰的過程中，地方上又出現了團結兵，亦稱「團練」，開始產生於近邊諸州，以後擴展至關中及其他各地。團結兵由各地差點殷贍、強壯的本地人充當，不離鄉土，也從事生產，但與府兵不同，不需自備戎具、衣糧，而是官給身糧、醬菜，帶有僱傭職業兵的性質。後來由於廣泛使用團結兵，諸州因置有團練使、都團練使等職，例由刺史、觀察使兼領。

　　開元、天寶時期兵制的變化和改革，對以後的社會政治產生

了巨大的影響。

太宗、高宗之際，唐對周邊各族主動出兵，一則力圖解決邊患，一則為了開疆拓土。由於疆界不固定，戰事頻仍，很少有固定的駐防軍鎮。自從打敗西突厥以後，疆界基本上固定下來了，防禦線大大延長，再調兵遣將東征西討已很不便，而且原有的鎮、戍亦不足應付新的備禦形勢，需要有經常性的軍事設置，因而就形成了軍區。行軍大總管及都督就發展成了這種軍區的固定長官 —— 節度使。睿宗景雲二年（711）賀拔延嗣任涼州都督，充河西節度使，至此始有節度使之號。至天寶初年，後突厥興起，吐蕃、奚、契丹不斷與唐朝發生軍事衝突，邊地形勢緊張。於是全國先後出現了十道節度、經略使，即安西、北庭伊西、河西、隴右、朔方、河東、范陽、平盧、劍南及嶺南。節度使與軍鎮上的長征健兒結合在一起，就出現了邊將專軍的局面，這是造成割據勢力的重要原因。

政治制度的改變

隨着經濟基礎的變化，上層建築也發生了一系列相應的變化，職官制度的混亂和變革就是其中主要表現之一。

首先是尚書僕射地位的降低。僕射在唐初是當然的宰相，而且是從二品官，品階高於中書令和門下侍中；但武周政權結束後，僕射凡不加「同中書門下三品」、「同中書門下平章事」等銜者不再是宰相，稱為「空除僕射」。這一變化說明中書省、門下

唐朝描金彩繪釉陶文吏俑

省的地位有相對的提高，尚書省的地位有所下降。

其次，政事堂原置於門下省，高宗死後，裴炎自侍中遷中書令，乃徙政事堂於中書省。開元中，宰相張說又改政事堂號為「中書門下」，下面設五房，即吏房、樞機房、兵房、戶房和刑禮房。這一變革對尚書省的六部形成了侵權和重疊現象，也是動搖舊宰相制度的表現之一。

復次，差遣制逐漸流行，差遣職增加，成為固定職官。差遣制的特點是：官與職脫節，本司官往往判別司事；差遣官無定員，無品秩；其任命不由吏部和兵部詮選。非三省最高長官的其他官員，假以「同中書門下三品」銜，使居相位，就是一種差遣官。但在唐初，差遣職務多屬臨時性質，而且是一種個別現象，並不普遍。武則天執政時期破格用人，官員大增，差遣之法逐漸流行起來。到玄宗朝差遣官成為制度。當時帶「使」字的職銜均為差遣官，節度使、團練使、戶口色役使、轉運使、鹽鐵使

等使職差遣官大量出現，不一而足。

最後是翰林學士院的興起。武則天執政時，為奪宰相之權，引文學之士多人密令參決奏議疏表，時人號為「北門學士」。玄宗於開元末年置翰林學士院，學士專掌「內制」。學士也是差遣官的一種，其興起在一定程度上對中書省形成部分侵權。

上層統治集團的腐化

隨着土地高度集中，地主階級日益富裕，貞觀、永徽時期統治集團的儉樸自持之風逐漸為聲色犬馬的奢靡風尚所代替。唐玄宗即位之初，尚能勵精圖治，在政治上有所作為；但到天寶年間，在一派歌舞升平聲中，逐步轉化成了一個貪圖逸樂的皇帝，揮霍浪費，用不知節。皇族、貴戚生活上的腐化必然引起政治上的濁亂。開元二十二年（734）「口蜜腹劍」的李林甫拜相後，居相位長達十九年之久，他善於諂媚逢迎皇帝，玄宗受其蒙蔽，杜絕了逆耳的忠言。李林甫為人陰險狠毒，排擠賢良，在他執政時期，以諂佞進身的人與日俱增。繼起的權臣楊國忠，是楊貴妃之堂兄，也是一個恣弄威權的奸佞，身兼四十餘使，玄宗對他盲目信任，莫見其非，群臣因之杜口。皇帝的腐化是宦官易於得勢的重要條件之一。從玄宗朝開始出現了宦官干政的局面，宦官稍稱旨者即授三品左右監門將軍。長安一帶的甲第、名園、上田大量為宦官所有。高力士特蒙恩寵，四方進奏的文表，往往須先呈給他，然後才得以進御；小事則由他自行斷決，權勢炙手可熱。總

之，到唐玄宗統治的末年，唐朝鼎盛局面的背後已經顯露出嚴重的危機。

唐朝後期的政治和財政改革

安史之亂

　　府兵制的崩潰意味着中央集權軍事紐帶的鬆弛。長征健兒的出現雖能加強邊防，但同時使節度使得以同士兵建立穩固的統屬關係，容易形成割據勢力。節度使不僅兼任採訪使，而且多兼屯田使、支度使等職，他們終於成為既掌握軍事權又掌握行政權和財政權的自雄於一方的力量。當時全國共有軍隊五十七萬餘，而鎮兵竟達四十九萬，中央與軍鎮的力量對比失去平衡，形成了外重內輕的局面。中央上層統治集團的腐化大大削弱了控制地方的能力，政治上也出現了不平衡的局勢，這就很容易使擁兵自重的將帥萌動問鼎犯上的野心，發動安史之亂的安祿山和史思明就是兩個這樣的人物。

　　安祿山和史思明都是東北一帶的雜胡。唐朝前期，大臣往往在朝為相，外出為將。李林甫為杜絕「出將入相」的情況，以鞏固自己獨專朝柄的地位，建議玄宗任命寒人蕃將鎮守邊境，安祿山遂得一身兼任平盧（今遼寧朝陽）、范陽（今北京）、河東（今山西太原西南）三鎮節度使，還兼任河北道採訪處置使，專事對付奚、契丹等族。史思明亦官至知平盧軍事。安祿山經過累年的

策劃和準備，終於天寶十四載（755）十一月在范陽發動叛亂。

　　唐朝政治腐敗，軍備廢弛，安祿山很快就攻下洛陽，自行稱帝，國號燕，並分兵西攻關中。唐玄宗於潼關失守後倉皇逃往成都。太子李亨在靈武即位，是為肅宗。他一面以朔方軍將領郭子儀和李光弼分任朔方節度使和河東節度使，統兵進討；一面命敦煌王李承寀借回紇兵，以增強軍事力量。在戰爭期間，安史集團內部一再發生內訌，先是安祿山為其子慶緒所殺，後來安慶緒又為史思明所殺，最後思明亦為其子朝義所殺。內部鬥爭大大削弱了安史軍的力量，尤其重要的是他們發動戰爭不得民心，到處遭到群眾的打擊。在這種情況下，唐軍逐步轉敗為勝。寶應元年（762）肅宗去世，太子李豫即位，是為唐代宗。他以雍王李适為天下兵馬元帥，會諸道軍與回紇軍展開反攻，最後在次年正月戰敗叛軍，史朝義自縊。歷時七年多的安史之亂至此結束。

　　安史之亂是唐朝中央政權與地方割據勢力之間的一場統治集團內部的鬥爭。這次事件對社會、政治產生了巨大的影響，是唐王朝由統一集權走向分裂割據的轉折點，是階級矛盾由緩和走向激化的轉折點，是唐王朝對周邊各族由主動進攻走向被動捱打的轉折點。以此為標誌，唐朝的歷史分為前後兩個截然不同的時期。

劉晏的財政改革

　　安史之亂使唐王朝陷入了嚴重的財政困難之中，當時稅源枯

竭，開支浩繁。為了維持統治，必須整頓並改革財政。形勢的要求造就了一些理財家，其中最著名的是代宗朝的劉晏和德宗朝的楊炎。

寶應元年，代宗以劉晏為戶部侍郎兼河南道水陸轉運都使。廣德二年（764），又以劉晏為河南、江淮以南轉運使，以後又兼鹽鐵使、常平使等職。劉晏在整頓財政方面的主要成就是：改革漕運、改進鹽政和行常平法。

安史之亂使汴河堙廢，運河沿線戶口流散，漕運不能暢通，劉晏為整頓漕運採取了以下幾項有效的措施：規定江船不入汴，汴船不入河，河船不入渭，以方便運船短途往返，並把漕糧分段運往太倉；根據各段運路水流情況的不同，在揚子（今江蘇揚州南）製造適合於各河水流的堅固耐用的船隻；改變過去州縣取富人督挽漕及沿途人民服役牽挽糧船的辦法，以鹽利充漕傭，僱船工、水手進行運輸；大力疏浚運河道，暢通漕運。經此整頓，運量大增，運河沿線的社會經濟亦得到恢復。

劉晏在肅宗上元元年（760）任鹽鐵使後，根據「因民所急而稅之則國用足」的原則，改革鹽法，其主要辦法是：國家在產地統購亭戶（製鹽戶）生產的食鹽，然後加價賣給特許的鹽商，任其自運自銷；鼓勵商人以絹代錢糴鹽，國家用所得的絹製做將士春服；離鹽鄉很遠的地方，轉鹽官在那裏儲備食鹽，等商絕鹽貴時減價出賣，稱作「常平鹽」。經過整頓，鹽利由每年四十餘萬緡增加到六百餘萬緡，佔國家總收入的一半左右。

劉晏自京師至諸道巡院重價募「疾足」，並根據他們及時匯

報的全國各地的物價和年景，實行豐則貴糴、歉則賤糶的辦法，以穩定物價，增加財政收入。這就是常平法。

上述改革對唐朝的財政狀況儘管有所改善，但還沒有觸及主要的賦稅制度，而且歲入的增加最終是來源於對人民的剝削，故具有一定的局限性。

兩稅法的實行

唐德宗採納宰相楊炎的建議，用兩稅法代替租庸調制，是唐朝賦稅制度上的重大改革。

安史之亂以後，在社會、政治大動亂中，賦稅徵斂也隨之紊亂，財政、經濟上存在的主要問題是：受田不足和完全喪失土地的農民無力負擔只問丁身、不問資產的租庸調和雜徭，佔田以千畝、萬畝計的地主積穀無算，卻只負擔微不足道的丁課，而唐王朝財源枯竭，無法按舊稅制加重「積穀翁」的負擔；在正稅失靈、官祿兵餉日增的條件下，統治者對人民進行橫徵暴斂，苛捐雜稅不一而足，民不堪命，破產農民大量轉化為逃戶和浮客，階級矛盾隨之趨於激化。

針對上述問題，代宗時已開始進行改革，主要措施是增加戶稅和地稅。而到唐德宗時，終於任用楊炎為宰相，於建中元年（780）宣佈實行兩稅法。新稅制的基本內容是：廢除以前的租庸調和一切苛雜，各項併入兩稅。不論土戶、客戶，一律就地落籍納稅，居無定處的行商於所在郡縣納相當於資財三十分之一的

商稅。新的稅項是戶稅和地稅。戶稅據戶等以錢定稅，納稅時可折收綾絹；地稅按畝徵收。由於小麥種植推廣，二年三熟和一年二熟的情況已比較普遍，遂規定戶稅與地稅都一年兩徵，夏稅不遲於六月，秋稅不遲於十一月，因此新稅制稱作「兩稅法」。上述內容說明，這次改革的基本精神是改稅丁為稅產，這符合土地集中和貧富升降的社會現實。兩稅法代替租庸調，是土地制度變化、地主土地所有制高度發展的結果。這次稅制改革是中國財政史上具有重大意義的一件大事，對此後歷代的賦稅制度產生了深遠的影響。

兩稅法實行以後，只能在較短的時間改善唐王朝的財政狀況，不可能從根本上解決入不敷出的問題。因為官僚地主、寺院地主和大地主、大商人或則利用特權免稅、減稅，或則利用非法手段逃稅漏稅；加之唐朝後期吏治敗壞，行政效能很低，有的時候往往几十年都不重新定戶，結果，有的地主十分田地才稅二三，失去土地的農民甚至有產去稅存之苦。所以，經過一段時間實施以後，唐朝的歲入又遇到了困難。在土地高度集中的情況下，國家為了從地主手中低價購買穀物，就採取了兩種措施：第一，戶稅儘量多徵錢幣，少折納綾絹，這樣就迫使納稅者多向市場提供商品糧、絹，國家就可一手向納稅者徵錢，一手又從他們手裏購買廉價的實物。其結果是導致市場上供過於求，物價連年跌落。兩稅法實行四十年後，絹價由每匹值錢四千文降到八百文，米價由每斗二百文降到五十文。這樣，按戶等確定的戶稅錢額雖然如舊，而納稅者的負擔卻成倍地增加了。由於一般人看到

物價下跌的趨勢還會長期延續下去，就儘量貯藏錢幣，甚至用銷錢為器的手段逃避國家對藏錢的禁令。直到唐末懿宗時，由於社會生產已經嚴重衰落，政府對物價失去控制，才產生了回升的趨勢。第二，實行榷酤、稅茶，即通過流通領域多收間接稅的辦法增加錢幣收入，彌補正稅的不足。這種措施同樣也起了激化階級矛盾的作用。

藩鎮割據和中央對藩鎮的戰爭

安史之亂雖然平定，藩鎮割據的形勢卻從此形成。唐代宗在戰爭結束之初就繼續任命安史降將張忠志為成德節度使，賜姓名李寶臣；薛嵩為相衛節度使；李懷仙為幽州節度使；田承嗣為魏博節度使。安史之亂過程中及平定戰亂後，唐朝軍將亦幾乎都授以節度使之名，內地也先後建立軍區，藩鎮制度因此進一步推廣，遍於各地。在節度使中，雖然有服從君命、臣事中央的人，但不少藩鎮都具有不同程度的割據性，其中最嚴重的是成德、盧龍、魏博三鎮，統稱「河朔三鎮」。淄青鎮與上述三鎮情況完全相同。這些節度使父死子繼，自署將吏，繕邑治兵，目無朝廷，他們「喜則連衡而叛上，怒則以力而相併」，釀成了戰火連年、國無寧日的局面。有的藩鎮乾脆不供王賦，有的則大量佔有送使、留州部分，上供中央的賦稅亦很有限。

唐朝後期，中央同藩鎮間發生過三次大規模的戰爭。第一次，唐德宗力圖平藩，引起了「二帝四王」之亂；第二次，唐憲

宗大舉用兵，平定了不少藩鎮；第三次，唐武宗平澤潞。

　　德宗即位之初，建中二年（781）正月，成德節度使李寶臣死，子李惟嶽向朝廷請求襲其父位，魏博節度使田悅亦代為之請。唐德宗堅決拒絕這種無理要求，李、田遂聯結淄青節度使李正己、山南東道節度使梁崇義等起兵反唐。七月李正己死，八月子李納亦請襲父位，德宗不允，李納遂反。戰事日益擴大，捲進來的藩鎮越來越多，其中有四人稱王，兩人稱帝，即朱滔稱冀王，王武俊稱趙王，田悅稱魏王，李納稱齊王，朱泚稱秦帝，李希烈稱楚帝。德宗一度逃往奉天（今陝西乾縣），後又奔梁州（今陝西漢中）。這次戰爭持續了五年之久，朱泚和李希烈等雖先後敗死，唐朝卻與其餘藩鎮妥協，條件是藩帥取消王號，朝廷承認他們在當地的統治權。德宗對藩鎮的態度由堅決討伐轉變為姑息妥協。從此，有些節度使父死子繼、兄終弟立成為慣例，割據局面進一步深刻化了。

　　唐憲宗是一個有作為的皇帝，即位之始就大力對強藩巨鎮進行鬥爭，企圖恢復中央集權。從元和元年（806）到元和七年，朝廷先後討平西川節度使劉闢、夏綏節度留後楊惠琳、鎮海節度使李錡；迫使魏博節度使田弘正歸命，在成德鎮自立的王承宗也輸貢賦、請官吏。憲宗取得的最大成就是平定淮西。元和九年，淮西節度使吳少陽死，其子吳元濟自領軍務，隨即發動叛亂。憲宗發宣武等十六道兵討伐，經過長期的戰爭，最後李愬於元和十二年攻破蔡州城（今河南汝南），生擒吳元濟，平定了淮西。在這次勝利的影響下，很多藩鎮相繼歸命，後又平定了淄青節度

使李師道。憲宗雖然能夠平定部分藩鎮的叛亂，卻不能從根本上消除產生割據的根源，因而取得的成就並不鞏固。元和十五年憲宗去世後，短短的兩年中，盧龍、成德、魏博、淄青、澤潞、徐泗、汴宋、浙西等鎮又紛紛發生變亂或不稟朝命。

澤潞節度使劉從諫與朝廷素相猜恨。會昌三年（843）從諫卒，其姪劉稹請為留後，武宗採納宰相李德裕建議，發兵進討。戰事進行了一年多，劉稹為部將郭誼所殺，朝廷平定了澤潞。武宗以後，中央再也無力與藩鎮進行較量，藩鎮內部驕兵逐帥日見頻繁，抵消了不少力量，雙方在相當長的時期中未再發生重大的戰爭。

唐朝後期，藩鎮戰爭連年不斷，朝廷每次鎮壓藩鎮的戰爭都意味着一批新的割據勢力又在醞釀之中。藩帥割據不能消除的重要原因之一，是他們得到本鎮驕兵的支持。這種兵士全家老小隨身，兵餉衣糧只供本人消費，家屬妻子多賴賞賚為生。節度使對他們厚賞豐賜，他們就擁護愛戴，成為其進行割據叛亂的工具；節度使對他們刻薄衣糧，驕兵就起而逐帥殺將，因而形成了「兵驕則逐帥，帥強則叛上」的現象。

連綿不斷的、此起彼伏的藩鎮戰爭給社會經濟和人民生活帶來了嚴重的後果。一次大的戰亂之後，黃河流域往往出現人煙斷絕、千里蕭條的慘狀。唐代後期朝廷與藩鎮各自擴大自己的兵力。唐憲宗元和中，朝廷直接控制的地區平均以兩戶資一兵，大大加重了人民的負擔。節度使在本鎮勾結豪強地主對人民進行橫暴的統治，戰爭和重斂使生產遭到嚴重破壞。

神策軍

　　唐代後期主要的禁軍。神策軍來自隴右，曾是唐中央的勁旅。德宗、憲宗時常用以出征藩鎮；長安西、北備禦吐蕃的部分防務也由神策軍承擔。神策軍的地位日重，在宦官統率下，衣糧賞賜也比諸軍優厚，於是戍守長安西、北的其他軍隊也都要求隸名神策。這樣，神策軍迅速擴大，德宗時已增至十五萬人。由於宦官控制了神策軍及其他禁軍，同時也控制了長安城及整個關中地區，從而造成宦官集團長期專權的局面，它對唐後期的政治和社會有重大影響。

《神策軍碑》拓本（局部），唐柳公權書。

宦官專權

　　唐朝後期政治生活中的一個嚴重問題是宦官猖獗,專擅朝柄。從唐玄宗晚年重用高力士開始,宦官逐漸參政。但宦官的進一步猖獗和擅弄威權,還是安史之亂以後的事。代宗即位於非常時期。宦官李輔國有擁立之功,因此深受重用,御前符印軍號都委交他處理。後來,輔國甚至對代宗說:「大家(指皇帝)但內裏坐,外事聽老奴處置。」代宗時程元振、魚朝恩先後專制禁軍,權勢很大。四王二帝之亂的過程中,德宗由長安外逃,禁軍都招集不起來,僅宦官竇文場、霍仙鳴及親王左右從駕逃難。因此,德宗還京師後把神策軍交給宦官統領。貞元十二年(796),竇、霍二人分任左右神策護軍中尉。至此,宦官掌握禁軍成為定制。當時的北衙六軍已經名存實亡,神策軍是中央唯一的一支有較強戰鬥力的軍隊,所以宦官掌握這支軍隊後實際上掌握了京師的全部軍力,如虎添翼,不可一世。代宗時,始用宦官於內廷知樞密,參與機要。憲宗時正式設樞密使,由宦官擔任,中書、門下的權力亦受侵奪。皇帝深感握重兵的軍將及藩帥難於控制,往往以宦官為監軍使,分赴各地進行監督。凡此種種,皆使宦官集團在全國形成一股政治勢力,干預國家的軍政大事。尤其是中央的宦官更是大權在握,發展到最厲害的時候,立君、弒君、廢君有同兒戲。唐代自憲宗起,有八個皇帝是由宦官擁立的。憲宗與敬宗皆死於宦官之手。宦官進退朝臣、任命節帥就更是司空見慣的事了。

　　宦官得勢不僅濁亂朝政，而且對社會生活也產生了惡劣的影響。長安一帶的甲舍、名園、上腴之田，為宦官佔有的，近半京畿，因而大大激化了階級矛盾。宦官專權是皇帝腐化的產物，但它又反轉來進一步加重這種腐化。唐文宗時的宦官仇士良就公然對其同夥說，天子如果「智深慮遠，減玩好，省遊事」，「吾屬」就不免恩薄權輕了。最好是以聲色犬馬蠱惑皇帝之心，使他不了解朝政，這樣就可以「萬機在我」，穩享「恩澤權力」了。宮中由宦官主管的五坊是專門為皇帝飼養雕、鶻、鷂、鷹、狗等，以供皇帝玩樂的。為捕獲這些珍禽異獸，「五坊小兒」四出騷擾百姓，甚至藉機敲詐。宦官至長安兩市替宮中購買用物稱作「宮市」，實際是購買其名，豪奪其實，往往只用值百錢的代價就強買人家值數千錢的東西，而且還要另索「腳價（錢）」。這些惡棍被稱作「白望」。這些情況雖僅見於順宗時的記載，但實際上普遍存在於唐代後期。

反宦官的鬥爭

　　宦官集團的猖獗和專擅，引起了皇帝和朝臣的不滿。所以唐中葉以後，不僅宦官和朝臣間的南衙北司之爭經常發生，有的皇帝還和朝臣一起企圖剪除這一惡勢力，因而唐代後期爆發過幾次反宦官的大鬥爭。

　　第一次重大事件是王叔文集團的革新。唐順宗李誦為太子時，早已有意改變宦官專擅的政局，並且十分信任翰林待詔王叔

文、王伾兩人。貞元二十一年（805）德宗去世，順宗即位，遂任用王叔文、王伾及柳宗元、劉禹錫等人，着手進行革新，鬥爭矛頭首先直指宦官集團。朝廷宣佈罷宮市和五坊小兒，停十九名宦官的俸錢，尤其是任朝臣范希朝為左右神策京西諸城鎮節度使，韓泰為行軍司馬，企圖以此削弱宦官的兵權。此外，順宗和革新派還罷免貪官京兆尹李實，蠲免苛雜，停止財政上的「進奉」。這些改革都具有進步性，但引起以俱文珍為首的宦官集團及與之相勾結的藩帥劍南西川節度使韋皋、荊南節度使裴均和河東節度使嚴綬等人的強烈反對。最後，俱文珍發動政變，幽禁順宗，擁立太子李純，大肆打擊和貶降革新派人物。王叔文被貶後賜死，王伾外貶後不久也病死，其餘柳宗元、劉禹錫、韓泰、陳諫、韓曄、凌准、程異及韋執誼八人均被貶為外州司馬，史稱二王八司馬。改革歷時一百餘日，以失敗而結束。

第二次反宦官的重大鬥爭是甘露之變。唐文宗即位後，深以宦官專權為患，感到謀殺憲宗、敬宗的宦官猶有在左右者，決心加以剪除。當時神策中尉王守澄尤其專橫，招權納賄，皇帝對他無可奈何。文宗曾與宰相宋申錫謀誅宦官，不料事泄失敗。此後，宦官更加驕橫，文宗感到忍無可忍，於是提拔李訓、鄭注為翰林侍講學士，常與兩人密謀清除宦官勢力。大和九年（835）李訓以鄭注出任鳳翔節度使，企圖內外配合，發動事變。不久，李訓拜相。這年初冬，文宗誅殺王守澄，消滅了弒憲宗的最後一個逆黨。在李訓的策劃下，十一月二十一日文宗在紫宸殿朝會，左金吾衛大將軍韓約偽奏左金吾仗院內的石榴樹夜有甘露，百官

稱賀，文宗遣宦官仇士良、魚志弘（一作魚弘志）等前往驗看。李訓預先已伏兵該處，謀乘機誅殺宦官，不料為仇、魚等發覺，宦官因強擁皇帝退往後宮，並與朝官展開搏鬥。大臣李訓、鄭注、王涯、賈餗、舒元輿等均全家被殺，其餘死者不可勝計。鬥爭結果，朝官慘敗，宦官全勝。這次事件在歷史上稱作「甘露之變」。

牛李黨爭

　　唐朝後期政治生活中的另一個重大問題是牛李黨爭。牛黨的首領是牛僧孺和李宗閔，李黨的首領是李德裕。牛李黨爭從憲宗朝開始，至宣宗朝結束，持續近半個世紀之久。

　　元和三年（808）制科策試賢良方正、直言極諫科，舉人牛僧孺、皇甫湜及李宗閔等指陳時政之失，被考策官吏部侍郎楊於陵和員外郎韋貫之署為上第。宰相李吉甫厭惡牛僧孺等人，因此貶楊、韋兩人，牛僧孺等只得長期充當藩鎮的幕僚，不能即時升遷。這次事件揭開了牛李兩個朋黨鬥爭的序幕。李黨的首領李德裕是李吉甫之子，主要成員有李紳、鄭覃、陳夷行與李讓夷等人。牛黨除牛僧孺、李宗閔外，主要成員還有令狐綯、李玨和楊虞卿等人。

　　牛李兩黨的政治主張截然不同，主要表現在：李黨力主摧抑藩鎮割據勢力，恢復中央集權；牛黨反對用兵藩鎮，主張姑息妥協。牛黨利用科舉中投卷、關節之風，相互援引，竭力擁護進

士科取士；李黨對科舉制有所不滿，企圖改革選舉制度。李黨主張精簡國家機構，裁汰冗官，牛黨持相反態度。李德裕支持唐武宗廢佛之舉，宣宗即位後牛黨執政，恢復了會昌廢佛時被廢毀的寺院。

李德裕任劍南西川節度使時，吐蕃的維州（今四川理縣東北）副使悉怛謀曾於大和五年（831）率眾來降，德裕遂收復了該城。當時，牛僧孺居相位，因嫉李黨之功，表示反對，德裕被迫按照朝廷命令放棄維州，悉怛謀等送還吐蕃後全部被殺。

牛李兩黨交替執政，執政時各自貶謫對方。會昌六年（846）唐武宗去世，皇太叔李忱即位，是為宣宗。李黨從此失勢，李德裕被貶死於崖州（今海南海口瓊山區東南）。以後，朝廷上形成了牛黨當權的形勢，黨爭至此結束。

唐朝後期的社會經濟

唐朝後期藩鎮戰爭連綿不斷，社會經濟只能緩慢地恢復和發展，始終未能重現開元年間的全盛景象。安史之亂結束之初，中央所能掌握的戶口僅三百萬戶左右，相當於天寶年間的三分之一。建中元年（780）實行兩稅的客戶落籍，經過整頓，增加至三百八十餘萬戶。到唐武宗會昌年間（841～846），國家掌握的也不過四百九十餘萬戶。戶數大減於盛唐，固然與強藩巨鎮不申戶籍和逃戶大量存在有關，但也確實能在一定程度上說明經濟狀況今非昔比。不過，在這樣的不利條件下，勞動人民仍然在生

產上取得了不小的成就。

南方農業的發展

　　各地經濟的恢復和發展是很不平衡的。北方戰爭頻繁，社會生產時興時衰；南方兵燹較少，加之北方人口部分避難南徙，增加了那裏的勞力，因而經濟成就遠比北方顯著。在水利建設方面，南方興修了不少陂、塘、堤、堰，其中著名的如句容（今屬江蘇）復置的廢塘絳岩湖，周圍百里，開田萬頃；洪州（今江西南昌）一帶築堤以捍贛水，用斗門節水灌注陂塘近六百個，開田一萬二千頃；其他如常州、湖州（今屬浙江）、明州及越州（今浙江紹興）等地都興修了溉田以千頃計的大型水利工程。水稻種植在南方進一步發展，已經採用插秧移植的技術。隨着稻麥複種制的開始推廣，畝產量有明顯的提高。

　　植茶的發展對南方經濟的上升具有重要的意義。唐代名茶達二十餘種之多，遍產於長江上下游很多州縣及福建等地。江淮、祁門等地經營茶業的人很多。私營的茶園或則僱農民採摘，或則出佃收茶租。官茶園則徵發茶農從事生產。茶葉是經濟作物，茶業的發展必然推動商品經濟趨向繁榮。唐代後期茶葉不但販運於全國各地，而且也是輸往少數族地區和國外的主要商品。

　　北方農業生產的徘徊遲滯與南方農業生產的穩步發展使得江淮一帶成為全國的重要糧食產區。在河朔藩鎮不供貢賦的情況下，中央政權就只能主要依靠東南的浙江東、西，以及宣歙、淮

南、江西、鄂嶽、福建、湖南等八道提供賦稅，其中尤以今蘇南、浙江一帶最為重要。漕運在唐代後期成為國命所繫的大事，與江淮地區農業的發展是密切相關的。

南北經濟發展的不平衡引起了戶口數的此消彼長，亦呈現不平衡狀態。茲據《元和郡縣圖志》將長江流域部分州的戶數變化情況列表如下：

州名	開元時戶數	元和時戶數	升	降
襄州	36 357	107 207	升	
蘇州	68 093	100 808	升	
鄂州	10 190	38 618	升	
洪州	55 405	91 129	升	
饒州	14 062	46 116	升	
越州	107 645	20 685		降
常州	96 975	54 767		降
婺州	99 409	48 036		降
江州	22 865	17 945		降
宣州	87 231	57 350		降
潭州	21 800	15 444		降
杭州	84 252	51 276		降

從上表可以看出，在全國編戶銳減中，江南很多州的戶數猛增，其中最突出的如襄州、饒州均增加約兩倍，這確實是江南經濟上升的反映。但值得注意的是，戶數大增的州都在長江中游一帶，下游除蘇州略有增加外，其餘各州均趨減少，有的地方減少的數字還很大，說明南方戶口的增減也是不平衡的。

南方手工業的發展

唐代後期手工業在南方也呈現上升趨勢。取江南道、劍南道各州的土貢資料加以比較可以看出，隨着年代的推移，所貢絲織品的質量越來越高，數量越來越多。其中淮南、吳越、宣州等地的產品尤為名貴。南方種桑養蠶的進一步發展和普及，是絲織業發展的重要條件。民間大量植桑對農業和手工業的發展也非常有利。造紙業在唐代後期有長足的進展，著名的產地也多在南方，如杭州、婺州（今浙江金華）、衢州、越州、信州（今江西上饒）等地均盛產藤紙，韶州（今廣東韶關西南）用竹造紙，開闢了以後竹紙發展的道路。蜀人造紙還特重染色，能製成著名的「十色箋」。襄州（今湖北襄陽）善製漆器，稱為「襄樣」，亦為南方重要的手工藝品。造船方面，當時已能製造「輪船」，用人力踏輪車轉動，好像掛帆席一樣便於航行。史籍記載，代宗、德宗之際巨商俞大娘，擁有可載米萬石的大型航船，操駕之工達數百人之多。當時中國造的海船，有的大於外國的番舶。唐代後期製瓷業也有新的進展，已發現的這一時期的瓷窰近三十處，遍佈於今

十個省。施釉技術有所提高，普遍使用護胎釉，而且彩釉較多。瓷器的造型種類比前期明顯增加，裝飾手法亦有改進。瓷器使用日益普遍，逐步取代金銀器。

唐代後期私營手工業作坊有日益增加的趨勢。隨着中央集權的瓦解和唐政權的衰落，官營作坊逐漸削弱，但統治者對手工業品貢戶的剝削卻無疑有所加重。生產領域中各種類型的手工業作坊在配置上發生了一定程度的變化。

後期的商業

當時商業的繁榮既與部分地區商品生產的發展有關，也與土地兼併造成的下述條件有關，如官僚、地主、商人日益富裕，對奢侈品的需求有所增加，刺激了轉運貿易發展，而農民紛紛破產，被迫舍本逐末，轉化成小商小販。在商業病態繁榮中，官商合流的傾向比前期大大加強了。有的節度使也大肆從事商業活動；有的富商巨賈則賄賂官員牒補列將，甚至能升於朝籍。劉晏所說「如見錢流地上」，反映了商品貨幣關係的發展。

商業的繁榮首先反映在城市經濟的發展方面，最明顯的表現是坊市隔限的制度開始有所突破。史載，貞元（785～805）時長安除兩市外，在「要鬧坊曲」之處亦有貨賣用物的商販。《唐闕史》亦載，京師宣陽坊設有彩纈鋪。城中兩市店鋪鱗次櫛比，數量大增，如會昌年間長安失火，延燒東市曹門以西的十二行，四千餘家。揚州是南北交通樞紐，麇集着大量的客商，不少節度

使也在該城列置邸肆，從事商業活動。成都是西南一帶的重要商業城市，與揚州處於相等的地位，時稱「揚一益二」。在大城市長安、汴州及揚州等地都出現了夜市，千燈照雲，商客紛紛，一派繁盛景象。隨着城市商業活動的增加，出現了為商人服務的櫃坊，商人可以在櫃坊存放錢物，稱作「僦櫃」。櫃坊向客商收取一定的保管費用，並可根據商人所出的憑據代為支付錢貨，這就使商人之間買賣商品時免除了現錢交易的麻煩。商品數量的增加和商品流通的頻繁是導致櫃坊產生的根本原因。邸店是商人存放大批商貨和居住的場所，雖然北朝以來早已出現，但至唐代後期有進一步發展。

唐代後期還出現了中國歷史上最早的匯兌。商人可在長安把錢幣交付各道的進奏院或諸軍、諸使、富家，領取一種文券，執持文券輕裝以赴四方，憑文券在各地合券，提取所匯錢幣，稱作「飛錢」或「便換」。飛錢的產生既與商業的發展有關，也與兩稅法實行後物價下落引起的錢荒有關。不少地方官因境內缺錢而下令禁錢出境，大大妨礙了轉運貿易，因而商人就以匯兌的方式克服錢幣過境的困難。唐王朝曾一再下令禁止與商賈便換，力圖把匯兌業務全部壟斷在官府手中。唐朝末年，由於江淮商賈憑官府文牒而不能如數提取所匯之錢，便換失信於民，遂自行停廢。

在唐朝前期，集市貿易雖然存在，卻不普遍。到唐代後期，由於農村小生產者與商品經濟的聯繫有所加強，所以集市貿易在城市以外有明顯的增加。這種集市，在江淮一帶稱草市，在西蜀稱亥市和蠶市，北方則稱為集。在集市上販賣的商品多是農具和

農副產品，由於需要適合農民的生產節拍，故貿易均定期舉行。有的集市則開始有商人定居，有的甚至因發展迅速而被置為縣。

周邊各族的社會發展及其與唐朝的關係

唐朝周圍的少數族很多，其中最重要的是北方的突厥和回紇，西南的吐蕃，南方的南詔，以及東北的契丹和靺鞨。

東突厥

突厥族起源於今新疆準噶爾盆地之北，後來逐漸向東遷徙。北齊天保三年（552），首領阿史那土門正式建立了突厥汗國，自稱伊利可汗，建牙在於都斤山（今蒙古杭愛山），不久成為北方最強大的遊牧汗國。開皇三年（583），突厥被隋朝打敗，遂分裂為東、西兩部，西部的稱西突厥，東部的稱東突厥或藍突厥，且因居唐朝之北，亦稱北突厥。

東突厥在隋末唐初勢力很大，控弦百餘萬，不斷向南攻擾，搶劫財物，俘掠人口。唐初有人甚至向李淵建議放棄長安，遷都山南以避突厥。李世民反對這種錯誤主張，力主積極抵禦。他即位後，於貞觀三年（629）派李靖、李勣等率十餘萬大軍分路出擊，次年俘頡利可汗，東突厥滅亡。唐太宗李世民把突厥降眾中的半數左右安置在西起靈武（今寧夏靈武西南），東至幽州的地區，並置羈縻府進行管轄，仍以突厥貴族為都督、將軍。其餘約

交河城遺址

位於新疆吐魯番以
西 13 千米處。唐代
安西都護府最早就
設在交河城。

萬家入居長安，其酋長皆拜將軍、中郎將，五品以上者百餘人。
開明的民族政策既解除了唐初的北方邊患，也有利於突厥此後的
發展。這件事在北方各族中產生了巨大的政治影響，因而唐太宗
被各族尊稱為「天可汗」。

東突厥滅後，北方最強大的民族是薛延陀和回紇。當時鐵勒
諸部皆受薛延陀統治，時起反抗。唐太宗乘其內部鬥爭劇烈的時
機出兵北征，於貞觀二十年滅薛延陀，以其地置燕然都護府，管
轄下屬的羈縻府州。

以後，東突厥降眾在阿史那骨咄祿領導下又進行復國活動。
突厥南遷後，骨咄祿為小部首領。在高宗時期南遷突厥一再聚
眾反抗而遭失敗後，他招集散亡，被部眾奉為頡跌利施可汗。
他以其弟默啜為「設」，咄悉匐為「葉護」，將別部民分為「突
利」「達頭」兩區。後得單于府降戶部落檢校阿史德元珍，封之
為阿波達幹，使專統兵馬。垂拱元年（685）以後，以豐州（今
內蒙古巴彥淖爾臨河區東）一帶為根據地發展勢力，採用暾欲谷

所獻策，東擊契丹，北征鐵勒九姓，並佔領了烏德鞬山（即於都
斤山）。從此建牙於烏德鞬山，所恢復的汗國通稱「後突厥」。
天授二年（691）骨咄祿去世，其弟默啜繼位為可汗。證聖元年
（695）武則天遣使封之為「遷善可汗」。突厥族自南遷後從遊
牧經濟轉向農業經濟，需要種子、農具發展生產，武則天曾應默
啜可汗之請，賜穀種四萬斛，雜彩五萬段，農器三千件，鐵四萬
斤，並許通婚。後突厥有時亦南擾唐邊。景龍二年（708），唐
朝命張仁愿在黃河以北築三受降城以禦之。以後，毗伽可汗在位
時期（716～734）對唐朝又採取睦鄰政策。北邊兩族人民在一
起養畜資生，種田末作；雙方互市規模相當可觀，唐朝每年以帛
數十萬匹換取突厥馬匹。突厥在和漢族交往的過程中生產力水平
有了明顯的提高，產生了向封建制過渡的傾向，階級鬥爭逐漸激
化，統治集團亦鬥爭不已。天寶三載（744，一作四載），後突
厥終為回紇所滅。

回紇

初稱回紇，後改稱回鶻，是鐵勒的一部，散居於今色楞格
河一帶，臣屬於突厥汗國。因不堪突厥貴族的奴役和壓迫，回
紇曾在隋末唐初一再進行反抗。貞觀元年（627），回紇人民在
其首領菩薩領導下大敗東突厥，聲震北方。東突厥滅亡後，回
紇受薛延陀控制。當時，菩薩建牙於獨樂河（今蒙古土拉河），
回紇族已經由原始公社向階級社會過渡。回紇協同唐朝擊滅薛

延陀以後盡據其地，唐朝在那裏廣置羈縻府州，並以回紇部為瀚海都督府，以其首領吐迷度為懷化大將軍兼瀚海都督。龍朔（661～663）時，唐朝改燕然都護府為瀚海都護府，統領回紇及漠北之地。後突厥復國後，7 世紀末 8 世紀初，回紇中的一部分遷往甘州（今甘肅張掖）、涼州（今甘肅武威）一帶，留在磧北的，自天寶以後均為後突厥所役屬。天寶三載（744）回紇聯合後突厥統治下的其他各部滅後突厥，不久盡有其地。唐玄宗冊封回紇骨咄祿毗伽闕為懷仁可汗。當時的回紇建牙於烏德鞬山，建立起一個勢力範圍東及室韋，西至金山，南控大漠的汗國（744～840）。其儼然為北方最強大的民族，鐵勒諸部遂逐漸在回紇名義下融合為一族。

安史之亂時期，回紇一再派兵幫助唐朝平定叛亂。此後，回紇人留居長安者常以千計。貞元四年（788），回紇更稱為回鶻。吐蕃佔領隴右以後，唐朝喪失監牧之地，戰馬奇缺，因而不斷以絹、茶易換回鶻馬匹。隨着隴右的喪失，唐朝和西域、中亞的交通必須假道回鶻，回鶻人遂得以從東西貿易中得到很大利益。唐朝特意在靈武通向回鶻的路途中設立了很多驛站，便利雙方交往。唐朝皇帝不斷以宗女和親於周邊各族，但嫁給回鶻的寧國公主、咸安公主和太和長公主三人都是皇帝的生女而非一般的宗女，可見唐朝與回鶻的政治關係特別親密。兩族間文化交流也有所發展，著名的九姓回鶻可汗碑就是用回鶻文、漢文和粟特文刻成的。摩尼教亦由中原傳到回鶻，並被其定為國教。

從 9 世紀中葉起，回鶻內部紛爭不斷，又屢遭天災，國力大

為削弱。散居阿爾泰山的黠戛斯族乘機擺脫了回鶻的統治，其首領阿熱自稱可汗。以後回鶻連年發生戰爭。開成五年（840），回鶻為黠戛斯所破，被迫進行大遷徙。有的南遷近塞，有的西遷葛邏祿地區，與鄰近部落建立了哈剌汗國；有的西遷西州、龜茲，稱西州回鶻或高昌回鶻，即今維吾爾族的祖先；有的西遷甘州，稱甘州回鶻，即今裕固族的祖先；還有一小部分遷往吐蕃地區。

吐谷渾

兩晉時，吐谷渾係鮮卑族的一支，西遷以後，逐漸控制了今青海、甘肅南部和四川西北部的氐族和羌族。4世紀時，其首領葉延正式建立了國家，都於伏俟城（今青海湖西岸布哈河口南）。隋煬帝曾一度滅吐谷渾，於其地置西海、河源、鄯善和且末四郡。隋末大亂，其首領慕容伏允乘機復其故地。

青海青海湖西岸布哈河河口伏俟城遺址

「伏俟」為鮮卑語，漢語意為「王者之城」。

　　唐初，吐谷渾處唐朝與吐蕃兩大勢力之間，執政的慕容伏允持親吐蕃、疏唐朝的態度，唐太宗幾次徵他入朝，均未達到目的。從貞觀八年（634）開始，唐朝一再派兵西征。次年，李靖大敗吐谷渾，伏允為左右所殺，其子慕容順屬親唐勢力，在唐朝的支持下繼立，遂稱臣內附。慕容順死後，唐立其子諾曷鉢為可汗、西平郡王，並以弘化公主與之和親，資送甚厚。

　　唐高宗龍朔三年（663），吐谷渾為吐蕃所併，諾曷鉢率眾徙今寧夏。以後，唐朝於靈州置安樂州（今寧夏中寧東南）以安置之。

西突厥與西域各族

　　隋唐之際，西突厥是今新疆、中亞一帶的一個強大勢力，天山以南諸國如高昌、焉耆、龜茲、于闐及疏勒等均受其控制。

　　隋唐之際，中原大亂，西突厥射匱可汗去世，其弟統葉護可汗繼位。他北並疏勒，西拒波斯，控弦數十萬，勢力相當強大。這一情況有礙於今新疆一帶的統一，而且不利於絲綢之路的暢通，所以唐朝與西突厥間終於不可避免地發生了矛盾和衝突。東突厥被滅、吐谷渾歸附以後，唐太宗騰出手來，開始經營西域。高昌麴氏政權與西突厥乙毗咄陸可汗結成聯盟反對唐朝，擁塞道路，妨礙東西方貿易，唐太宗派侯君集率軍出征，於貞觀十四年（640）攻下高昌王城（今新疆吐魯番東南），麴智盛降。唐朝以其地置西昌州，不久改名西州，並於交河（今新疆吐魯番西）置

安西都護府，統轄高昌故地。同時於可汗浮圖城（今新疆吉木薩爾北）置庭州。以後，唐軍又於貞觀十八年平定了焉耆王龍突騎支之亂，二十二年平定了龜茲王訶黎布失畢之亂，唐朝遂遷安西都護府於龜茲，並於疏勒、焉耆、于闐同時設鎮，合稱安西四鎮。

　　當時西突厥分裂為兩部，陷於內爭，其屬國高昌、焉耆和龜茲又先後被唐朝所滅。以後，沙缽羅可汗阿史那賀魯雖然一度統一了兩部，但不久又發生紛爭。高宗為了解除西突厥對庭州等地的威脅，遂於顯慶二年（657）派蘇定方、蕭嗣業等率軍西征，大破西突厥，沙缽羅可汗奔石國被擒，西突厥至此宣告滅亡。唐

克孜爾千佛洞壁畫
───────────
克孜爾千佛洞位於新疆拜城，屬
於龜茲古國的疆域範圍，是龜茲
石窟藝術的發祥地之一。

以其地分置昆陵都護府統轄五咄陸部，濛池都護府統轄五弩失畢部。唐滅西突厥後，國界越蔥嶺，遠達咸海東、南一帶。高宗調露元年（679）王方翼築碎葉城，以後一度以龜茲、疏勒、于闐與碎葉為安西四鎮。為了控制西突厥廣大地區，武則天又於長安二年（702）分安西都護府天山以北地區為北庭都護府，治所設在庭州。

吐蕃

藏族的祖先在唐代建立了一個王朝，稱作吐蕃。7 世紀初，吐蕃的贊普（意即王）松贊干布執政，繼承祖、父兩代開創的基業，征服了青藏高原上的羌族諸部，建立了奴隸制國家，並把首都從瓊結遷到邏些（今西藏拉薩），實現了青藏高原的統一。在統一全藏的過程中，依山而居的民眾紛紛遷往平原，農業人口隨之大增。吐蕃的王族和貴族是奴隸主，被剝削的勞動人民是奴隸和平民。當時，吐蕃已經創造了文字。

貞觀八年（634），松贊干布遣使於唐，請求通婚。經過一番周折，唐太宗終於決定以宗室女文成公主和親吐蕃。十五年，江夏王李道宗送文成公主赴吐蕃，松贊干布親迎於河源（今青海興海東南），並在吐蕃為公主修建了唐式宮室。文成公主帶去了第一批入藏的漢人，其中有一些是手工業工匠。大批的書籍、手工業技術亦隨之傳入吐蕃。這次和親揭開了漢藏兩族友好交往的序幕，具有偉大的歷史意義。唐中宗時又以宗女金城公主和親

《步輦圖》（局部）

唐閻立本繪。此圖描繪了唐太宗李世民接見吐蕃贊普松贊干布求婚使臣祿東贊的場面。

於吐蕃的贊普棄隸蹜贊，又有一些工匠隨公主入藏，龜茲樂亦傳往吐蕃。後來，吐蕃還得到了精工抄寫的《毛詩》《禮記》《左傳》及《文選》等重要典籍。由於兩族交往的頻繁和擴大，吐蕃的馬、金器、瑪瑙杯和紡織品等特產也傳到了唐朝。吐蕃佔領河西、隴右時期的敦煌遺書中，有關於禪宗的寫本，是用藏文寫的，這說明禪宗已經傳入藏族。

吐蕃有時對唐朝發動掠奪奴隸、財物的戰爭。唐朝前期吐蕃勢力伸向西域，雙方在那裏進行過長期的拉鋸戰，互有勝負，安西四鎮數易其手，但唐朝尚能基本上對西域進行有效的控制。安史之亂爆發以後，吐蕃乘唐朝西北重兵內調的機會，一舉出兵佔領了河湟隴右一帶，並於廣德元年（763）一度攻入長安。唐代宗被迫逃往陝州，賴關中及長安城中人民奮起反抗，郭子儀率軍收復長安，皇帝才得以復還京師。此後，唐朝的河隴直至北庭、

安西的廣大地區，幾乎全部淪於吐蕃之手。隴右各族人民不堪吐蕃奴隸主貴族的奴役和壓迫，曾在漢人張議潮領導下於宣宗大中二年（848）發動起義，先後恢復了沙州（今甘肅敦煌西）、瓜州（今甘肅安西東南）等河西的大部分地區。在這前後，秦州（今甘肅秦安西北）、原州（今寧夏固原）、安樂州等地亦擺脫了吐蕃的控制，重新歸附唐朝。唐代後期，兩族間雖然不斷發生戰爭，但也一再建立盟約恢復睦鄰關係，如 9 世紀中葉吐蕃贊普棄松德贊當政時就積極推行與唐朝和盟的政策，雙方在穆宗長慶間（821～824）結盟時建立的《唐蕃會盟碑》，至今屹立在拉薩大昭寺門前。

吐蕃社會發展過程中生產力水平不斷提高，同奴隸制生產關係發生了尖銳的矛盾，代表奴隸主利益的王朝走向衰落。會昌元年（841；一作會昌六年）贊普郎達瑪被刺殺後，內部大亂。至 9 世紀六七十年代時，階級矛盾激化，爆發了全族規模的農民、牧民、奴隸大起義。在階級鬥爭的推動下，吐蕃開始向封建社會過渡，形成了割據局面。

南詔

7 世紀以前，在今雲南洱海一帶有一個古老的昆明國，其主要居民是「白蠻」，即今白族的祖先。在昆明國的北方、東方和南方還有一個稱作「烏蠻」的民族，即今彝族的祖先。從 7 世紀初至中葉，烏蠻不斷移入洱海地區征服白蠻，形成了六個烏

蠻的政權，稱六詔，即蒙嶲詔、蒙舍詔、越析詔、邆睒詔、施浪詔和浪穹詔。其中蒙舍詔處最南方，亦稱「南詔」，其王族為蒙氏。當地民族複雜，社會經濟發展很不平衡，最進步的地區是蒙舍詔，已有很發達的農業。貞觀二十三年（649），蒙舍詔的首領細奴邏建立「大蒙國」，自稱「奇嘉王」。這時蒙舍詔已經進入了奴隸社會。8世紀時蒙舍詔征服各詔，建立起統一的國家，通稱為南詔。不久遷都於太和城（今雲南大理南太和村）。大曆十四年（779），南詔又定都於羊苴咩城（今雲南大理）。

南詔統一以後，唐玄宗於開元二十六年（738）冊封其王皮邏閣為「雲南王」。以後雙方保持友好關係，皮邏閣派其孫鳳迦異赴長安朝見皇帝，玄宗賜以胡部、龜茲兩大樂隊。不少南詔最高統治者接受過唐朝的冊封。漢人鄭回被俘後曾擔任鳳迦異、異牟尋、尋夢湊三代南詔王的清平官（相當於漢族的宰相），地位顯赫。南詔奪取西爨地區（今雲南中部、東部）以後，同唐朝的關係發生了變化。從8世紀中葉開始，雙方不斷爆發戰爭，南詔王閣羅鳳遂歸附於吐蕃，受封為「贊普鐘」。後來，閣羅鳳發現背唐對南詔不利，他在《南詔德化碑》中流露了對唐朝友好關係的懷念。異牟尋當政後，終於接受鄭回的建議，在貞元十年（794）恢復了同唐朝的和睦關係，唐德宗遂冊封異牟尋為「南詔王」。以後雙方時戰時和，但經濟、文化交流始終沒有間斷。南詔基本上模仿唐朝的官制，相當尊重儒學，其統治者不斷派子弟至成都學習書算。漢族的典籍和王羲之、王獻之的字帖亦傳入南詔。漢人手工業者把紡織技術輸入南詔後，其紡織品的質量可與

唐朝相比。大理崇聖寺塔是漢族工匠恭韜、微義設計建成的。南詔人民在開發、建設祖國邊疆中也作出了偉大的貢獻。同時，南詔在和唐朝的接觸中，社會生產迅速發展，產生了封建制因素，階級矛盾和統治階級內部的矛盾漸趨激化。開復二年（902），鄭回的後裔鄭買嗣滅蒙氏政權，建立了大長和國。

契丹

　　契丹族是古代東胡族的一支，北魏時散居於潢水（今內蒙古西拉木倫河）流域及其支流土河（今內蒙古老哈河）中、下游地區。當時該族已進入父系氏族階段，共分八個部落。隋代，契丹族已經組成了鬆散的部落聯盟。到勾德實可汗時，契丹族開始有了農業。以後，冶鐵鼓鑄和紡織業亦隨之興起。

　　唐代初年，契丹族首領大賀摩會歸附於唐朝。貞觀中，唐太宗於其地置松漠都督府，以其首領窟哥為都督，賜姓李。武則天執政以後，營州（今遼寧朝陽）都督趙文翙對契丹進行凌辱，引起松漠都督李盡忠及其妻兄孫萬榮的反抗，戰爭斷斷續續達數十年之久。至開元初，唐朝始得復置松漠都督府。此後恢復了和睦關係，雙方聘使不絕，經常互市。唐代後期每年有兩三批契丹人來內地貿易，每批約數百人，有的在幽州就近互市，有的則前往長安。漢族與契丹族的經濟文化交流有相當的發展。

　　到唐朝末年，契丹族已經發展到原始社會的盡頭，接近奴隸社會的門檻了。

靺鞨

靺鞨在古代稱肅慎，北朝時稱「勿吉」，分佈於粟末水（今黑龍江省的第二松花江）和黑水（今黑龍江下游）流域。6～7世紀時勿吉人逐漸發展為粟末、白山、伯咄、安居骨、拂涅、號室及黑水等七大部，其中最強大的是黑水部與處於最南端的粟末部。唐高宗時粟末靺鞨南徙營州。聖曆元年（698）其首領大祚榮開始建立政權，稱「震國」，奴隸制國家即正式確立。開元元年（713）唐玄宗以大祚榮所部置忽汗州，以大祚榮為都督，封渤海郡王，從此其轄區便以渤海為號。十四年，唐朝又在黑水靺鞨部所在地置黑水州。靺鞨族即滿族的前身。

渤海與漢族的經濟、文化交流相當發達。渤海的政治、軍事制度多仿唐制。靺鞨族不但使用漢文，而且遣使求寫《唐禮》《三國志》《晉書》等典籍。兩族間聘使往還，經常互市，自鴨綠江入海至登州（今山東蓬萊）登陸，是渤海通往內地的要道。從代宗開始，唐在青州專設渤海館以接待其使臣。渤海還派遣了不少學生到長安學習漢族的先進文化和技術。在渤海京城發現的甕門顯然是模仿唐制而建造的，發現的白瓷片也與唐朝製品完全相同。渤海朝貢使臣所作的詩曾受到唐朝著名詩人溫庭筠的稱讚。

唐代周邊各族與漢族的交往空前頻繁，各族間的關係進一步密切，因而多民族國家的發展、壯大又有長足的進步。

唐朝的科學技術和文化

科學與技術

　　唐代生產力提高，經濟繁榮，為科學與技術的發展提供了條件，因此科技領域內取得了輝煌的成就。這些成就主要表現在天文學、數學、地理學、醫藥學及印刷術等方面。

天文與數學

　　僧一行，本名張遂，是唐代最著名的天文學家。他青年時代就精通曆象和陰陽五行之學。唐玄宗召他到長安主持改定曆法。當時，率府兵曹參軍梁令瓚已經製成木黃道遊儀的模型，一行主張改用銅鑄，並與令瓚繼續進行研究，經過兩年的努力，最後於開元十二年（724）製成銅黃道遊儀。次年，一行又與梁令瓚奉玄宗之命，共同研製成銅鑄的水運渾儀，用以計時。黃道遊儀和水運渾儀的製成，對觀察天象起了很大的作用。開元十三年，一行還用自己製成的「複矩圖」，令南宮說率人到今河南若干地點測量北極高度和春分、夏至、秋分、冬至的日影長度，測出地球子午線 1°的長度約合十二萬三千七百米。這是世界上第一次實測子午線，具有重大的意義。一行也是世界上第一位發現恆星位置變動的天文學家。他臨死前編成《大衍曆》的草稿，後經張說等整理成書，是中國古代的一部重要曆書。該曆在編寫的過程中使用的不等間距的二次差內插法、具有正弦函數性質的表格和含

《五星二十八宿神形圖》（局部）

唐代天文儀器製造家、畫家梁令瓚繪。此圖原分為上下兩卷，前畫五星，後畫二十八宿。五星指金木水火土五行星；二十八宿，中國古代天文學家將恆星分為三垣二十八宿，而附以各個星座。

有三次差的近似內插公式，在數學上都是傑出的貢獻。

此外，李淳風等註釋《算經十書》及十書中最後一部王孝通所撰《輯古算術》，也都是數學方面的重要成就。

地理學

唐初的一部重要地理學著作是《括地志》。唐太宗的第四子魏王李泰，延攬學士蕭德言、顧胤、蔣亞卿及謝偃等，根據《貞觀十三年大簿》的資料編撰成該書，於貞觀十六年（642）奏上。《括地志》全面敍述了唐初政區的建置沿革，並介紹了各地的山嶽、河流、風俗、物產及人物故事等。該書共五百五十卷，另有《序略》五卷，內容豐富，惜今天已無完帙，清代以來的輯佚本僅數卷而已。

唐德宗時的賈耽是著名的地理學家，他在貞元十七年（801）繪成《海內華夷圖》，並撰成《古今郡國縣道四夷述》四十卷。其中尤以《海內華夷圖》貢獻最大，圖長三丈三尺，寬三丈，以

一寸為百里，古地名標以黑字，唐代地名題以紅字。可惜原圖已失，但 12 世紀時根據它編繪的《華夷圖》刻石至今仍保存於西安市碑林。賈耽的其他重要地理著述還有《皇華四達記》十卷、《貞元十道錄》四卷等。

唐朝另一部重要的地理學著作是唐憲宗朝宰相李吉甫在元和八年（813）撰成的《元和郡縣圖志》。該書四十卷，目錄兩卷，在所介紹四十七鎮的每鎮之前，都附以地圖。全書記錄了當時各地的物產、貢物、戶口、州縣沿革和山川險易等情況。原書僅存三十四卷，圖已佚，是現存中國歷史上最早的地方總志，對後世方志的編撰有很大的影響。

此外，杜佑所著《通典》的《州郡典》共十四卷，在方志發展史上也佔有一定的地位。唐末人樊綽所著《蠻書》十卷，詳細記載了洱海一帶的民族、風俗、山川、道路，是輿志中較早的著作，為研究古代雲南地理及南詔史提供了豐富的資料。

醫藥學

孫思邈是唐初醫學和藥物學家。他於高宗永徽三年（652）撰成《備急千金要方》三十卷。他認為「人命至重，有貴千金」，故名其書為《千金要方》。該書廣收博採自古代至唐初的重要方劑，對診治之訣、針灸之法、導引養生之術均有周詳的論述。後來，孫思邈覺得《千金要方》仍有闕遺，又撰成《千金翼方》三十卷以輔之。這兩部書在中國藥學史上佔有重要地位，後人尊稱孫思邈為「藥王」。此外，顯慶四年（659）唐廷頒行的《新

修本草》，為世界上第一部官修的藥典。這是唐高宗時期醫藥工作者集體作出的重要貢獻。

印刷術

　　雕版印刷的出現是唐代重大技術成就之一。雕版印書始於何時，其說不一，至遲在中唐、晚唐時已經逐漸興起。1966年在韓國發現了木刻《陀羅尼經》印本，刻於704～751年間。成都市望江樓附近的唐墓也出土了龍池坊卞家印賣的《陀羅尼經》，這是國內現存的最早印本。此外，咸通九年（868）王玠印造的《金剛經》，卷首有版面，正文刻字精美，足見刻印技術已較成熟。唐僖宗時成都書肆有印製的各種書籍出售，而且不少地方都在印刷曆書。雕版印刷術的發明為五代以後大量印書創造了條件。

宗教和哲學

道教與佛教

　　道教和佛教在中國早已盛行，唐朝統治者深知宗教對鞏固封建統治能起一定的作用，經常利用道、佛二教麻痹人民的思想。隨着政治形勢的變化，道教與佛教往往發生矛盾和鬥爭。唐代，有的統治者崇此抑彼，有的統治者崇彼抑此，對宗教衝突起了推波助瀾的作用；有時他們也調和道佛之爭，並且加以利用。

　　中國的道教奉李耳為教主，唐朝皇室亦為李姓，故從唐初起

統治者就規定道教地位居於佛教之先。唐朝大多數皇帝均崇奉道教，唐玄宗尤為突出，在他執政時道教勢力達到了最高峰，全國道觀總計一千六百八十七所。當時道教有清經法派和正一派，各有不少經戒符籙傳世。重要的道教人物有王遠知、潘師正、司馬承禎、吳筠及張果等。有的道士重丹鼎，善金丹黃白術，唐朝不少皇帝即因服金丹而喪生，搞丹鼎的道士亦往往因騙術敗露而遭貶逐。有的道士講求符籙、辟穀、導引之術，往往以這些方術受到統治者的寵遇。

佛教的政治地位雖然不如道教，但就其流傳影響及寺院的經濟實力而言，實際上都超過了道教。在武周時期佛教備受寵遇，甚至一度凌駕於道教之上。隋唐時期佛教進一步發展的基本條件是：①佛教的經、律、論在過去已有不少翻譯，大體完備，有了充分的資料。②在理論上佛教已從玄學附庸的地位走向獨立，漸漸形成了自己的體系。③政治需要促使佛教進一步發展，如適應門閥世族的衰落和庶族地主的興起，等級特權的削弱，各派均論證成佛的可能性，並給以肯定的結論。智顗創天宗台也是適應了統一全國的政治需要。④經過長期發展，佛教已漸趨中國化，得到改造，產生了各種各樣的宗派。隋唐佛教各宗的形成，是佛教高度發展和高度中國化的重要標誌之一。

南北朝時佛教已經有一些流派，隋唐時期形成了正式的宗派。當時最主要的有天台宗、法相宗、華嚴宗和禪宗，其中尤以慧能和神秀所倡導的禪宗的中國化程度最高，流行最廣。

隨着佛教的大盛，寺院經濟惡性膨脹起來，僧侶地主廣佔良

田,大蓄奴婢,在社會上鬧錢荒的時候,佛寺中以銅鑄像,而且為各階層逃避課役的人提供了藏身之地。這就必然觸動唐王朝的財政利益。為了解決這些問題,崇信道教的唐武宗在道士趙歸真等人的鼓動下,於會昌年間(841～846)下令打擊佛教。在這次「廢佛」中共拆除大、中寺院四千六百餘所,小廟宇(招提、蘭若)四萬餘所;勒令僧尼二十六萬餘人還俗,沒收奴婢十五萬人,均充兩稅戶;沒收膏腴上田數千萬頃(疑頃為畝之訛)。經過這次打擊,佛教與寺院經濟暫時有所削弱。

哲學思想

唐代主要的唯心主義思想家有韓愈和李翱,主要的唯物主義思想家有柳宗元和劉禹錫。

韓愈主要的哲學論著有《原道》《原性》等名篇。他尊崇儒學,反對佛、道,尤其排佛最為激烈。韓愈認為僧侶不事生產,徒費社會財富,是產生貧窮和盜賊的根源,主張僧尼還俗,焚燒佛經,廢毀寺院為民居。他曾因諫唐憲宗迎佛骨而被貶逐嶺南。在理論上,他覺得宗教宣傳無君無父,違背儒家傳統的綱常名教,因而大力提倡中國固有的政治思想仁義之道。韓愈認為儒家的道統自堯、舜傳到孔、孟,後來就中斷了,聲稱要以繼承道統為己任,恢復儒家的獨尊地位,以貶抑佛、道。不過他不是以唯物主義作批判的武器,而是以儒家的唯心主義批判佛教的唯心主義。在宇宙觀方面,韓愈認為天可以對人間進行賞罰;在人性論方面,他以儒家的倫理道德為標準,把性劃分為上、中、下

三品，而且認為每個人的性是與生俱來的。這些都是唯心主義觀點。

李翱主要的哲學論著是《復性書》。他也是佛教的反對者，但同樣宣揚唯心主義思想。李翱繼承與發揮孟子的性善論，認為每一個人的本性都是符合封建道德標準的，只是由於有喜怒哀樂等情欲，性才不能得到發揚，所以情是性之累。為了排除這種干擾，就要按照儒家格物致知、制禮作樂、治國平天下等理論進行修養，這樣做就可以「復性」。這種關於人性的學說，完全是唯心主義的。

韓愈和李翱都強調儒家的倫理道德，也都是唯心主義思想家，他們的理論在唐代後期興起，是宋明理學的先聲。韓愈的客觀唯心主義思想是程、朱學派思想的萌芽，李翱的主觀唯心主義思想是陸、王學派思想的前導。

針對各種唯心主義思想，唐代先後產生了一些唯物主義思想家。唐初反對唯心主義的思想家有傅奕和呂才。傅奕主要批駁佛教的觀點，並且上書唐高祖，建議廢佛。呂才主要反對中國傳統的宿命論，並揭露陰陽吉凶之說的虛妄。但兩人都缺乏理論的高度，對唯心主義的批判不夠有力。

柳宗元主要的哲學論著有《天說》《天對》《封建論》等名篇。他不同意董仲舒以來流行的「天人感應」學說，認為宇宙是由元氣構成的，天即自然，並不能對人間進行賞功罰過，人們的禍福遭遇純係「功者自功，禍者自禍」，與天命無關。這樣的論點顯然屬於唯物主義的宇宙觀。柳宗元指出，人類歷史不是依照「聖

人」之意發展的,它本身有必然之「勢」,秦漢以後的郡縣制之所以優於三代的分封制,就是由於前者更符合歷史發展的趨勢。這些看法說明,他在社會歷史方面也初步提出了一些值得重視的進步觀點。

劉禹錫主要的哲學論著有《天論》三篇。在宇宙論方面,他的唯物主義思想比柳宗元更進步。他認為宇宙間並沒有真正的「空」和「無」,而是充滿了物質。所謂「天」,不過是「有形之大者」,同樣也是物質。關於自然與人的關係,劉禹錫提出了天與人「交相勝,還相用」的觀點,具有積極的進取精神。他認為,人之所以產生唯心主義思想,是與社會現實有密切關係的。「法大行」的時候,社會上「是為公是,非為公非」,人們就不會產生禍福來自天命的思想;「法大弛」的時候,社會上是非顛倒,人不能勝天,天命論就在人間得到了宣揚的條件;「法小弛」的時候,社會上是非不清,人們就會對天命將信將疑。劉禹錫用社會實踐解釋天命論產生的根源,是在認識論方面的一個重大貢獻。

但柳宗元和劉禹錫一方面宣揚唯物主義,另一方面卻都信奉佛教,所以他們的唯物主義思想都不夠徹底。

史學和文學

史學

在門閥世族走向衰落聲中,隋文帝為了加強中央集權,開始

禁止私人撰集國史，臧否人物。唐太宗即位後專設史館，置史官修撰前代及本朝歷史，例由宰相監修。從此紀傳體的正史大多出自官修，宰相監修成為定製。唐初官修的正史有《晉書》《梁書》《陳書》《周書》《北齊書》和《隋書》。此外，由李延壽私人修成《南史》和《北史》。正史的官修，有利於利用國家擁有的大量藏書和檔案，且分工撰成，成書較快，各史中保存了不少經過整理的史料；但由於統治者直接控制修史工作，限制了史家觀點的自由發揮，而且一書成於眾人之手，其中難免有抵牾重出現象。

唐代史學上最大的成就是劉知幾撰成《史通》和杜佑撰成《通典》。

劉知幾主要的著作是《史通》。該書二十卷，四十九篇，撰成於中宗景龍四年（710）。魏晉以降，文史逐漸分家，文學批評方面的論著相繼產生，史學本身也相應需要有獨立的理論著作問世，就是在這種條件下，劉知幾寫成了這部專著。作者對過去史書的編纂體例、史料選擇、人物評價、史事敍述及語言運用等方面都提出了自己總結性、獨創性的看法。他強調史學家應當秉筆直書，無所阿容，並反對記敍怪誕不經的事。《史通》中有《疑古》《惑經》二篇，對古代典籍和傳統經書中有關歷史的記載提出了大膽的質疑。劉知幾認為史家必備的三個條件是才、學、識。他特別強調「識」的重要性，即史家最可貴之處在於自己的獨到見解。《史通》是中國歷史上第一部歷史學理論著作，對後世發生了深遠的影響。

杜佑長於吏治和理財，他總結歷代的典章制度以服務於現實

政治。在先前，劉知幾之子劉秩已撰成《政典》三十五卷，按《周禮》六官所職分門編撰。杜佑得其書，認為條目未盡，乃以三十多年的時間廣其所缺，參益新禮，於德宗貞元十七年（801）撰成《通典》二百卷。全書共分九門：「食貨」「選舉」「職官」「禮」「樂」「兵」「刑」「州郡」及「邊防」。杜佑特別重視財政經濟，故將「食貨」門列於全書之首。過去也有關於典章制度的記載，均是附載於正史之「書」「志」，未有專書；《通典》則發展以往的「書」「志」而創典志體，且係縱貫古今之通史，在中國史學史上創建了新的史書體例，為後代政書的撰述開了先河。

文學

　　唐代文學在中國歷史上佔有突出的地位，詩歌創作、古文運動、民間文學等方面均有輝煌的成就。

　　古典詩歌在唐代處極盛時期，文學創作上的成就主要表現在這個領域。《全唐詩》輯錄詩歌近五萬首，其作者達二千二百餘人，名詩人輩出，不少名篇千古傳誦。詩歌創作成為社會文化生活的主要內容之一，科舉制隨之由策論取士改變為詩賦取士。進士科的獨重又反轉來促進詩歌創作進一步普及和發展。南朝以來文人對聲律的講究也為唐代律詩的大盛提供了前提。根據唐朝詩歌創作發展的具體情況，通常劃分為初唐、盛唐、中唐和晚唐四個階段。

　　初唐詩人承襲南北朝頹靡綺麗的遺風，作品缺乏真實的感情和充實的社會內容，但在詩歌的藝術形式上，自「四傑」（王勃、

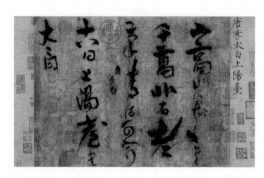

《上陽台帖》（局部）

唐李白書。

楊炯、盧照鄰和駱賓王）至沈佺期、宋之問，逐漸完成了聲律化過程，奠定了律詩的形式。初唐最傑出的詩人是陳子昂。他力斥齊、梁詩的「彩麗競繁」，主張恢復詩歌反映現實生活的優良傳統。陳子昂寫的詩剛健樸素，一掃南朝綺靡、頹廢的流風，為唐詩的發展開拓了道路。

　　盛唐詩歌體裁眾多，風格各異，出現了萬紫千紅的盛況。最著名的詩人有李白、杜甫、王維、孟浩然、高適和岑參等。王、孟寫作藝術較高，內容上有逃避現實的消極因素。岑參以寫邊塞詩見長，高適才氣遜於岑參，但能反映一些民間疾苦。真正代表盛唐詩壇的大詩人當推李白和杜甫。

　　李白繼承屈原的積極浪漫主義精神，汲取魏晉以來優秀詩人的技巧，學習民歌語言，再加上自己的革新創造，使其詩具有氣勢磅礡，想像力豐富，長於誇張，語言明快生動的藝術特色。他的「濟蒼生」「安黎元」的政治抱負和蔑視王侯、不羈封建禮教的精神，不時在詩篇中閃耀光芒。但李白並不是一個政治家，又

深受道家思想影響，所以求仙飲酒、浮生若夢、及時行樂等消極情緒在詩中也經常流露。《將進酒》《蜀道難》《宿五松山下荀媼家》《丁都護歌》及《秋浦》等名篇反映了詩人對祖國山河的熱愛和對勞動人民的同情。

杜甫是安史之亂前後的現實主義詩人。他從《詩經》《楚辭》直至初唐的優秀詩作中擷取精英，又革新創造，從而取得了多方面的成就。真摯的感情、雄渾的基調、精練的語言，構成了杜詩的藝術特色。「語不驚人死不休」是杜甫的座右銘。就思想內容而言，詩人肯細心觀察社會政治，能體會勞動人民的遭遇和苦難，「朱門酒肉臭，路有凍死骨」是他揭露階級對立的名句。他的安史之亂後的詩篇反映社會生活更深刻了。「三吏」（《石壕吏》《潼關吏》《新安吏》）「三別」（《新婚別》《垂老別》《無家別》）和《北征》《悲陳陶》《羌村》是這一時期的代表作。由於杜詩的現實主義特色非常奪目，因而被譽為「詩史」。

中唐詩人中的佼佼者有白居易、元稹和李賀等人。白居易與元稹曾發起詩歌創作方面的新樂府運動，對唐詩的發展有重大的貢獻。

白居易繼承杜甫的現實主義創作精神，提出「文章合為時而著，歌詩合為事而作」的主張，是為新樂府運動的綱領口號。白居易自稱「志在兼濟，行在獨善」。他以諷喻詩表現其「兼濟」思想，以閒適詩表現其「獨善」精神。諷喻詩共有一百七十餘首，其中《新樂府》佔五十首。作者在這些詩中諷刺橫徵暴斂，反對黷武戰爭，攻擊豪門權貴，揭發貪污強暴和奢侈浪費。白

居易在藝術上的特色是語言通俗、敍事平易。他的代表作有《新豐折臂翁》《賣炭翁》《秦中吟‧重賦》《琵琶行》及《長恨歌》等詩，其中有的成為新樂府運動的傑出成果，當時已被稱為「元和體」。

元稹年歲略小於白居易，兩人名噪詩壇，時稱「元、白」。他也主張詩歌創作要「刺美見事」。代表作有：《連昌宮詞》，是與《長恨歌》齊名的長篇敍事詩；《田家詞》，表現了作者對農民疾苦的深切同情；此外，悼亡詩《遣悲懷》七律三首亦為名篇。不過元詩在思想上和藝術上均略遜於白詩。

李賀在短短二十餘年的生涯中仕途失路，窮困潦倒，但在詩壇上卻是異軍突起的詩人。他在《拂舞歌辭》《秦宮詩》《猛虎行》《呂將軍歌》《雁門太守行》及《老夫採玉歌》等名詩中鞭撻割據一方的強藩巨鎮，諷刺與揭露統治集團的貪墨成風和荒淫誤國，具有較高的思想性。他的詩想像豐富，立意新奇，構思精巧，用詞瑰麗，富有浪漫主義色彩，但也存在較濃厚的唯美傾向和傷感情緒。

晚唐的著名詩人是李商隱和杜牧，有「小李、杜」之稱。

李商隱在政治上歷盡坎坷，雖有「欲回天地」的政治抱負，但「運與願違」，不得實現，因而詩中既有反對藩鎮、斥責宦官的內容，也常常流露傷感的情調。他寫了不少《無題》詩，表面上是描寫愛情之作，實際上具有政治內容。他的詩具有隱晦朦朧、文字清麗的特色。

杜牧境遇略優於李商隱，但也沉淪下僚。他具有一定的政治

理想，關心國家治亂，可是在唐朝江河日下的環境中，他的希望化為泡影，生活上不免縱情酒色。在藝術上，他追求「高絕」，不滿「奇麗」，力圖在晚唐浮淺輕靡的流風外獨具一格。

唐末農民戰爭之際，皮日休、聶夷中、杜荀鶴等人繼承現實主義傳統，也寫過一些具有政治內容的篇什。但隨着唐朝的走向衰落，失望和頹喪的感情壓倒一切，唐詩也呈現強弩之末的狀況。

初盛唐時開始產生了一種新的詩歌體，叫作詞。它的特點是適於合樂，每種曲調有一個固定的名稱，如《菩薩蠻》《念奴嬌》等，而為了配合這些調子，句子隨之有長有短，所以詞亦稱長短句。詞在中唐時普遍流行起來，成為一種新的創作形式。開元時，城市中的歌者雜用里巷間的俚曲調，詞中不免滲入一些市民意識。現存最早的詞是敦煌發現的曲子調，其中除少數出於文人之手外，大多是民間作品。中唐前後文人填詞者逐漸增多，著名的作家有李白、張志和、劉長卿、韋應物、白居易、劉禹錫和溫庭筠等人。最傑出的是溫庭筠，藝術成就很高。

古文運動是中唐時期興起的一個具有重大意義的文學改革浪潮。南北朝以來，流行寫駢體文，其主要缺點是單純追求形式上的文字美，缺乏充實的內容。中唐時期，在思想領域，儒、道、釋雜行，韓愈因而大力提倡「道統」，企圖用傳統的儒學整頓混亂的思想。舊的文學形式不能適應時代提出的新任務，於是文學改革被提到日程上來，新樂府運動和古文運動應運而生。古文運動提倡恢復先秦、兩漢的古代散文，實則是復古其名，創新其

實，力圖開創一個文學發展的新局面。古文運動的兩員主將是韓愈和柳宗元。

韓愈的主要貢獻是為古文運動奠定了理論基礎。「古文」這一概念即由韓愈提出，他自己說學古文是為了學古道，即學習和宣揚儒家之道。為了一反幾百年來流行的駢文，韓愈認為作文章必須「唯陳言之務去」，要有創新精神，辭必己出，不蹈襲前人一言一句。他特別強調錘字煉句，應把文章寫得「文從字順」。韓愈根據自己的理論寫了不少的古文，名篇如《師說》《毛穎傳》《進學解》《張中丞傳後敍》及《祭十二郎文》等，均為膾炙人口之作。

柳宗元提出「文以明道」的口號，聲稱自己寫文章是為了「輔時及物為道」，反對片面追求辭藻的華麗。他認為作家的行為和品德是進行創作的首要條件，其作品的社會功用是「褒貶」和「諷喻」，文章應該寫得「詞正而理備」。柳宗元對古文運動的最大貢獻是在古文創作上留下了大量的名篇。他所寫的著名作品有《天說》《封建論》《非國語》《捕蛇者說》《段太尉逸事狀》《宋清傳》《梓人傳》《黔之驢》及《永州八記》等。

唐代文學在傳奇小說和變文方面也取得了一定的成就。這兩種文學創作的興盛與城市的繁榮、商品經濟的發展有一定的關係。

隋及唐初的傳奇小說仍未擺脫六朝志怪的餘風。中唐時期，古文運動為小說創作提供了靈活而表現力強的文體；詩歌的長期發展，在語言、意境方面給傳奇小說以豐富的營養；傳奇小說適

於表現作者的史才、詩筆、議論，為投卷（唐代報考進士科的人在考試前把自己的詩文作品呈交考官或與考官有關係的名流，以此爭取登第，稱作投卷）所需要，進士科的盛行也對傳奇創作起了推動作用。因此，貞元（785～805）、元和（806～820）年間出現了大量作品，如陳鴻的《長恨歌傳》、元稹的《會真記》、李朝威的《柳毅傳》、白行簡的《李娃傳》及蔣防的《霍小玉傳》等均比較著名。

隨着佛教的盛行和佛經的大量翻譯，印度傳經的梵唄和唱導也傳到了中國。唐代，梵唄和唱導的方法發展為僧講和俗講。後者專以世俗民眾為對象，其話本叫作變文。唐末，變文已用來講唱佛經故事、歷史故事、民間傳說和當代人物事跡，說唱者亦不限於僧侶，並且在講唱時輔以表演。近代在敦煌發現的變文主要有《維摩詰經變文》《降魔變文》《大目乾連冥間救母變文》《伍子胥變文》《秋胡變文》《王昭君變文》和《張義潮變文》等多種。變文的出現對後世的民間文學中的寶卷、彈詞、鼓詞、話本及長篇白話小說的產生，都有一定的影響。

藝術

繪畫和雕塑

唐代繪畫藝術在畫法上有獨特的創造，題材比以往廣泛，名畫家輩出。人物畫在當時繪畫中佔重要地位，初唐的閻立德、閻立本兄弟都是善畫人物的畫家。現存閻立本所畫的《歷代帝王圖》

昭陵六駿

唐太宗李世民陵墓的石刻之一。位於今陝西禮泉東北 22.5 千米的九嵕山。貞觀十一年（637），李世民命令把他騎乘過的六匹戰馬刻在昭陵以記功。由閻立本畫圖起樣，李世民親為六駿作贊，歐陽詢書刻於石，陳列在玄武門內東西廡。昭陵六駿是颯露紫、拳毛騧、白蹄烏、特勒驃、青騅、什伐赤。颯露紫、拳毛騧於 1914 年被鑿成碎塊盜運出國，現存美國費城賓夕法尼亞大學博物館。其餘四駿 1917 年也被打碎，在盜運時被截獲，現藏陝西西安碑林博物館。

昭陵的「六駿」之一：颯露紫。

和《步輦圖》，筆力剛健，線條有如屈鐵盤絲，能以簡練的筆法表達人物的神態。盛唐的吳道子被稱為「畫聖」，他吸收西域畫派的暈染法，並於焦墨痕中別施彩色，使畫面具有立體感。吳道子尤善畫迎風輕舉的衣服，號稱「吳帶當風」。盛唐、中唐之際的張萱和周昉善畫仕女，使人物畫又有新的發展。魏晉以後，山水樹石只是人物畫中的配景，不受重視。隋唐以後，山水風景才成為繪畫的主題，從而出現了山水畫。初唐、盛唐之際的李思訓善畫金碧山水，其子昭道更是青出於藍。二李喜用重彩，務求富麗，筆法繁密。詩人王維亦擅長山水畫，筆法精練，務求淡雅，後世稱其詩畫「詩中有畫，畫中有詩」。唐代還有一些特具專長的畫家。如：曹霸、韓幹均長於畫馬；韓滉作畫，多取材於農民的現實生活，尤長於畫牛；戴嵩師法韓滉，亦以畫牛稱著；邊鸞則善畫花鳥。壁畫也是繪畫藝術的重要成就。甘肅敦煌莫高窟、新疆庫車克孜爾千佛洞及陝西乾縣的唐章懷太子墓、唐懿德太子墓等處發現的壁畫，都是唐代繪畫藝術中的珍品。

雕塑有石雕和泥塑。洞窟、寺院和帝王陵寢有大量的石雕和泥塑，如昭陵的「六駿」、龍門的盧舍那佛都是傑出的藝術品。墓葬中出土的大量陶俑也是民間藝人的泥塑作品。唐代雕塑家輩出，最著名的是盛唐時的楊惠之，被稱為「塑聖」，他為藝人留盃亭所塑的像，惟妙惟肖。

敦煌莫高窟是一個偉大的藝術博物館，而唐代是敦煌藝術的極盛時期。現存窟龕四百餘個，其中唐窟二百一十三個，幾佔半數。莫高窟最主要的藝術作品是塑像和壁畫。唐代塑像遺存者有

六百七十軀，半數尚存原形。與過去的佛像相比，唐代作品有世俗化的特點，佛和菩薩塑像端莊、慈祥、溫和，而且這一特點有日益加強的趨勢。洞窟四壁佈滿了絢麗的壁畫，經變畫的畫面巨大，內容豐富，構圖緊密，著名的維摩詰經變畫具有突出的中國化傾向。大型塑像的出現和淨土宗經變畫對極樂世界的描繪，都在一定程度上反映了唐朝的經濟繁榮和昌盛。經變畫的內容還涉及耕地、收穫、伐木、射獵等生產活動及角觝、百戲等場面，是社會生活的寫照。供養人像是當時各個民族各階級、各階層人物的寫真。隨着社會經濟的衰落，敦煌藝術在唐末有下降的傾向。

此外，甘肅天水的麥積山石窟、甘肅安西西南的榆林窟，也都有一部分唐代洞窟，其中均有塑像和壁畫。麥積山石窟的泥塑秀麗、生動，榆林窟的藝術風格近似莫高窟，它們都具有一定的藝術價值。

書法

從漢魏之際起，書法藝術開始脫離篆、隸的窠臼，演變出楷書、行書和草書。隋唐時期，隨着全國統一的重現，南方風流瀟灑的筆法終於壓倒北方拘謹保守的風格，風行全國。另一方面，在南北合流的基礎上，經過探索和努力，在唐代又形成了新風格。隋末唐初的虞世南、歐陽詢和褚遂良號稱初唐三大書法家，其傳世作品有虞世南的《孔子廟堂碑》，歐陽詢的《九成宮醴泉銘》《化度寺邕禪師舍利塔銘》，以及褚遂良的《伊闕佛龕碑》《聖

教序》等。盛唐的顏真卿融篆、隸、行、楷為一體，在書法方面
有所獨創，其特點是氣勢雄渾、形體敦厚、筆法遒勁。他的傳世
作品有《顏氏家廟碑》《麻姑仙壇記》及《多寶塔碑》等。中唐、
晚唐之際的柳公權與顏真卿齊名，他吸收了歐、顏兩家之長，自
成一體，代表作品有《神策軍碑》和《玄祕塔碑》等。唐代著名
的草書家有孫過庭、張旭和懷素等。孫過庭還著有《書譜》，對
書法理論有所闡發。

音樂和舞蹈

　　音樂、舞蹈的發達大大豐富了唐代社會的文化生活。西晉永
嘉之亂以後，原有的漢族固有文化一度凋零，西域文化逐漸東傳
中原，並與漢族文化相融合，為隋唐音樂、舞蹈的高度發展奠定
了基礎。唐朝前期經濟繁榮的升平景象，又為殊方樂舞的百花爭
妍提供了條件。

　　隋代曾將中外音樂分類整理，先後置七部樂和九部樂，唐太
宗時進一步擴充成十部樂，即燕樂、清商樂、西涼樂、扶南樂、
高麗樂、龜茲樂、安國樂、疏勒樂、康國樂及高昌樂。不同的名
稱說明這些樂舞少數屬於漢族所固有，大部分來源於國內各族及
亞洲各國。但由於長期的統一更有利於文化的融合，所以各部樂
間的區別漸趨泯除。到唐玄宗時終於取消了十部的名稱，而改設
立部伎與坐部伎。坐着在堂上演奏的稱坐部伎，立於堂下演奏的
稱立部伎。坐部伎技藝最高，有不稱職者，淘汰後改入立部伎；
立部伎中被淘汰者改習雅樂。唐代雅樂保存至今者尚有《唐開

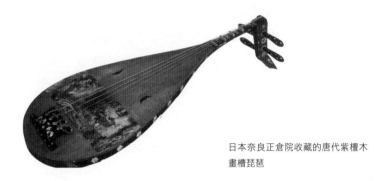

日本奈良正倉院收藏的唐代紫檀木
畫槽琵琶

元風雅十二詩譜》，這種音樂旋律單調，節奏平直，演奏技藝不高，已不受重視。唐玄宗時以清樂為主，雜用「胡夷俚巷之曲」演奏法曲，這種新聲受到特別的重視。玄宗還選拔坐部伎中的優秀樂師三百人，親自指點他們在梨園練習演奏，故這些樂師被稱作「皇帝弟子」或「梨園弟子」。

唐代的樂與舞原不可分，樂曲是為舞蹈伴奏的，舞分健舞與軟舞。健舞有「劍器舞」「胡旋舞」及「胡騰舞」等，武術亦包括在健舞之中，所以，當時的「舞」實際上超過了舞蹈的範疇。軟舞有「烏夜啼」「涼州樂」及「回波舞」等。「柘枝舞」本是健舞，以後逐漸演變得接近軟舞。為歌頌秦王李世民破劉武周之功所製作的「秦王破陣樂」，後改名「七德舞」，與「九功舞」「上元舞」構成有名的「三大舞」。「婆羅門曲」在天寶時改稱「霓裳羽衣舞」，是中印樂舞融合的最高成就。由於不少的舞蹈帶有雜技的性質，專業化程度日益提高，過去士大夫舞蹈的風氣到唐代走向衰落。

唐代樂舞分大曲與散樂。大曲是大規模的歌舞，包含着以後戲曲的部分因素，是中國戲劇發展過程中的一個環節；散樂是雜技，統稱為「百戲」，如渾脫、尋撞、跳丸、吐火、吞刀、筋斗、踢毬等，伴奏的樂器不多，樂曲卻保存着淳樸的風格，在群眾中頗受歡迎，但被統治者目為不登大雅之堂的技藝。

唐朝的中外關係及經濟、文化交流

唐朝在亞洲各國交往中的地位

唐朝前期全國統一，經濟繁榮，文化昌盛，是當時世界上最富庶、最文明的國家之一，因而對其他各國產生了吸引力，亞、非很多國家的使臣、留學生、商人和學問僧潮湧而來。唐朝生產的空前發展也促使國際貿易大為增加，中國人到外國聘問、經商的絡繹不絕。中國地處亞洲中心，不但與各國頻繁交往，而且成為亞、非各國經濟、文化交流的橋梁和中轉的樞紐。

唐朝對外交通的發達為國際交往提供了有利的條件。陸路交通，經過西域，可達中亞及印度等國。海路交通以廣州為主要港口，可至東南亞各國及波斯灣等地；從遼東半島、山東半島和東南沿海登舟，可浮海東通朝鮮、日本諸國。中國的航海大船長二十丈，載重能力與抗風能力都超過大食海舶，每艘船能載六七百人，經常往來於廣州和波斯灣之間。經常來中國貿易的外國船隻名目繁多，如「南海舶」「崑崙舶」「師子國舶」「婆羅門舶」

「西域舶」及「波斯舶」等。

　　長安是唐朝的政治、經濟、文化中心，因而成了中外經濟、文化交流的重要城市。各國的使臣、留學生、僧侶、商人麕集於此，相互間發生了密切的接觸。

朝鮮和日本

　　朝鮮半島高麗、百濟、新羅三國並立時期，中朝之間的文化交流已經相當發達。唐朝的十部樂中有高麗樂，唐高宗時很多高麗、新羅的音樂和歌舞家住在長安。7 世紀初，百濟人味摩之把從中國學得的西域樂舞傳入日本，稱吳伎樂。7 世紀下半葉，新羅統一朝鮮半島以後，與唐朝的聘使往返更加頻繁了。留在長安的新羅子弟，有的在國學肄業，有的在唐朝做官。新羅僧人慧（亦作「惠」）超幼年時即已來到唐朝，後來航海赴天竺詣佛跡。開元末由天竺取陸路回到唐朝，建中元年（780）卒於長安。他所著的《往五天竺國傳》三卷，記載了遍遊天竺的經歷，是重要的歷史資料。唐文宗開成二年（837），新羅留學生達兩百餘人之多，其中有王子多人。唐末，新羅人在中國科舉登第的很多，最著名的是崔致遠。他十三歲入唐，十九歲中進士，所著《桂苑筆耕集》流傳至今，是有關中朝交往的重要歷史見證。新羅參用唐朝的制度制定了自己的禮儀典制。7 世紀末，留學生薛聰利用漢字創製「吏讀」，用以表示朝鮮語的助詞和助動詞，對朝鮮的文化發展起了促進作用。文學家張鷟和詩人白居易的作品在新羅

流布，深受朝鮮讀者的喜愛。唐朝沿海很多城市有「新羅坊」，接待新羅人的旅店叫「新羅館」，有的地方設有「勾當新羅所」，說明在中國的新羅人確實很多。在兩國交往過程中，不少物產、藥材、手工業品和書籍也得到交流。

倭國在唐代改稱日本。貞觀十九年（645），日本發生「大化改新」，開始向封建社會過渡。唐朝的經濟高漲與日本的社會飛躍結合起來，促成了中日經濟、文化交流的高潮。終唐之世，日本派遣唐使達十餘次，每次除使臣、水手之外，還有留學生、學問僧、醫師、音聲生、玉生、鍛生、鑄生及細工生等，少則二百餘人，多則五六百人。9 世紀末以後，遣唐使雖然停止，但又出現了中國商人浮海赴日的浪潮，經濟交往保持繁榮。

在中日文化交流中作出突出貢獻的著名日本人士有吉備真備、阿倍仲麻呂和空海等。吉備真備於開元五年（717）來唐朝留學，十七年後回國，攜去大量中國書籍和文物。後來他在日本任右大臣，致力於日本的改革和推廣唐朝的文化。阿倍仲麻呂亦於開元五年隨遣唐使來唐朝留學，漢名晁衡（朝衡）。他在太學肄業，成績優異，不久，任左春坊司經局校書，還擔任過左補闕、衛尉少卿及祕書監。晁衡先後結識了中國的詩人儲光羲、李白、王維、趙驊、包佶等，相互酬唱不絕。天寶十二載（753），晁衡登船回國，中途遇險，李白曾作《哭晁卿衡》以抒悲痛之情。晁衡脫險後，再次入唐，先後任左散騎常侍及鎮南都護，於唐代宗大曆五年（770）卒於長安。空海和尚三十一歲時啟程來華留學，於唐德宗貞元二十年（804）抵長安，三年後返日。他

帶去不少中國的佛經、法帖和詩文集，將佛教密宗從唐朝傳入了日本。空海的《文鏡祕府論》是關於中國詩文修辭和文學批評的重要著作，他編撰的《篆隸萬象名義》是日本的第一部漢字字典。由於吉備真備和空海傳播了中國文化，日本產生了以漢字偏旁為字母的平假名（草體）和片假名（楷體）。

中日文化交流中的另一個重要人物是日僧圓仁，他於唐文宗開成三年（838）隨遣唐使藤原常嗣來中國。雖然他登天台山的目的沒有達到，但卻到過五台山巡禮，以後就轉赴長安。唐宣宗大中元年（847），圓仁攜帶大批經典和佛像、佛具等自登州乘船歸國。他留唐將近十年，到處尋師求法，足跡遍及今江蘇、安徽、山東、河北、山西、陝西、河南諸省。圓仁所著的《入唐求法巡禮行記》，詳盡地敍述遊歷中國的經過，並記載了當時唐朝社會、政治、宗教等各方面的實況，是珍貴的歷史文獻。

對中日文化交流作出巨大貢獻的中國人是鑑真和尚。鑑真俗姓淳于，是揚州的名僧，律宗大師。天寶元年（742）日僧榮睿、普照到揚州大明寺邀請鑑真赴日傳授戒律，鑑真欣然接受，但此後十餘年中，五次東渡都宣告失敗。他以百折不撓的精神進行第六次東渡，終於在天寶十二載以六十六歲的高齡成功地抵達日本。鑑真在日本生活達十年之久，於唐代宗廣德元年（763）去世。他對中日兩國文化交流所作的主要貢獻有：攜去律宗、天台宗的經典，弘法傳教；與門徒建律宗的總本寺唐招提寺，該寺是建築藝術的傑出成就；其門徒在唐招提寺的金堂中用夾紵法制成鑑真像，促進了日本雕塑藝術的發展；在書法、刺繡、藥物等

方面也有所交流。

　　日本的「大化改新」吸收了不少唐朝的制度，如參照均田制實行班田收授法，也實行租庸調制，仿照唐制實行戶籍、計賬制，參考《唐令》制定了《大寶令》和《養老令》等。奈良、平安均模仿長安的坊、市、街道設計建築。奈良正倉院至今還保存着很多唐朝的工藝品。

東南亞、南亞

　　《新唐書·地理志》中保存了賈耽《皇華四達記》的部分材料，其中記載的海路航線，從廣州出發，經環王國（今越南中南部）可至室利佛逝（今印度尼西亞蘇門答臘島南部）和訶陵國（今印度尼西亞爪哇島），從訶陵國西航經師子國（今斯里蘭卡）等地可至天竺（古印度別稱）和提颭（音玉）國（今巴基斯坦印度河口以西）。陸路從嶺南出發可至泥婆羅（今尼泊爾）、林邑（今越南中南部）、真臘（今柬埔寨北部和老撾南部）及驃國（都今緬甸伊洛瓦底江下游卑蔑附近）。此外，通過陸路上的絲綢之路亦可經西域南達南亞次大陸。中國同上述各地區、各國在不同程度上都發生過經濟、政治和文化等方面的聯繫。

　　在唐代中外文化交流中，玄奘和義淨是兩個重要人物。

　　玄奘少年時，立志赴天竺求佛法。貞觀初年，他從長安出發，取道今新疆、中亞等地，最後抵今巴基斯坦和印度。貞觀十六年（642，一作貞觀十四年）戒日王在曲女城（今印度北方

邦卡瑙季）舉行了一次大型的佛教經學辯論會，玄奘以論主的身份發表議論，獲得了很高的榮譽。貞觀十九年他返抵長安，攜回佛經六百五十七部。以後他組織譯經機構，二十年間共譯出佛經七十五部，一千三百三十五卷。他還把中國的《老子道德經》譯成梵文送往印度。此外，玄奘根據沿途見聞寫成《大唐西域記》十二卷，記載了很多國家的狀況，是研究 7 世紀中葉阿富汗、印度、巴基斯坦、孟加拉、尼泊爾和斯里蘭卡等國歷史和地理的珍貴資料。尤其值得一提的是，這部書是研究印度中世紀史最重要的資料來源之一，對研究中國西域亦極有價值。

　　義淨於唐高宗咸亨二年（671）從廣州出發浮海赴天竺學佛學，後又至室利佛逝、末羅瑜（今印度尼西亞蘇門答臘占碑附近）搜羅並抄寫佛經，最後於武周證聖元年（695）回到洛陽，共攜回經、律、論約四百部。義淨還撰成《南海寄歸內法傳》和《大唐西域求法高僧傳》，其中記錄了很多國家的社會、文化、宗教狀況和中國僧侶在外國的經歷。

中亞、西亞、東非、北非

　　隋唐時期中亞有九個以昭武為姓的國家，他們是：康國（今烏茲別克斯坦撒馬爾罕）、安國（今烏茲別克斯坦布哈拉）、曹國（今烏茲別克斯坦撒馬爾罕北）、石國（今烏茲別克斯坦塔什幹一帶）、米國（今烏茲別克斯坦撒馬爾罕東南）、何國（今烏茲別克斯坦撒馬爾罕西北）、火尋國（今阿姆河下游一帶）、戊

地國（今烏茲別克斯坦布哈拉西）和史國（今烏茲別克斯坦沙赫
里夏勃茲）。唐朝與上述諸國均不斷互通使節，有頻繁的商業交
往，康、安、米、史、石等國的音樂舞蹈亦傳來中國。

　　唐高宗永徽二年（651），唐朝與大食國（唐宋時對阿拉伯
帝國的專稱）開始建立聯繫。此後一個半世紀中，大食通使達
三十六次。8 世紀下半葉大食的海上貿易以印度和中國為重點，
其中尤以中國居於首位。天寶十載（751），唐大將高仙芝在怛
邏斯（今哈薩克斯坦江布爾城附近）之役為大食所敗，在這次戰
役中有中國的造紙工匠被俘，造紙術因而傳去撒馬爾罕，在那裏
建立了中亞最早的造紙廠。伊斯蘭教在唐初由大食傳入中國。從
廣州出發的海上航線繞過印巴次大陸後，可至波斯灣沿岸。大食
商人活動範圍西起摩洛哥，東到中國，所以他們與中國的通航促
成了中國與東非、北非的經濟交流。阿曼就是東非象牙運往中國
的轉運站。

陝西乾縣唐章懷太子墓打馬毬壁畫（局部）

中國與波斯（今伊朗）通過「絲綢之路」也有密切的交往。
波斯人在唐朝長安等地開設店舖，並出賣其名酒「三勒漿」。在
中國的唐墓中不斷發現阿拉伯的金幣和薩珊朝波斯的銀幣，說明
商業往來經常進行。唐末詞人李珣就是波斯商人的後裔，他編的
《海藥本草》介紹了不少波斯藥材。波斯的波羅毬戲是一種馬球
運動，也在唐代開始傳入中國，陝西乾縣唐章懷太子墓中就有打
馬毬的壁畫。北朝時從波斯傳入的祆教在唐朝進一步廣為傳佈，
景教和摩尼教則是在唐代開始由波斯傳入中國的。今西安市碑林
藏有《大秦景教流行中國碑》，敦煌洞窟還發現了《大秦景教三
威蒙度贊》，它們都是中伊文化交往的歷史見證。

唐代是中國歷史上中外經濟、文化交流的高潮時期，取得了
輝煌的成果。

唐末農民起義和唐朝的滅亡

階級矛盾的激化

唐朝後期正值土地制度發生劇變的階段，土地兼併空前嚴
重，大土地所有制惡性發展，貧富不均成為階級矛盾趨向極度尖
銳化的總根源。

強藩巨鎮遍佈各地，藩鎮戰爭連年不絕，不但在戰火中生靈
塗炭，廬舍為墟，即使在和平的年代，也由於大量養兵而增加了

人民的負擔。節度使對本轄區的人民則施以「繁刑暴賦」，肆意壓榨。

土地和財富的集中使地主階級趨向奢靡腐化，從皇帝到各級官吏的荒淫縱侈更屬驚人。唐懿宗不但親迎佛骨，大造浮圖、寶帳和幡蓋，而且為其女同昌公主的婚事大肆鋪張。宰相路岩的親吏邊咸，其家財據說可供全國兩年的軍費開支。

唐王朝為增加財政收入，壟斷食鹽貿易，嚴禁私人販運，違者治罪，對武裝反抗的私鹽販處以死刑。但由於鹽價過高，私運有利，實際上武裝販鹽的商人大有人在，他們具有同官軍進行武裝鬥爭的經驗。唐朝後期鹽價逐漸提高達幾十倍，廣大群眾困於高價，有的只好「淡食」。

農民在土地兼併、賦稅繁重的情況下無以為生，紛紛背井離鄉，轉化成逃戶。統治者把逃戶的課役分攤給鄰伍負擔，這種辦法叫作「攤逃」。進行「攤逃」的結果大大加重了未逃戶的負擔，迫使他們也先後成為逃戶。這種情況雖然在唐朝前期就已經存在，但到中葉以後日益嚴重。逃戶的增加為農民的武裝鬥爭準備了群眾基礎，所以，唐朝末年出現了「所在群盜，半是逃戶」的狀況。

唐文宗時應賢良方正科的劉蕡，在對策中指出了「官亂人貧，盜賊並起，土崩之勢，憂在旦夕」的嚴重局面。唐僖宗時翰林學士劉允章在《直諫書》中進一步羅列了農民的「八苦」，描繪了他們「凍無衣，饑無食」的悲慘遭遇，說明廣大勞動人民再也無法照舊生活下去了。

『八苦』

　　劉允章在《直諫書》中說：「官吏苛刻，一苦也。私債徵奪，二苦也。賦稅繁多，三苦也。所由乞斂，四苦也。替逃人差科，五苦也。冤不得理，屈不得伸，六苦也。凍無衣，餓無食，七苦也。病不得醫，死不得葬，八苦也。」

裘甫起義和龐勛起義

　　東南一帶素來階級矛盾就比較尖銳，早在安史之亂行將結束之際，就爆發過浙東袁晁起義和宣歙方清、陳莊起義。唐朝後期，中央的財政主要依靠搜刮東南各道，當地農民遭受的苦難特別深重。於是，在唐宣宗大中十三年（859）終於爆發了裘甫領導的浙東農民起義。

　　裘甫發動起義後連續攻克象山、剡縣（今浙江嵊州）等地，農民紛紛參加起義，義軍很快就擴充到三萬人。裘甫遂自稱「天下都知兵馬使」，建元「羅平」，鑄印曰「天平」。義軍向各地積極進軍，先後克唐興（今浙江天台）、焚上虞、入餘姚，然後東下慈溪，南克奉化，攻佔寧海，並重新分兵圍攻象山。

　　唐朝的浙東觀察使鄭祗德連吃敗仗，朝廷知道他本性「懦怯」，乃改派王式前往鎮壓起義。消息傳來，義軍內部就如何應敵的問題發生了爭議，裘甫猶豫不決，未能制定任何作戰方略，因而錯過了時機。王式率唐軍趕到後，義軍立即陷於被動，連遭創敗。唐懿宗咸通元年（860）夏，裘甫被圍困於剡縣城內，與唐軍展開了最後的決戰。義軍主動出擊，三日內凡八十三戰，婦女亦組成女軍登城參戰。裘甫知寡不敵眾，不宜久守孤城，遂乘夜出城突圍，不幸中伏犧牲，起義失敗。

　　唐朝與南詔雖有經濟、文化交流，但有時亦難免發生戰爭。為了加強南方邊備，統治者曾調徐州士卒三千人戍守嶺南，分其中八百人駐守桂州（今廣西桂林）。至咸通九年，戍卒因不滿超

期戍邊，遂擁立糧料判官龐勛為都將，擅自捲旗北歸。他們回到徐州城下，因懼怕自投羅網，欲脅迫朝廷任命龐勛為節度使。唐朝徐泗觀察使崔彥曾於是先發制人，主動派兵出戰，正式開啟戰端。

龐勛避開敵人主力，南向攻克宿州，不久又攻佔彭城（徐州治所），俘虜了崔彥曾。在作戰過程中，農民紛紛加入這支軍隊，使之很快就壯大到萬人以上，兵變於是發展成為起義。此後義軍攻泗州（今江蘇泗洪東南）、濠州（今安徽鳳陽東），克滁州、和州，向北攻沂州（今山東臨沂）、海州（今江蘇連雲港海州區），取得了一系列勝利。這時，龐勛「自謂無敵於天下」，滋長着驕傲情緒，而且始終念念不忘向朝廷邀求節鉞，對統治者存有幻想，往往坐失良機。這些因素使義軍逐漸由主動變為被動，連吃敗仗。在形勢日趨不利的時候，又發生了宿州守將張玄稔叛變降敵的事件。不久，唐大將康承訓佔領了徐州，並分兵西追龐勛。咸通十年九月，龐勛在撤往蘄州途中被唐軍追上，戰敗犧牲，起義被撲滅。

黃巢、王仙芝領導的農民戰爭

咸通十四年（873）懿宗去世，太子李儼即位，是為僖宗，改名儇。僖宗終日打獵遊嬉，朝政日非。黃河中游天災嚴重，廣大農民賣妻鬻子，無以為生。農民反抗遍於各地，大起義爆發的條件終於成熟。

　　王仙芝和黃巢是唐末農民戰爭的發動者和領導者。兩人原來都販私鹽，一貫與官軍為敵，具有武裝鬥爭的經驗。唐僖宗乾符二年（875），濮州（今山東鄄城北）人王仙芝與尚讓、尚君長等首先在長垣發動起義，發佈檄文指責唐政權「吏貪沓，賦重，賞罰不平」。王仙芝自稱「天補平均大將軍兼海內諸豪都統」。義軍先後攻克濮州、曹州。冤句（今山東曹縣西北）人黃巢亦於同年以數千人起義，響應王仙芝。兩支義軍會合在一起壯大了聲勢，困於重斂的農民爭先恐後歸附者凡數萬人。

　　三年，義軍攻克汝州（今河南臨汝），俘刺史王鐐，東都大震。以後進軍鄭州，因感敵人軍力強大，乃改用避實就虛的戰略，向敵人力量薄弱的南方進軍，主要在長江中游以北及淮河上游以南戰鬥，攻克不少州縣。由於在圍攻蘄州的戰役中，王仙芝曾發生動搖，有降唐意，黃巢遂與他分兵作戰。大致此後仙芝仍轉戰於南方，黃巢則北上打回沂州等地。四年，王仙芝第二次發生動搖，雖降敵之舉未成功，但士氣大為削弱。五年，王仙芝在黃梅戰死，尚讓率餘眾北上與黃巢會合，眾推黃巢為「衝天大將軍」，建元「王霸」。從此，黃巢就成為起義軍的最高領導人。同年，義軍進攻受阻，遂再次揮軍南下，渡過長江後向東挺進，由浙趨閩，最後於乾符六年攻佔了廣州。在嶺南經過兩個月的休整，黃巢於冬季開始率大軍北伐，目標是攻取兩京，推翻唐政權。黃巢自號「義軍都統」，露表指斥唐廷「宦豎柄朝、垢蠹紀綱。指諸臣與中人賂遺交構狀，銓貢失才」，並宣告「禁刺史殖財產，縣令犯贓者族」。所指皆當時極弊。義軍北伐後，在荊

門（今屬湖北）為劉巨容所挫，乃轉而東進，在信州（今江西上饒）之役擊殺唐將領張璘，取得了重大的勝利。不久，黃巢自採石（今安徽馬鞍山西南長江東岸）渡長江北上，接着，攻克了洛陽。義軍沿途不剽財貨，紀律嚴明，入洛陽城後「閭里晏然」。不久，黃巢又乘勝西進，破潼關天險，攻佔長安。唐僖宗狼狽逃往成都。黃巢入城的時候，尚讓對群眾宣佈：「黃王起兵，本為百姓，非如李氏不愛汝曹。汝曹但安居無恐！」

廣明元年十二月十三（881 年 1 月 16 日），黃巢在含元殿即位，國號「大齊」，改元「金統」。農民政權在長安正式建立後，立即鎮壓隱藏在城內的公卿、貴族和百官；沒收富豪之家財產，號為「淘物」。唐官四品以下的酌情留用，三品以上者全部罷免。

當時，關中尚有殘留的數萬禁兵，鳳翔節度使鄭畋把這些殘軍組織起來，並傳檄諸道，號召藩鎮出兵鎮壓起義。於是雙方在關中展開了反覆的拉鋸戰，戰爭呈相持狀態。後來，發生了對大齊不利的幾件事：長安城中糧食嚴重不足；大齊的同州（今陝西大荔）守將朱溫叛變，投降了敵將王重榮；唐朝乞援於沙陀族李克用，李親率一萬七千人自雁門（今山西代縣）南下支援唐軍。隨着力量對比朝不利於大齊的方向發展，義軍在中和三年（883）春大敗於梁田陂（今陝西華縣西南）。黃巢知久留關中已不可能，遂於四月放棄長安東撤。

義軍撤出關中時猶有眾十五萬，途經蔡州（今河南汝南）時，迫使唐朝守將秦宗權戰敗投降。夏秋之交，黃巢圍攻陳州

（今河南淮陽）。這次戰役持續達三百日之久，最後唐朝調朱溫、
李克用增援，義軍連遭挫敗，黃巢終於在中和四年夏退軍北撤。
圍陳之役耗盡了義軍的力量，黃巢犯了屯兵於堅城之下的錯誤。
李克用與忠武軍監軍田從異在王滿渡（今河南中牟北）發動進
攻，義軍損失萬餘人，尚讓降敵。黃巢渡汴河北去，最後與親故
數十人退至狼虎谷（今山東萊蕪西南），壯烈犧牲。歷時九年餘
的農民戰爭至此結束。

　　唐末農民戰爭在政治上、經濟上和軍事上犯了一系列錯誤，
導致悲劇性的結局。但這次大起義有力地打擊了唐政權，並且首
次提出了「平均」財富的要求，在一定程度上打擊了地主經濟，
在中國古代農民戰爭史上具有重大意義。

唐朝走向滅亡

　　唐王朝在黃巢起義的沉重打擊下分崩離析，名存實亡。鎮
壓農民起義的過程中，又新興起一批節度使，於是新舊割據勢力
相互間展開了劇烈的兼併戰爭，其中黃河流域勢力最大的是河東
節度使李克用、汴宋節度使朱全忠（朱溫降唐後被賜名全忠）和
鳳翔節度使李茂貞三人。僖宗還京後，唐王朝能夠控制的不過河
西、山南、劍南、嶺南諸道數十州，其餘各地的藩帥皆自擅兵
賦，相互兼併。

　　文德元年（888）唐僖宗去世，宦官楊復恭擁立李曄即位，
是為昭宗。在他統治時期，藩鎮更加猖獗，無論是北司的宦官還

是南衙的宰相，都必須依靠藩帥的支持才能維護自己的地位。朝官如崔昭緯、崔胤和柳璨等人，實際上都是節度使在中央政權的代表。尤其是崔胤，因交結朱全忠而擅權，氣凌人主。宦官如駱全瓘、劉景宣、韓全誨、張彥弘等，均先後黨附於李茂貞。南衙、北司的鬥爭，崔胤與韓全誨的鬥爭，實質上是朱全忠與李茂貞的鬥爭在中央的反映。這種情況說明皇帝進一步失去了昔日的政治地位。

宦官和宰相儘管重藩帥而輕皇帝，但這兩個集團畢竟還是寄生在皇權上的政治勢力，皇權的淪落最終會動搖他們的生存基礎。李茂貞與朱全忠各有挾天子以令諸侯之意，後來雙方發生戰爭，唐昭宗被宦官和李茂貞劫持至鳳翔。朱全忠在軍事上佔優勢，遂兵圍鳳翔。李茂貞不能支，終於讓步講和。天復三年（903）朱全忠擁昭宗還京，利用自己的軍事實力，盡誅內侍省宦官數百人，出使在外的宦官亦下令就地誅殺，持續一百多年的宦官勢力至此被徹底剪除了。次年，朱全忠奉表逼唐昭宗遷都洛陽，強令朝廷百官隨駕東行，動身後派人盡毀長安宮室、百司及民間廬舍。後來，朱全忠使人殺昭宗，另立李柷為太子。李柷不久即位，是為哀帝。天祐二年（905）朱全忠大肆貶逐朝官，接着又把崔樞等被貶的朝官三十餘人全部殺死於白馬驛，投屍於河，這次事件史稱「白馬驛之禍」。政治上的阻力已全部掃除，朱全忠遂於天祐四年逼唐哀帝禪位於己，改國號梁（史稱後梁），是為梁太祖（不久，改名晃），改元開平，都於開封。唐朝滅亡。

唐朝的歷史地位

　　唐朝在中國歷史上佔有特別重要的地位，這種歷史地位可以從幾方面給予肯定。

　　首先，中國歷史自春秋、戰國之交進入封建社會以來，社會經濟、政治、文化等方面沿着迂迴曲折的道路前進，在發展過程中出現過三次高潮，即三次鼎盛局面。第一次高潮產生於西漢，第三次高潮產生於明清，第二次高潮就產生於唐代。在第二次鼎盛中，尤其是唐朝前期，農業生產蒸蒸日上，手工藝品日益精巧，商品經濟空前繁榮，城市車水馬龍，繁華似錦；唐朝後期，江南經濟進一步發展，為以後南方經濟水平超越北方奠定了基礎。在政治上先後有貞觀之治和開元之治，國家統一，社會安定，呈現出一派升平景象，其成就都超邁了西漢的「文景之治」。唐玄宗統治時期鼎盛局面達到了高峰，甚至在文壇上也出現了「盛唐氣象」。

　　就當時的世界範圍來看，唐帝國也是最重要、最強盛的國家之一。歐洲的封建強國主要有法蘭克王國和拜佔廷帝國，但就封建社會的發展階段而言，它們都遠遠落後於唐朝。西歐的封建城市尚未出現。東羅馬帝國除查士丁尼時期的短暫強盛外，社會發展進程很快就為阿拉伯國家的入侵所打斷。西方繼起的強國是橫跨亞、非、歐三大洲的阿拉伯國家，但其遲至 8 世紀時才逐漸形成封建制。東方重要的國家有印度和日本。印度戒日王重新統一次大陸前後始確立了封建制。他死後，次大陸隨即分崩離析，割據局面一直延續到 12 世紀末。日本的「大化改新」雖然儘量模

仿唐朝的制度，但改革本身卻只具有由奴隸制向封建制過渡的性質。在世界範圍內，唐朝不但能夠自立於世界民族之林，而且屬於最先進的行列。

其次，唐朝正處在中國封建社會發生明顯變化的關鍵階段，是由前期向後期發展的轉折時期。從這一意義上說，唐朝也具有重要的歷史地位。當時社會變化的中心是：在生產力水平提高的基礎上，土地制度發生了重大變化，即均田制斷斷續續推行兩百餘年以後，終於失去生命力，走向崩潰，地主土地所有制從 8 世紀中葉開始得到空前的發展。經濟基礎中的這一變革引起了上層建築領域中的一系列變化，農民起義也隨着提出了新的綱領性口號。唐朝後期出現的很多萌芽狀態的新事物，對此後千餘年的歷史發展產生了深遠的影響。這些新事物主要是：地主土地所有制的迅猛膨脹造成了空前嚴重的貧富不均，針對這種社會現實，農民起義提出了平均財富的要求。王仙芝「天補平均大將軍」的頭銜不僅是一個稱號，而且是一個戰鬥口號。它也是宋代農民起義「均貧富」口號、明代李自成起義「均田」口號及清代太平天國「天朝田畝制度」土地綱領的先聲。從租庸調制到兩稅法的變化，不僅是唐代賦稅制度上的改革，而且是從漢代以來課役重丁口、輕田產轉變到此後輕丁口、重田產的分水嶺。宋代的「二稅」、明代的「一條鞭法」及清代的「攤丁入地」，都是楊炎兩稅制的繼續和發展。中唐時期韓愈和李翱的哲學思想為宋、明理學開了先河。韓愈、柳宗元所倡導的古文運動為宋代「古文運動」的第二次高潮奠定了基礎，寫古文之風一直持續到「五四」白話文運動的前夕。

由此可見，從唐中葉開始到北宋建立，二百年間醞釀了中國封建社會的緩慢變化，而一系列新事物都產生於唐代後期。在這個歷史轉折階段，既有舊時代衰亡中的痛苦，也有新時代即將來臨的曙光。

再次，唐朝在中國多民族國家的發展壯大中也具有重要的歷史地位。秦漢是多民族國家形成的第一個關鍵的歷史時期，但魏晉以後陷於民族大混戰，這個過程暫時緩慢下來。隋朝歷時較短，還沒有來得及在這方面作出更大的貢獻，就被農民起義推翻了。唐朝歷時較久，前期統一，國力強盛，疆域遼闊，高度的物質文明和高水平的文化使周邊各族增強了向心力，於是國內各民族間的接觸和交往空前發展，民族關係進一步密切。因此，唐代是繼漢代之後，中國多民族國家壯大、發展的第二個歷史階段。

唐帝國卓越的國際地位和優異的經濟、文化成就使亞洲各國以至部分歐、非國家對之產生了欽羨之情，爭相與唐朝交往，遂使中國成為亞洲諸國經濟、文化交流的橋梁和中心，在中西交往中也起着顯著的作用。在當時的世界中，文化交流的中心主要有印度、阿拉伯和中國，這三個中心，又以中國的地位最為突出。唐代是繼漢代之後，中國歷史上中外經濟、文化交流的第二個高潮時期。

唐朝在發展經濟、文化，密切民族關係和加強國際交往中，都取得了光彩奪目的成就，使中國歷史上出現了第二次鼎盛局面；唐朝後期的歷史為中國封建社會的巨大變革開了端倪。唐代確實是一個不平凡的時代。

（胡如雷）

唐朝滅亡之後，在中國中原地區相繼出現了五個朝代和割據西蜀、江南、嶺南和河東的十個政權，合稱五代十國。

　　五代是後梁、後唐、後晉、後漢、後周。除後梁一個短暫時期以及後唐都洛陽外，後梁大部分時期和其他三代都以開封為首都。五代為期五十四年，有八姓稱帝（後梁、後晉、後漢各一姓，後唐三姓，後周二姓），共十四君。後梁和後周的君主是漢族人，後唐、後晉、後漢的君主是沙陀族人。他們都建國於華北地區，疆土則後梁最小，後唐最大。

　　十國是前蜀、後蜀、吳、南唐、吳越、閩、楚、南漢、南平（荊南）和北漢。北漢建國於今山西境內，其餘九國都在南方。十國與五代並存，但各國存在時間長短不一，如吳越，割據於唐亡以前，直到五代結束後才為北宋所滅。疆土則南平最小，南唐最大。

五代十國

五代的更迭和十國的割據

五代的更迭

　　自唐中和四年（884）黃巢起義失敗以後，唐朝名義上還存在二十餘年。但早被削弱了的朝廷威權這時更加衰微，新舊藩鎮林立，戰爭不休。國家分裂的傾向日益明顯。那時，羅紹威據魏博（今河北大名北），王鎔據鎮冀（今河北正定），劉仁恭據盧龍（今北京），諸葛爽據河陽（今河南孟州東南）和洛陽，孟方立據邢（今河北邢台）、洺（今河北邯鄲東北），李克用據太原、上黨（今山西長治），朱溫據汴（今河南開封）、滑（今河南滑縣東），秦宗權據許（今河南許昌）、蔡（今河南汝南），時溥據徐（今江蘇徐州）、泗（今江蘇盱眙北），朱瑄據鄆（今山東東平北）、曹（今山東定陶西）、齊（今山東濟南）、濮（今山東鄄城北），王敬武據淄（今山東淄博南）、青（今山東青州），李茂貞據鳳翔（今屬陝西），高駢、楊行密先後據淮南，秦彥據宣（今安徽宣城）、歙（今安徽歙縣），劉漢宏、董昌據浙東，錢鏐據浙西（後又併浙東），王建據兩川，王潮、王審知兄弟據福建，馬殷據湖南，劉隱、劉岩兄弟據嶺南。他們都力圖擴大實力。經

五代時期甘肅敦煌莫高窟第
108窟酒肆圖

過多年的相互兼併，逐漸形成了幾支較大的勢力。在北方，主
要是以汴州為據點的朱溫和以太原為中心的李克用。天祐四年
（907），朱溫滅唐稱帝，是為後梁太祖，國號梁，史稱後梁，改
元開平。五代時期自此正式開始。

朱溫本是黃巢起義軍的叛徒，受唐封為宣武節度使，據汴
州。此後，他逐漸攻佔了蔡、徐、鄆、曹、齊、濮等州，掃除了
今華北的許多武裝割據勢力。天復三年（903），又戰敗稱霸秦
隴、挾持唐昭宗的李茂貞，消滅了長期掌握朝廷軍政大權的宦官
集團。中唐以來的強藩魏博、成德也因戰敗歸附朱溫。後梁建
國以後，除今山西大部和河北北部外，基本統一了黃河中下游地
區。乾化二年（912），朱溫為其次子朱友珪所殺。次年，第三
子朱友貞平亂後，即帝位。此後，後梁連年用兵，徵斂苛重。貞
明六年（920），陳州人毋乙、董乙領導農民起義，勢力擴及陳
（今河南淮陽）、潁（今安徽阜陽）、蔡三州，後雖被鎮壓，後梁
也開始衰敗。

　　唐中葉後，遷居今山西境內的沙陀部酋長李克用參加鎮壓黃巢起義，被任命為河東節度使。他控制了今山西中部和北部地區，唐昭宗封他為晉王。朱溫滅唐以後，他以擁護唐朝為名，與後梁交戰不休。後來，他的兒子李存勗乘後梁內亂之機攻取河北，累敗梁軍，比較徹底地消滅了中唐以來長期跋扈的河北三鎮。龍德三年（923），存勗在魏州（今河北大名北）即位，是為莊宗，改元同光，國號唐，史稱後唐。同年，他派兵南下，攻佔開封，梁末帝朱友貞自殺，後梁亡。後唐統一了華北地區。不久，後唐遷都洛陽。同光三年（925），後唐又派兵六萬攻滅前蜀。但存勗寵任伶官、宦官，朝政不修，又任用租庸使孔謙敲剝百姓，統治出現了危機。次年，魏州驕兵發動叛亂，後唐莊宗李存勗在一片混亂兵變聲中被殺。李克用養子李嗣源繼位，是為明宗。他誅殺孔謙，廢除苛斂，均減田稅，允許民間自鑄農器。李嗣源在位八年，戰事稍息，農業生產凋敝的局面有所改觀，是五代少有的小康之世。長興四年（933）明宗病，子從榮企圖發動政變，奪取皇位，未成。明宗死後，子從厚繼位。次年，明宗養子從珂起兵奪取了皇位，國內陷入混亂狀態。

　　河東節度使石敬瑭是明宗的女婿。他乘後唐內亂，於清泰三年（936）夏上表稱臣，並認契丹主耶律德光為父，以幽薊十六州為代價換取契丹援助，開始奪取後唐政權。十一月，契丹主耶律德光冊立石敬瑭為帝於太原，是為後晉高祖，改元天福，國號晉，史稱後晉。閏十一月，石敬瑭攻入洛陽，後唐亡。天福二年（937），後晉遷都汴州，三年升為東京開封府。石敬瑭除割

地外，還歲貢絹三十萬匹和其他玩好珍異之
物。七年，石敬瑭死，姪石重貴繼位（史稱
出帝或少帝）。他在主戰的景延廣等人影響
下，對契丹頗不恭順。耶律德光便在降將趙
延壽等人協助下，與後晉交戰五年。開運三
年（946）十二月，契丹軍攻下開封，俘虜
後晉出帝石重貴，將其北遷，後晉滅亡。次
年，德光稱帝於開封，國號遼。遼帝佔領中
原以後，不給騎兵糧草，縱使他們四出掠
取，稱為「打草穀」，中原民眾群起反抗。
同年，遼帝被迫引眾北還。

　　劉知遠是後晉的河東節度使。當後晉與
契丹交戰時，他廣募士卒，有步騎五萬人，
聲言防備契丹，但卻按兵不動。待遼帝將出
帝遷往北方後，他於開運四年（947）二月
在太原稱帝，是為後漢高祖，仍用天福年
號。隨後，他統兵南下，定都開封，改國號
為漢，史稱後漢。那時的中原，因契丹擄掠
而殘破不堪，公私困竭。劉知遠死後，護國
（即河中，今山西永濟西）、永興（今陝西
西安）、鳳翔（今陝西鳳翔）三節度使連衡
抗命。後漢雖出兵討平，朝廷內部的將相矛
盾又趨尖銳。乾祐三年（950）冬，隱帝劉

後周廣順二年（952）
雕像磚

山東滕州大石村後周墓
出土。

承祐不甘受將相所制，殺楊邠、史弘肇、王章等權臣，又派人去謀害鄴都（今河北大名東北）留守郭威。

郭威當時出鎮鄴都，督撫諸將，北禦遼國。隱帝殺他未成，郭威遂引兵南下，攻入開封，隱帝被亂兵所殺，後漢亡。廣順元年（951）正月，郭威即帝位，是為後周太祖，改國號為周，史稱後周，仍都開封。後周從政治、經濟和軍事方面進行了一系列改革，開始改變中國北方的殘破局面。顯德二年（955），後周世宗柴榮出兵擊敗後蜀，收復秦（今甘肅秦安西北）、鳳（今陝西鳳縣東北）、成（今甘肅成縣）、階（今甘肅武都東）四州；此後，又親征南唐，得淮南、江北十四州；六年，又收復了遼佔領的莫、瀛、易三州。同年，柴榮病死。次年，趙匡胤（宋太祖）取代後周，建立北宋。

十國的分立

南方九國中，前蜀與後蜀大致前後銜接，吳與南唐前後相承。

唐末，王建據有西川，後又取東川。天復三年（903），受唐封為蜀王，佔地北抵漢中和秦川，東至三峽，後梁開平元年（907），王建稱帝，建都成都，國號蜀，史稱前蜀。蜀土十分富饒，但自光天元年（918）後主王衍繼位後，蜀國朝政濁亂，賣官風氣盛行，賦斂苛重，主荒民怨。後唐同光三年（925），莊宗派兵攻滅前蜀，任命董璋為東川節度使，孟知祥為成都尹、

西川節度使。孟知祥訓練兵甲，後攻取東川，殺董璋。長興四
年（933），後唐封他為蜀王、東西川節度使。次年，孟知祥稱
帝，建元明德，重建蜀國，史稱後蜀，仍都於成都。同年，知祥
死，其子孟昶繼位。契丹滅後晉之際，後蜀又得秦、成、階、鳳
四州，擁有前蜀的故地。孟昶統治後期，君臣奢縱無度，朝政腐
敗。乾德三年（965），為宋所滅。

　　唐末，楊行密據淮南二十八州，天復二年（902）受唐封為
吳王，都廣陵（今江蘇揚州），傳四主。當時，大將徐知誥掌握
大權，他訪求賢才，杜絕請託，減輕賦斂，二十餘年間休兵息
民，國家得以富強。順義七年（927），行密子吳王楊溥稱帝。
天祚三年（937），徐知誥廢吳帝楊溥，自己稱帝，國號大齊，
改元昇元。次年改姓名為李昇，改國號唐，史稱南唐，都金陵
（今江蘇南京）。南唐佔有今江蘇、江西和皖南、鄂東南等廣大地
區。李昇對外結好鄰邦，對內整飭朝政，並禁止壓良民為賤民，
派人視察民田，按肥瘠分等收稅和調兵派役，史稱江淮之地，
「頻年豐稔」。昇元七年（943）李昇死，其子李璟繼位。保大
三年（945）派兵攻滅內亂中的閩國，佔領汀（今福建長汀）、
漳（今福建漳州）、建（今福建建甌）、泉州，加上新增置的泰、
筠（今江西高安）、劍（今福建南平）州，共計三十五州，成為
南方的大國。此後，李璟日益驕侈，朝政濁亂，任用非人，賦役
繁重。保大九年，南唐出兵滅楚，收掠其金帛、珍玩、倉粟等，
徙運金陵，大失楚地民心，湖南諸州得而復失，南唐國力迅速衰
敗下來。交泰元年（958），李璟獻江北、淮南十四州。去年號，

稱臣於後周。宋建隆二年（961），李璟死，子李煜即位，是為後主。開寶八年（975），宋發兵南下渡江，攻破金陵，後主李煜被俘，南唐亡。

錢鏐在唐末佔據杭州地區，後來，他吞併浙東，佔有兩浙十餘州之地。唐昭宗任他為鎮海、鎮東節度使。開平元年（907），後梁封他為吳越王。吳越國土狹小，北鄰強大的吳（後為南唐）。錢鏐戒約子孫，世代交結中原朝廷，藉以牽制吳和南唐的侵擾。錢氏統治的八十多年間，吳越地區相對安定，經濟比較繁榮，宋太平興國三年（978），錢俶納土入朝，吳越亡。

王潮、王審知兄弟在唐末佔有福建全境，唐昭宗任王潮為節度使。開平三年（909），後梁封審知為閩王。王審知統治近三十年，他力行節儉，輕徭薄斂，境內富實安定。審知死後，國內常有亂事，政局非常不穩。閩政權的繼承者都崇信道教巫術，他們大興土木，除了蓋宮殿外，還營造了許多工程浩大的道觀，費用不足，便公開賣官鬻爵，橫徵暴斂。保大三年（945），閩為南唐所滅。

馬殷在唐末佔有潭（今湖南長沙）、衡（今湖南衡陽）諸州，被任為湖南節度使，進而佔有桂管的梧、賀等州，後梁開平元年（907）被封為楚王，在長沙建宮殿，專制一方。馬殷死後，諸子紛爭，政刑紊亂。保大九年（951），南唐發兵滅楚。

唐朝末年，嶺南東道節度使劉隱逐漸平定那裏的一些割據勢力，以後，據有西自邕州（今廣西南寧南）、東至潮州（今屬廣東）的嶺南廣大地區。後梁貞明三年（917），其弟劉巖稱帝，

國號越，不久改稱漢，史稱南漢，都番禺（今廣東廣州）。劉岩及其繼承人都殘暴荒淫，境內曾爆發張遇賢領導的農民起義。宋開寶四年（971），南漢為宋所滅。

開平元年（907），後梁大將高季興被任為荊南節度使，駐守江陵。同光二年（924）後唐封他為南平王，所以荊南又稱南平，荊南原有地八州（一作十州），唐末，多被鄰道所佔，高季興割據後，南平僅佔有荊（今湖北江陵）、歸（今湖北秭歸）、峽（今湖北宜昌）三州，在十國中最為弱小。其統治者只有向四周稱帝、各國稱臣，求得賜予。建隆四年（963），南平為宋所滅。

十國中唯一在北方的國家是北漢。廣順元年（951），當郭威滅後漢稱帝時，劉知遠弟太原留守劉崇也佔據河東十二州稱帝，仍以漢為國號，史稱北漢。北漢土瘠民貧，賦役繁重。統治者結遼為援，守境割劇。太平興國四年（979），宋兵攻克太原，北漢亡。

五代十國時期中國境內的其他政權

五代十國時期還先後存在過其他政權組織：劉守光建燕國於河北北部（895～913）；李茂貞稱岐王於鳳翔（887～923）；党項羌拓跋氏雄踞夏（今內蒙古白城子）、綏（今陝西綏德）等地；在沙州（今甘肅敦煌西）有歸義軍曹氏政權；在甘州（今甘肅張掖）、西州有回鶻可汗，史稱甘州回鶻、西州回鶻；今新疆地區還有于闐等國；今青海、西藏一帶有陷於分裂狀態的吐

蕃政權；今雲南地區先後出現了大長和（902～928）、大天興
（928～929）、大義寧（929～937）、大理國（937～1254）
等，都是南詔政權的延續；在東北有建國於盛唐時的渤海國
（713～926）；居住在今內蒙古西拉木倫河流域的契丹族，在唐
朝滅亡的同年，耶律阿保機統一了契丹八部，勢力日強，貞明二
年（916）建立契丹國。後唐時，契丹攻滅渤海國，南向爭奪中
原。天福十二年（947），改國號大遼，改元大同。自此以至於
北宋，一直與中原王朝對峙。

五代十國時期的社會經濟

華北地區社會經濟的嚴重破壞

　　唐末以後，黃河流域中下游地區受到割據藩鎮和五代各朝長
期混戰的嚴重破壞。如蔡州秦宗權所到之處，肆意燒殺，中原地
區千里沒有人煙。朱溫與時溥連年交戰，徐、泗、濠三州人民不
能進行農業生產。朱溫戰敗河北劉仁恭時，自魏州至滄州（今河
北滄州東南）五百里內死屍遍地，其中定州（今屬河北）一戰，
就殺死了六萬多人。後梁與晉之間連年戰爭，使今晉南豫北不
少地方「里無麥禾，邑無煙火」。後梁還數度決開黃河以阻擋晉
兵，致使今河南、山東廣大地區洪水泛濫，造成了巨大的災難。
唐代繁榮的東都洛陽迭經戰亂，變成了瓦礫堆，荊棘叢生，在籍
的民戶還不滿一百戶。後唐以來，華北平原地區又不斷遭受契丹

侵擾，盧龍鎮所屬諸州均遭摧殘。後晉時，契丹騎兵深入中原內地，所過之處焚掠一空，千里內「民物殆盡」。開封至洛陽數百里間人煙稀少；相州民被殺死十餘萬人。河中（今山西永濟西）與鳳翔等鎮在後漢時發動叛亂，戰死餓死的屍體有二十萬具以上。自黃巢起義失敗以後，在長達六七十年內，大小戰事不停。華北地區的兵役和各種勞役異常繁重。統治者視人命如草芥，無辜群眾常遭慘殺。戰爭破壞和苛重賦役促使人民數以萬計地餓死或流徙他處。北漢的十二州，盛唐時有二十八萬戶，而在北漢亡國時僅有三萬餘戶，約為盛唐時戶口的八分之一。

南方農業經濟的發展

唐末以來，南方雖也不免遭到戰爭的破壞，但在十國時期，相對華北而言，南方的重大戰事較少，政局也比較安定，有利於社會經濟的恢復和發展。

自漢魏六朝以來，成都平原和太湖流域社會經濟持續發展。蜀地富庶，前、後蜀時內部相對穩定，又注意興修水利，「廣事耕墾」。褒中一帶還興辦了屯田，農業生產比較發達。吳、南唐、吳越所在的長江中下游地區，大批荒地得到了開墾。吳越在浙東沿海修築了捍海石塘，以防海潮侵襲；又募民開墾荒田，免徵田稅，使錢塘成為東南的富庶地區。南方各國多注意水利建設，對農業生產有利。蠶桑絲織業比以往有了很大發展。過去，福建地區生產落後。唐末，王氏兄弟進據以後，注意保境息民，

寬刑薄賦，勸民農桑，進一步發展茶葉生產，又獎勵海上貿易，使福建經濟面貌大為改觀。自東晉南朝以來，湘江中下游地區的生產已有一定發展。馬殷進據湖南後，對湘中、湘西的開發又取得新的成就，糧食產量顯著增加，茶業也有一定的發展。楚國令百姓植桑養蠶充作賦稅，又開始種植棉花。唐末，北方大亂，不少人「以嶺外最遠，可以避地」，遷至南漢統治地區。「五十年來，嶺表無事」，長期安定的環境有利於發展生產，府庫逐漸充實。在中國，州縣的設置常和所在地區人口的增加、生產的發展密切相關。《太平寰宇記》所載五代十國時期全國新置五十九縣，絕大部分是在南方，如蜀置五縣，吳越設五縣，閩增設十三縣，南唐新置二十六縣（其中有十八縣在今江西境內）。北宋統一南北時，原後周和北漢所在的華北地區約一百萬戶，而南方九國所在地區已有二百三十萬戶，這顯示了南方農業經濟已有長足的進步。

工商業的新發展

諸國混戰雖然嚴重破壞了社會經濟，但社會生產並未中斷。即使在華北地區，後梁建國初和後唐明宗在位時，都曾分別採取某些恢復生產的措施。後周時，手工業如紡織（絲織、麻織）、造紙、製茶、曬煮鹽等生產也有所發展。瓷器製造和雕版印刷業的成就尤為突出，南方和北方都有精製的祕色瓷器，也都出現了雕版印刷。那時候，諸國林立，兵禍連年，商貿往來受到了

茶的起源

　　古代茶事文獻和近年植物學調查資料證明，茶樹原產於中國。唐代陸羽在其所作世界上第一部茶葉專著《茶經》中稱：「茶者，南方之嘉木也」，指出茶樹產地在中國南方。雲貴高原存在大量野生茶樹，並在樹型、葉態和花、果實、種子的形態上存有種種變異，可認為茶樹的起源中心當在中國西南的雲貴高原一帶。早在原始社會至奴隸社會時期，茶已被用作治病的藥物和供神的祭品。茶被用作飲料和成為商品，在中國也已有兩千多年的歷史。隋唐五代時期，中國的飲茶風俗和種茶技術先後傳入日本，9世紀20年代傳入朝鮮。

吳越鴨形尊

嚴重影響。如蜀國法令規定「不許奇貨東出」，後周規定販運食鹽不得逾越漳河。但是，通商貿易、互通有無是大勢所趨。華北需要的茶葉經常通過商人南來販運，南方茶商的行蹤也遠至河南、河北，他們販賣茶葉，買回繒纊（古代對絲綢和絲棉的統稱）、戰馬。江南人所需的一部分食鹽也依賴華北供應。北方諸國從契丹、回鶻、党項買馬，蜀向西邊各少數族買馬。南方的吳越、南唐、楚、南漢等國以進貢方式和北方進行貿易。吳越、閩國與北方的貿易主要是通過海路。那時，對外貿易也很興旺，東自高麗、日本，西至大食，南及占城（今越南中南部）、三佛齊（今印度尼西亞蘇門答臘島南部），都有商業往來。明州、福州、泉州、廣州都是外貿重要港口。吳越、吳國和南唐從海外輸入「猛火油」[1]使用，還從海道再輸往契丹。

① 猛火油：五代以及宋金遼元時期稱石油為「猛火油」，在戰爭中發揮了巨大作用。猛火油在使用時有專門的噴射裝置，並以火藥作為引燃物。這便是北宋曾公亮（999～1078）在《武經總要》中記載的「猛火油櫃」。

賦役剝削苛重

　　五代十國時期社會經濟雖然在某些地區有所發展，但一些國家的賦役徵斂還是相當苛重的。當時，仍沿用唐制，夏秋兩徵。各國時常檢核農民的現墾耕地，據以確定歲租額。但官吏和地主往往相互勾結，以致賦稅負擔貧富不均。與唐朝相比較，額外收耗名目繁多。後唐時，官府規定收耗數額是每斗稅穀加收一升，後漢時增至兩升；雀鼠耗是每斗加收兩升。有的官府大斗收進，小斗輸出，結果百姓每輸一石租須納一石八斗糧。封建國家甚至向農民「預借」夏秋稅，有的官府在饑荒和蝗災之年，仍分派使臣到處搜刮民穀，逼使數十萬民眾餓死，流亡不可勝數。兩稅以外，還有按人徵收的丁口錢、鹽錢；按畝攤派的麴錢、農器錢、牛皮稅等；又有鹽鐵稅、茶稅、屋稅、鞋錢等雜稅。州郡官吏常常增益賦調，縣吏向里胥厚斂，里胥便重徵於民，名目繁雜，稅率屢增。隨着商貿的發展，各國多重徵商稅，並有過稅和住稅之分，這種辦法為北宋所沿襲。

　　由於戰爭頻繁，人民的兵役負擔沉重。劉仁恭在幽燕徵發十五歲以上、七十歲以下的男子自備軍糧從軍，共得二十萬人。北漢規定十七歲以上的男子皆入兵籍為兵。南唐曾強令老弱以外的人全部從軍。吳越錢俶「盡括國中丁民」為兵。湖南馬希萼調發朗州全部丁壯為鄉兵。閩國後期發民為兵，力役無節。當時，為了防止士兵逃亡，特在士兵臉上刺字記其軍號，以便各地關津識認，追捕逃兵。另外，各地都徵派男、女從事運輸，無數人畜

累斃途中。朱溫攻打青州王師範時，甚至把徵發來堆積攻城土山的民丁、牛驢一起掩埋在土山中。兵役以外，各種名目的土木修建勞役也層出不窮。後唐莊宗盛暑修建營樓，「日役萬人」。荊南修理江陵外郭，驅兵民萬餘人從役。閩主建築寺觀宮殿，「百役繁興」。賦役嚴重，使戰亂破壞嚴重的北方社會經濟難以復甦，也大大阻礙了南方經濟發展的進程。

政治制度的一些變化

樞密使

唐中葉以後，宦官專權，神策軍兩護軍中尉與兩樞密使號稱「四貴」，往往侵奪相權，威逼皇帝。唐亡前夕，朱溫誅戮宦官，開始用朝臣充任樞密使。後梁初，曾改為崇政院使，後唐恢復舊名。以後，除後晉曾短期廢置外，歷朝相沿設置。樞密使通常由皇帝最親信的臣僚充當，又大多為武將，皇帝經常與其商議軍國大事，有時由樞密院直接下令任免藩鎮。其時，同中書門下平章事雖居宰相之位，但樞密使的權勢凌駕於宰相之上（宰相有時也兼任樞密使）。由於戰事頻繁，因此，軍事機要成為樞密院的主要職司。宋代中書和樞密對掌文武二柄，就在五代開端。當時，其他政權大抵也都置有樞密使或相當於樞密使的官職。

三司使

唐初，財務主要由戶部下轄的戶部、度支、金部、倉部四司分管。中唐以後，戶部、度支、鹽鐵三司分管租稅、財務收支和鹽鐵專賣、物資轉運事務，常由非戶部的官員分別以判、知或使的名義分管。唐昭宗在位時，以宰相崔胤兼領三司使，才開始出現三司使的官名。後唐曾設置租庸使，管轄三司，又曾命大臣一人判三司事，最後正式設置三司使和副使的專職，掌管中央財務。地方財政也聽從三司指揮。以後歷朝相承不廢，北宋前期三司理財的體制也是沿襲五代的。

削弱節度使權力

五代十國的建國者多是唐末的節度使，他們能建立政權是因為手中擁有強大兵力。因此在建國以後，為了鞏固統治，他們都設法削弱地方實力。長期稱雄的河北諸鎮在後梁、後唐之際被制服以致被消滅，就是因為自後梁始，禁軍開始強化。禁軍除了用以捍衛京師和皇宮外，還被派駐各地，藉以牽制和削弱藩鎮的實力。朝廷還頻繁調動節度使，更換其駐地，以防止他們長期佔據一方，形成割據勢力。後唐以後，節度使往往兼其他職務，有的因此不能親臨鎮所。一些地廣兵強的藩鎮，也由於地域被一再分割，勢力大為削弱。藩帥在本轄區內任命刺史、縣令的權力，逐漸被收歸中央；對他們舉薦、使用幕僚，也有不少限制。後蜀還

曾罷除重臣的節度使兼職。當然，這些措施並沒有在各地全部實行，君弱臣強的局面未能根本改觀，驕兵逐帥、帥強叛上的情況依然存在。後晉成德節度使安重榮就公開說：「今世天子，兵強馬壯則為之耳。」但就節度使本身而言，通過以上的削藩措施，它的實力已比唐代減弱。

後周的改革與分裂局面的結束

華北地區的混亂殘破局面在後晉、後漢之際達到了最嚴重的程度。廣順元年（951）郭威建立後周以後，開始出現了新的轉機。

政治經濟改革

郭威出身貧窮，頗知民間疾苦。他執政以後，虛心納諫，任用賢能；停止各地貢獻珍貴食物和土特產；免除正稅之外的一些苛斂；廢免後梁以來長期存在的「牛租」[1]，並將民間牛皮一律官收的辦法改變為按田畝多少分攤；停廢營田，將田地、耕牛、農具、廬舍等分還給佃戶為其永業，鼓勵農民耕墾荒地，留心農田水利。民眾的負擔有所減輕，因而比較樂於附籍。至廣順三年，後周直接控制的人口增加了三萬多戶。

---

[1] 牛租：後梁朱溫把在淮南一帶掠獲的一大批耕牛租與東南諸州、縣農民使用，規定農民每年輸納牛課的數量，以後就永不改變，牛死牛租不除。百姓深受其苦。

顯德元年（954），後周世宗柴榮即位。他廣泛收羅人才，繼續推進改革。政治上，他澄清吏治，賞罰嚴明，大臣犯罪，同樣法辦；又提倡節儉，力戒奢華。經濟上，他鼓勵逃戶回鄉定居，減免各種無名科斂。對來自西川、淮西和河東等處的流民，一律分給荒閒田地作為永業。頒佈逃戶田地處理辦法，鼓勵農民墾殖逃戶田。規定田主在三年內回鄉的，歸還其一半耕地；五年內回歸的，給還三分之一。均不包括佃戶所蓋的屋舍和種植的樹木、園圃；五年以外回歸的，除墳塋地外，一律不歸還。至於從契丹統治下回歸的人，對他們在外的年限和獲得土地的數量等的限定，都相對放寬。周世宗受唐元稹《均田表》的啟發，編制《均田圖》頒發州鎮長官，還派遣使臣三十四人分赴各地均定田租，查出不少隱匿耕地，使之均攤正稅。當時徵收正稅多不在農作畢功之後，顯德三年，後周下令三司：夏稅於六月一日、秋稅於十月一日開始徵收，以便人戶交納。官府一再動員民眾修理黃河中下游的堤岸，堵塞黃河決口；疏浚汴水，北入五丈河，以通齊、濟運路；又浚汴口，引河水達淮，使漕運暢通。當時，各地寺院林立，隱匿編戶甚多。顯德二年，詔廢閉寺院三萬餘所，除了皇帝批准的僧尼數額以外，其餘一律括還為編戶，銷毀銅佛像和民間銅器鑄錢，使唐末以來長期缺錢的局面有所改變，有利於商貿流通的發展。

修訂刑法

五代十國時的刑法，基本行用唐代的律令格式和編敕，但因

歷朝又都有新頒的敕條，匯編附益，使得格敕前後重複矛盾；因仍唐舊的律令，有的已難解釋。顯德四年，世宗令大臣們進行整理，唐代律令條文難解的，加上註釋，格敕繁雜的，加以刪除，匯編為《大周刑統》二十一卷。北宋初年所編的《宋刑統》即就此書略加增刪而成。

整軍與統一戰爭

唐亡前夕，朱溫誅戮宦官，解散了宦官所領的神策軍。以後，朱溫以宣武軍（汴州軍號）節度使稱帝，即以宣武鎮兵為禁軍，設置在京馬步軍都指揮使。後唐改為侍衛親軍，置馬步軍都指揮使，是為侍衛司。後周又增置殿前司，也有馬步軍都指揮使。後來又置殿前都點檢，位在都指揮使之上，而侍衛司分置馬軍和步軍兩指揮使，不置都指揮使。

顯德元年，周世宗初即位，北漢興兵攻潞州，世宗率領大軍親征，戰於高平。這次戰役雖然擊退了北漢、遼聯軍，但也暴露了禁軍不守軍紀、戰鬥不力之弊。侍衛司的馬軍和步軍兩個指揮使樊愛能、何徽臨陣潰退並劫掠輜重，還揚言周軍已敗。世宗處決了這兩個指揮使和中級將校七十餘人，整肅了軍紀。高平之役前，世宗已令諸道招募包括山林亡命之徒的驍勇者充兵，班師後，世宗便命令檢閱諸軍，淘汰老弱，選拔精銳為殿前諸班。從此，朝廷擁有一支強大的勁旅，為進行統一戰爭創造了條件。

顯德二年，周世宗命一些臣僚各撰寫一篇《為君難為臣不易論》和《平邊策》。其中王樸的《平邊策》提出先易後難的戰略方針，建議先取南唐江北諸州，繼取江南、巴蜀、嶺南，最後才攻取太原。這一建議成為後周和以後北宋統一全國的指導方針。就在這一年，周世宗出兵後蜀，收回秦、鳳、成、階四州。次年發兵攻南唐，經過三年苦戰，得淮南、江北十四州六十縣。從此，加強了對江南的軍事優勢，充實了國家的人力、財力。顯德六年四月，乘遼內部紛爭之機，世宗統率水陸大軍北伐，不到兩個月便攻取瀛、莫、易三州十七縣。五月，正當周軍勝利向幽州推進時，世宗突患重病，被迫回師。六月世宗卒，子宗訓即位，年僅七歲。顯德七年正月，殿前都點檢趙匡胤製造遼兵南下的假情報，統兵出征，在陳橋（今河南封丘陳橋鎮）發動兵變，率軍返京，廢後周恭帝自立，改國號為宋。

宋建國後，先集中兵力平定統治領域內的反抗力量，隨後，採納趙普建議，先削平南方的荊南、南漢、南唐、吳越等國，統一了南中國。太平興國四年（979），宋太宗出兵太原，北漢主劉繼元被迫歸降。至此，唐末以來近百年南北分裂的局面終告結束。

五代十國的科技文化

五代十國時期的科技文化，承唐朝之後，繼續有所發展。

雕版印刷

唐朝末年，雕版印刷比較發達的西蜀，印刷品主要是占卜書、字書等。後唐時，開始刻印「九經」。長興三年（932），明宗命國子監以西京的石經為根據，校正「九經」，抄寫做注，僱雕字匠人刻版印賣。這項工程用了二十年時間，直到後周廣順三年（953）六月才刻印完畢。從此，刻本「九經」廣為流傳。後蜀也專門印製，導致「蜀中文學復盛」。後漢時，又將《周禮》等未刊的「四經」刻版印行。刻印「九經」促成儒學經典的普及，有利於文化的傳播。

史學

史學取得了重要的成績。《舊唐書》是這一時期撰成的最重要的史學著作。唐代原有吳兢、韋述編撰的前朝國史，歷朝實錄也比較完備。但由於安史之亂和藩鎮戰爭，歷朝實錄多有亡佚，特別是武宗以後六十年的實錄未能流傳下來。這使唐史的修撰遇到困難。五代時，首先重視了蒐集唐史料的工作。後梁末帝下詔徵集唐代的家傳以及公私章疏；後唐明宗設三川搜訪圖籍使到成都一帶搜尋唐實錄，並明令保護唐人碑碣，這就為《舊唐書》的編撰做了重要而及時的準備。後晉天福六年（941）至開運二年（945），劉昫、張昭遠等人撰成《唐書》二百二十卷（今本均為二百卷），後世稱為《舊唐書》。儘管歷來認為《舊唐書》有不

少缺點，主要是對原始材料缺乏加工，唐憲宗以前多照抄國史、實錄，而唐穆宗以後係編纂雜說、傳記，但也因此保存了大量唐代的原始資料，受到後世史學家的重視。此外，王仁裕撰《開元天寶遺事》記載唐玄宗時的朝野逸事，王定保撰《唐摭言》詳述唐代貢舉制度，尉遲偓撰《中朝故事》記載唐末四朝的舊聞，劉崇遠撰《金華子》記敍唐末朝野故事，孫光憲撰《北夢瑣言》記載唐及五代士人逸事，等等。這些五代十國時期的撰著都有不同程度的史料價值。

詩詞

五代十國是詞的重要發展時期。西蜀和南唐詞人較多，水平也較高，從而成為兩個中心：西蜀有韋莊、歐陽炯等人，他們的作品後來由趙崇祚等收入《花間集》；南唐有馮延巳、中主李璟、後主李煜等人，李璟父子的作品，後人集刻為《南唐二主詞》。李煜是這一時期最重要的詞人。晚唐五代的詞大都是描寫統治階級的享樂生活，題材庸俗，境界狹窄，風格柔靡。花間派的作品就是這種風格的代表。李煜前期的作品也是如此，但他在國亡被俘以後寫的詞，或慨歎身世，或懷戀往昔，形象鮮明，語言生動，把傷感之情寫得很深摯，突破了晚唐以來專寫風花雪月、男女之情的窠臼，在內容和意境兩方面都有創新，為北宋詞的發展開拓了新的領域。

《花間集》

晚唐五代詞選集。十卷，選錄唐末五代詞五百首。編者趙崇祚，
字弘基。生平事跡不詳。據歐陽炯《花間集序》，此集當成書於後蜀廣
政三年（940），其時趙崇祚為衛尉少卿。在 1900 年敦煌石室藏《雲謠
集雜曲子》發現之前，《花間集》被認為是最早的詞選集。五代十國時，
前蜀王氏、後蜀孟氏割據蜀中，六十年間，沉湎於歌舞伎樂，曲子詞
也因之盛行。《花間集》即為供歌伎伶人演唱的曲子詞選本。有詞作者
十八人。其中，溫庭筠的詞稱豔華美，韋莊的詞疏淡明秀，代表了《花
間集》中的兩種風格。內容多歌詠旅愁閨怨、合歡離恨。《花間集》古
本，今傳者有南宋三刻：其一為紹興十八年（1148）晁謙之校刻本。
明陸元大本即依此本翻刻，清末吳昌綬雙照樓刻本、邵武徐氏刻本則均
據陸本。

繪畫

　　五代十國的著名畫家有後梁的荊浩、關全，南唐的董源、巨然、徐熙，後蜀的黃筌等人。荊浩擅長畫崇山峻嶺，關全師承荊浩而有發展，擅長畫關河之勢，兩人並稱為「荊、關」，是五代時北方山水畫的主要流派之一。董源、巨然擅用或濃或淡的水墨描繪江南景色，兩人並稱為「董、巨」，是五代北宋時南方山水畫的主要流派之一。黃筌擅畫宮廷的珍禽異卉，徐熙擅畫江湖上的水鳥汀花，兩人並稱為「黃、徐」，當時有「黃家富貴，徐熙野逸」的諺語，形容兩人作品的不同風格。此外，顧閎中所畫《韓熙載夜宴圖》，亦為傳世的藝術珍品。

（張澤咸）

五代南唐顧閎中繪。此畫是受南唐後主李煜之命而創作。李煜當政時，因中書舍人韓熙載好蓄聲伎，常在家中舉辦夜宴。李煜想了解其家宴活動的具體情狀，因命顧閎中夜至其宅，暗中觀察。顧閎中目識心記，完成了這件作品。此畫以連環圖畫形式表現了五個互相聯繫而又相對獨立的情節，以展現夜宴活動的豐富內容，即聽樂、觀舞、休息、清吹、送別。畫中主要人物有十餘人，其中多數是見於記載的真實人物。韓熙載是南唐政權中比較有政治見識的，但由於他來自北方，言行又不守名檢，受到朝廷的猜忌和權臣的排擠，不得不借放縱行徑以示消沉，以圖自保。

遼朝是契丹族在中國北方地區建立的一個王朝。916 年遼太祖耶律億（阿保機）在今內蒙古西拉木倫河流域建契丹國，947 年建國號遼。983 年曾改號大契丹國，1066 年以後，復號大遼。習慣上自 916 年契丹建國至 1125 年為女真所滅，統稱為遼朝。遼亡後，耶律大石西遷到中亞楚河流域，重建遼國，史稱西遼。1211 年，乃蠻部屈出律篡位，1218 年為蒙古所滅。

遼

建國前的情況

契丹族在建立國家以前，經歷了漫長的發展過程。契丹族長期流傳着古老的傳說：在不能確指的時代，有男子乘白馬自潢河（西拉木倫河）而來，女子乘青牛車自土河（老哈河）而來，相遇為配偶，生八子。他們的子孫組成為八個部落。這個傳說表明：契丹自母系氏族制過渡到父系氏族制時，主要的活動地區即在潢河、土河流域。互為兄弟的八個部落來自共同的男祖先。

歷史文獻上關於契丹族的確實記載，開始於北魏登國四年（389）。北魏時，契丹各部落已開始對外擄掠，並以馬匹、皮毛與北魏交換物品。八個部落各自獨立活動，並未形成聯合。八部落的名稱是悉萬丹、阿大何、具伏弗、郁羽陵、日連、匹黎爾、叱六於、羽真侯。他們經營遊牧生活，以車馬為家，逐水草遷徙。

北朝時，契丹一再遭到北魏和北齊的打擊，對外的發展受到阻遏。隋朝時，隋將韋雲起曾發大軍攻打契丹，契丹遭到慘重的失敗，喪失了大批的人口和牲畜。對外作戰的需要促使契丹各部走向聯合，每部兵多者三千，少者千餘。有征伐由酋帥聚議，興兵則合符契。唐朝初年，契丹八部開始組成部落聯盟。聯盟長由

大賀氏選充，有勝兵四萬。契丹別部孫氏（審密）與大賀氏聯盟通婚姻。此外，還有一些契丹部落受唐朝統轄，不在聯盟之內。唐太宗貞觀時，大賀氏聯盟依附於唐朝。唐朝在契丹住地設松漠都督府，加號大賀氏聯盟長為松漠都督，賜姓李氏。各部落長稱刺史，唐朝以營州都督控制松漠。

武則天統治時期，契丹大賀氏聯盟長李盡忠（唐所賜姓名）與別部孫萬榮，殺唐營州都督趙文翽，佔據營州（遼寧大小凌河流域，治柳城，今朝陽）一帶反唐。武則天派遣二十八名大將出擊契丹。李盡忠在作戰中敗死。孫萬榮代領部眾南下，武后發大軍出戰，大敗，孫萬榮攻掠幽州（今北京）。唐朝再發大軍出擊，並聯絡契丹鄰族奚兵夾擊契丹，孫萬榮敗死。契丹大賀氏聯盟遭到沉重打擊。這時，突厥又在北方建立強大的國家。契丹背唐，依附於突厥，約二十年。

唐玄宗時，突厥逐漸衰落，契丹聯盟長失活再度附唐。唐朝仍加號松漠都督，又號靜析軍大使。大約從突厥統治時期，聯盟中統領兵馬的軍事首長的地位益加顯要，唐朝加號為靜析軍副大使。軍事首長可突於一再操縱聯盟長的選舉，甚至殺死大賀氏聯盟長。最後推翻了世選的大賀氏，又背唐依附突厥。開元二十二年（734），唐朝聯合契丹大賀氏聯盟以外的乙室活部的部長郁捷，斬可突於。唐封郁捷為松漠都督。二十三年，郁捷又被部落貴族涅里殺死。涅里擊敗突厥，背唐自立，重建起契丹部落聯盟。

涅里重建的部落聯盟，自遙輦氏貴族中推選聯盟長，號稱可

汗。涅里任軍事首長，稱夷離堇。新建的聯盟，以乙室活部為基礎，劃分為乙室、迭剌兩部。戰亂中流散的其他部落和氏族，被收集編組成六部，以符合八部的傳統。遙輦氏聯盟其實是乙室、迭剌兩個兄弟部落與其他流散部落氏族的結集。聯盟夷離堇，由迭剌部中選任。天寶四載（745），回紇可汗推翻突厥，建立回紇汗國。此後約一百年間，契丹處於回紇汗國的統治之下，發展是緩慢的。

開成五年（840），回鶻汗國滅亡，唐朝也已處於衰落的時期，契丹由此得到發展的有利條件。唐懿宗咸通（860～873）以後，遙輦氏鮮質可汗時，契丹不斷向外擴張，從鄰近的奚族和北方的烏古、室韋等族以及漢人地區，擄掠居民，以充奴隸。痕德堇可汗時，迭剌部貴族耶律億當選為聯盟的夷離堇。天復二年（902），他攻掠唐朝的河東代北九郡，俘掠生口九萬五千餘。天祐二年（905），耶律億又進攻唐盧龍節度使劉仁恭的領地，俘回各州漢人居民。次年，耶律億取代遙輦氏，充任聯盟長可汗。此後十年間，他又鎮壓了契丹貴族的反抗，在916年，建元神冊，建立了契丹國家。

遼的建國和它的發展

遼太祖所建立的國家是契丹奴隸主階級用以統治奴隸的機器。9世紀後期，契丹人犯罪罰作奴隸的現象已在發展，並且規定了「籍沒之法」（免除民籍，罰作奴隸）。連年對外作戰的勝

利，又俘掠了至少有十幾萬人之多的外族奴隸。貴族和奴隸兩個對立階級的形成以及大量外族分子的湧入，都使得古老的氏族部落組織無法再進行管理。遼太祖在漢人官員的幫助下，參照漢族國家的模式，建立起初具規模的國家機器。他自稱天皇帝，並廢除選舉制，確立皇權世襲制，立長子耶律倍為太子，皇帝有自己的侍衛軍。契丹國家按地區統治各族居民，並制定了法律。神冊三年（918），遼太祖在潢河以北建造了皇都（今內蒙古巴林左旗南）。漢人康默記、賈去疑等監工營建。新建的皇都（後更名上京臨潢府）成為契丹國家的統治中心。五年，遼太祖從侄耶律魯不古和耶律突呂不仿漢字偏旁，製成契丹大字。以後遼太祖弟耶律迭剌又參考回鶻的造字法製成契丹小字。

遼太祖建立國家後，繼續向南深入漢地擄掠，在西北和東北展開大規模的征伐。向西征討原屬突厥和回鶻統治下的各遊牧部落，北至鄂爾渾河畔，西至甘州。天贊四年（925），甘州回鶻可汗向契丹國遣使貢獻。這年冬天，遼太祖又向東攻打渤海國。次年，佔領扶余，進圍渤海國都忽汗城（今黑龍江寧安南東京城）。渤海國王大諲譔出降。遼太祖滅渤海後，在這裏建東丹國，封長子耶律倍為東丹王，統治渤海地區。天顯元年（926）七月，遼太祖自忽汗城還軍，在扶余（今吉林農安境）病死。

遼太祖建國前後，俘虜了大批漢人，並佔領了封建制的漢地。渤海國在唐代也完全接受了漢文明並實行封建制的統治。契丹貴族中由此出現兩種不同的政治主張。遼太祖的長子耶律倍嚮往漢族的封建文明，次子耶律德光則主張實行契丹的奴隸制統

遼五京

　　遼上京、中京、東京、南京、西京的總稱。遼太祖神冊三年（918）建國修建皇都。會同元年（938），遼太宗名皇都為上京，設臨潢府。遼太祖滅渤海後，建東丹國。天顯三年（928），遼太宗遷渤海居民於東平郡，升號南京。會同元年，得後晉所獻燕雲十六州地，升幽州為南京幽都府。原南京改稱東京遼陽府。上京、東京、南京於同年設立，合稱三京。統和二十五年（1007），遼聖宗在奚王牙帳建立新都，號中京大定府，與原三京合稱為四京。重熙十三年（1044），遼興宗升大同軍為西京大同府。遼興宗以後，始有五京。五京是各地區的統治中心，各領有軍州府縣，故又稱五京道。五京長官均稱留守，由契丹皇族或後族重臣擔任。

《東丹王出行圖》

李贊華繪。李贊華（899～936），本名耶律倍，小字圖欲，契丹人，遼太祖耶律阿保機
長子。曾被冊封為東丹王，統領渤海國舊地。長興二年（931）投奔後唐，被賜姓李，
更名贊華。

治。遼太祖死後，耶律德光得到遼太祖的皇后述律皇后的支持，
被立為皇帝（遼太宗）。耶律倍遭到排斥，逃奔後唐。

遼太宗耶律德光繼位後，領兵南下擄掠。後唐河東節度使石
敬瑭反唐自立，向契丹求援，遼太宗與石敬瑭約為父子，冊封他
為大晉皇帝。國號晉，史稱後晉。晉國成為遼的屬邦。石敬瑭將
燕雲十六州地奉獻給契丹。會同五年（942），石敬瑭死，子重
貴（晉出帝）繼位，不向契丹稱臣，遼太宗發大軍攻晉，從河北
直抵晉都開封。晉出帝投降。大同元年（947）正月，遼太宗領
兵入開封城。遼太宗滅晉後，正式建立國號為大遼國。

遼太宗並沒有在漢地建立統治，而是按照奴隸制的傳統，
把晉國的宮女、宦官、百工等作為奴隸擄走，連同晉宮的財寶，
運回上京臨潢府。遼兵滅晉過程中，四處擄掠人口和財物，稱為
「打草穀」。各地人民紛起反抗，遼兵遭到沉重打擊。遼太宗慨歎
說：「不知中原的人，難治如此！」在返回上京的路上，病死在

兒皇帝

　　五代時，後唐節度使石敬瑭在連年征戰中實力不斷增強，遂起反唐之心，於是祕密向契丹求援：請稱臣，以父事契丹，約事捷之後，割盧龍一道及雁門關以北。石敬瑭建立後晉稱帝後，割燕雲十六州給契丹，承諾每年給契丹布帛三十萬匹。至此中原完全暴露在契丹鐵蹄之下。以後燕雲十六州成為遼南下掠奪中原的基地，使北方社會經濟遭到嚴重破壞，貽害長達四百年。石敬瑭對於契丹百依百順，非常謹慎，每次書信皆用表，以此表示君臣有別，稱太宗為「父皇帝」，自稱「臣」，為「兒皇帝」。至此後世也將「兒皇帝」作為叛臣的代稱。

欒城（今屬河北）。晉河東節度使劉知遠在晉陽（今山西太原西南）稱帝，建立後漢，進駐開封。

遼太宗死後，遼貴族耶律安摶等在回軍途中，擁立耶律倍之子耶律阮（世宗）即皇帝位，遼述律皇太后在上京另立遼太祖第三子耶律李胡為帝。遼世宗領兵返上京，述律後與耶律李胡被迫降服。應曆元年（951），遼世宗領兵南下攻打後周（漢樞密使郭威篡漢建立周國）。行軍路上，遼貴族耶律察割謀殺了世宗。隨軍南行的遼太宗子耶律璟殺耶律察割，繼帝位（穆宗）。

遼穆宗統治時期，脅迫民戶做奴隸，擴大奴隸佔有，並加強了對奴隸的鎮壓。貴族中也多次出現謀反事件，都被鎮壓。保寧元年（969）二月穆宗出獵時，近侍奴隸小哥等六人，殺穆宗。小哥等逃入民間，在五年之後被捕獲處死。

遼穆宗死後，遼朝的契丹和漢族官員，擁立世宗子耶律賢（景宗）繼位。遼景宗在位時，擁立他的南院樞密使、統領漢軍的高勳，使人謀殺統領契丹兵馬的北院樞密使蕭思溫。高勳因此被處死。此後，南院樞密使由南京幽都府（今北京）留守、薊州玉田人韓匡嗣代領。乾亨元年（979），宋太宗趙炅領兵北上，消滅了遼朝支持的北漢（後周代漢後，劉知遠弟劉崇在太原建北漢國），進而攻打遼南京。韓匡嗣子韓德讓代父守南京，與耶律休哥、耶律斜軫等擊敗宋兵，以功升任南院樞密使，權勢日盛。

乾亨四年九月，遼景宗病死，子遼聖宗耶律隆緒繼位，年僅十二歲。承天皇太后執政，寵信韓德讓（後賜姓名耶律隆運）。統和四年（986）六月，宋太宗派兵北伐。承天皇太后與遼聖宗

至南京督戰，宋兵大敗。十七年，聖宗領兵南下，次年正月至瀛州（今河北河間），大敗宋軍。二十二年，再度南下，與宋軍在澶州（今河南濮陽）訂立澶淵之盟。兩國各守舊界，此後不再有大的戰事。

遼朝西境的轄戛斯，這時有了較快的發展，已開始形成部落聯盟。遼聖宗在古可敦城設鎮州（今蒙古鄂爾渾河上游哈達桑東北古回鶻城），鎮壓北方諸部。統和二十九年，對轄戛斯採取分部統治的辦法，遼向各部落分別派遣節度使統治。轄戛斯諸部殺遼節度使，起兵反抗。遼發大軍鎮壓，轄戛斯兵敗降遼，每年向遼進貢馬駝和皮張。

轄戛斯以西的甘州回鶻不再向遼朝貢。統和二十六年，遼兵進討甘州回鶻，直抵肅州（今甘肅酒泉）。世居高昌的西州回鶻阿廝蘭汗也在遼聖宗時派遣使臣來遼貢獻。

遼聖宗發動了東侵高麗的戰爭。統和十年十二月，遼兵東侵，次年，高麗請和。遼冊封高麗國王。二十八年，高麗國王穆宗被貴族康兆謀殺，遼聖宗親率大兵東侵，直抵高麗都城開京。此後，遼與高麗連年作戰。開泰九年（1020），高麗國王顯宗請和，向遼納貢。

遼聖宗在向周鄰諸國擴展勢力的同時，在遼國內實行了削弱奴隸制的措施，確立了封建制的統治。一些俘掠奴隸取得平民的地位。聖宗時，還修訂法律，主人不得任意殺死奴隸。契丹人與漢人犯法同等治罪。聖宗又在上京以南的奚族舊地建新都中京大定府（今遼寧寧城西大名城）。中京城由燕薊地區的良工巧匠建

造，依仿漢人城市規模。這一時期，以玉田（今屬河北）韓氏為代表的漢人地主勢力有了很大的增長。漢族的封建文明也逐漸為契丹貴族所接受。遼聖宗喜讀《貞觀政要》，學習漢族的統治方法，又能吟詩作曲。漢文明在遼朝得到進一步的傳播。遼朝在聖宗統治下，形成全盛時期。

承天皇太后死於統和二十七年。此後，遼聖宗親自執政，至景福元年（1031）六月病死，子耶律宗真（興宗）即位。清寧元年（1055）興宗死，子耶律洪基（道宗）繼位。遼道宗統治時期長達四十五年，遼朝進入衰亂時期。

遼興宗、道宗朝，契丹貴族之間不斷相互傾軋。興宗為聖宗元妃蕭耨斤所生，由聖宗齊天后收養。興宗十六歲即位，元妃謀奪政權，自立為皇太后，迫使齊天后自殺，又密謀廢興宗，另立少子耶律重元。耶律重元密告興宗。興宗將皇太后廢黜。

遼道宗即位，尊耶律重元為皇太叔，加號天下兵馬大元帥。清寧九年七月，耶律重元與子耶律涅魯古等謀反，道宗平宿衛軍亂，耶律重元兵敗自殺。南院樞密使耶律乙辛平亂有功，權勢顯赫，與漢人官員北府宰相張孝傑勾結，專擅朝政。大（太）康元年（1075），太子耶律濬十八歲，參與朝政，兼領北、南院樞密使事。耶律乙辛與張孝傑誣陷太子生母宣懿皇后與伶人私通。宣懿后受誣自盡。三年，又誣告太子陰謀廢帝。太子被囚禁在上京，耶律乙辛派人將太子暗殺。耶律乙辛藉此興起大獄，貴族官員多人因此被處死或流放。七年，道宗發覺耶律乙辛、張孝傑等人的奸謀，將他們免官。遼朝貴族和官員長期陷入相互攻訐傾軋

遼代壁畫《奉侍圖》

描繪貴族家中正在忙碌的傭僕，畫中人物均穿漢式服裝，反映的是漢地遼朝貴族家中的日常生活。

之中。統治集團日益削弱。

　　遼聖宗末年以來，處在封建壓迫下的各族人民不斷舉行武裝起義。遼聖宗時，把漢地的封建租稅制推行於渤海地區，引起了渤海人民的反抗。太平九年（1029）八月，渤海居民以東京舍利軍詳穩大延琳為首舉行起義，殺遼戶部使，囚禁遼留守。自建國號興遼，年號天慶。興遼軍西攻瀋州，不下，退守東京遼陽府（今遼寧遼陽）。次年，大延琳被擒，起義失敗。天慶五年（1115）二月，饒州（今內蒙古巴林右旗）的渤海居民在古欲領導下起義，有步騎三萬餘人。六月間，起義失敗，古欲被擒。這一時期，燕雲地區的漢族農民也不斷起義。天慶三年，有以「李弘」為號的農民起義。史稱「李弘以左道聚眾為亂，支解，分示五京」，「李弘」可能是利用道教符讖的稱號。七年，易州淶水縣民董龐兒起義，被遼軍戰敗，投附宋朝。八年，遼東諸路爆發了

安生兒、張高兒等領導的起義，發展到二十萬人。這些起義雖然先後被遼兵鎮壓下去，但給予遼朝統治以沉重的打擊。

遼道宗時期，北方諸族相繼興起，成為遼朝的威脅，西北有韃靼、東北有女真。韃靼這時已建立起部落間的聯盟，聯盟長（諸部長）磨古斯在大安八年（1092）起兵反遼。遼連年出兵征討。兩軍反覆激戰。壽昌六年（1100），磨古斯被擒處死。遼兵精銳也由此損耗殆盡。東北黑龍江和松花江流域的女真人這時也建立起部落聯盟。聯盟長稱都勃極烈。天慶三年，女真完顏部阿骨打任都勃極烈，開始侵掠遼境。

乾統元年（1101），遼道宗病死。皇孫耶律延禧繼帝位，號天祚帝。天慶四年，完顏旻（阿骨打）統領女真諸部兵攻佔遼寧江州（今吉林扶余東南小城子），又在出河店（今黑龍江肇源西南）大敗遼兵，遼兵七千全部潰滅。次年，完顏旻建立金朝。

天慶五年秋，遼天祚帝耶律延禧統率契丹和漢兵號稱十餘萬出征。十二月，與金軍遇，遼兵大敗。天祚帝退保長春州（今吉林扶余他虎城）。六年，渤海人高永昌據東京遼陽府反遼，向金兵求援助，金兵乘勢攻佔沈州（今遼寧瀋陽），佔奪東京遼陽府等地，擒高永昌。天祚帝命南京留守耶律淳召募遼東飢民兩萬，攻沈州，不能下。七年，耶律淳兵大敗退回。十年，金軍攻佔上京臨潢府。保大二年（1122），攻佔中京大定府。天祚帝領兵五千逃到西京道一帶，金兵隨即攻下西京大同府（今山西大同）。天祚帝逃入夾山（今內蒙古薩拉齊西北大青山中）。

漢人宰相李處溫與皇族耶律大石等，在南京擁立耶律淳稱

帝，號為「北遼」。三個月後，耶律淳病死。宋軍兩次大舉攻遼，均遭失敗。金兵攻陷遼南京。耶律大石在居庸關被金兵捕獲，1123年九月領兵逃出，去夾山見天祚帝。天祚帝責他擅立耶律淳為帝。耶律大石不自安，又見遼將亡，於是率騎兵兩百人北走，自立為王。保大四年，天祚帝自夾山出兵，敗潰。次年二月被金兵俘虜，遼亡。

西遼

金兵滅遼後，隨即南下侵掠。遼朝西北地區的各游牧部落，並無戰事。耶律大石領兵至鎮州（今蒙古鄂爾渾河上游，哈達桑東北古回鶻城），召集西北地區十八個部落，徵兵萬人，設置官員，重新組成統治機構。延慶七年（1130），耶律大石率部經回鶻西行，至葉密立（今新疆塔城一帶），征服突厥各部落。耶律大石建號稱帝，號天祐皇帝，又號古兒汗，耶律大石仍用遼國號，史稱西遼，又稱哈喇契丹（黑契丹）。康國元年（1134），耶律大石在楚河南岸八剌沙袞建都，號為虎思斡魯朵。

耶律大石建都後，出兵東征喀什噶爾，進至和闐。向西征服撒馬爾罕和花剌子模。康國十年，病死，依漢制立廟號德宗。

西遼德宗耶律大石死後，由皇后塔不煙執政七年，以後傳子耶律夷列（仁宗）。崇福元年（1164），西遼仁宗死，妹普速完攝政，號承天皇太后。普速完與夫弟蕭樸古只私通，謀殺夫蕭朵魯不。蕭朵魯不父蕭斡里剌為西遼元帥，領兵殺普速完及蕭樸古

只。天禧元年（1178），西遼仁宗子耶律直魯古繼帝位。

天禧二十七年，蒙古成吉思汗滅乃蠻部，乃蠻部長太陽汗敗死，子屈出律西逃。年初，屈出律逃奔西遼。耶律直魯古將女兒嫁給屈出律。屈出律又離西遼東去收集乃蠻殘部，與花剌子模相約，夾攻西遼。三十四年，耶律直魯古被迫退位。屈出律篡奪了西遼王位，奉耶律直魯古為太上皇，兩年後死。1218年，蒙古軍滅其國，屈出律被捕處死。

政治制度

遼太宗時期，統治地區西至流沙，東至黑龍江流域及原屬渤海的地區，北至臚朐河（今克魯倫河），南部包括燕雲十六州地。建都在潢河流域的上京。以上京為中心的契丹舊地和西北各遊牧部落居地，實行奴隸制的統治。東部地區滅渤海後仍實行原有的封建制。南部燕雲十六州地，則繼續實行漢人傳統的封建社會制度和政治制度。由此形成為西部、東部以及南部三個不同的區域。在這三個區域內居住着不同的民族，實行不同的制度，統一於遼朝的統治之下，因而其統治制度具有許多特點。遼朝制度在太祖、太宗和世宗時逐步建立。遼聖宗時都中京，各項制度也有所改革。

斡魯朵制

斡魯朵原義為帳幕。遼朝皇帝各有自己的斡魯朵，並有直屬

手持骨朵的遼朝人

骨朵是安裝在木柄上的
蒜頭狀重鐵器，為遼
兵必備武器，可以重擊
敵人。

的軍隊、民戶、奴隸和州縣，構成獨立的經濟軍事單位。斡魯朵領有的奴隸和財產，為皇帝個人私有，死後由家族後代所繼承。帝后斡魯朵有著帳局，以契丹族和奚族奴隸為著帳戶，為皇族宮帳服役。斡魯朵還領有「瓦里」，奴役契丹奴隸，從事狩獵和手工業生產。一批自西北遊牧部落俘降的奴隸也隸屬於斡魯朵宮帳。遼聖宗時，大批解放奴隸成為部民和獨立的部族。遼朝皇帝設契丹、漢人諸行宮都部署司，分掌各斡魯朵所屬契丹人和其他遊牧民族、漢人和渤海人等事務。

頭下制

帝后以下的貴族俘擄的漢人、渤海人奴隸，在契丹本土建立州縣寨堡，從事農業生產，稱為「頭下」或「投下」。皇室（諸王、公主）和後族（國舅）所領有的頭下，許創立州城。其他貴族不得建立城郭，但也領有自己的頭下。頭下軍州的屬戶，多數是稱為部曲的依附農民和依附牧民，少數是奴隸。

捺缽

　　遼朝在建立城市後，皇族仍保持漁獵騎射的傳統。皇帝在四季出外遊獵，其行在稱為捺缽。遼聖宗以後，四時捺缽各有固定地點，形成制度。春捺缽在長春州（今吉林扶余他虎城）捕鵝，又在混同江（今第二松花江）鈎魚。夏捺缽在永安山或炭山放鷹。秋捺缽在慶州（今內蒙古林西縣北）射鹿。冬捺缽在永州（今遼寧西拉木倫河與老哈河匯合處）獵虎。皇帝出獵時，朝中官員隨行。夏季和冬季，皇帝即在捺缽與北、南大臣會議國事，捺缽成為政治活動的中心。

樞密院

　　遼太祖時，自領兵馬作戰，次子耶律德光（遼太宗）綜理軍務，加號天下兵馬大元帥。遼太宗滅後晉，沿晉制設樞密使管領漢人兵馬。遼世宗奪得皇位，囚禁天下兵馬大元帥耶律李胡，因採漢人制度，設契丹樞密使，以統領契丹兵馬。契丹樞密院又稱北樞密院，漢人樞密院稱南樞密院。北、南樞密使參與國政，聽決獄訟。遼聖宗時，韓德讓兼領北、南兩樞密使，綜理軍政，成為皇帝以下最高的執政者。此後，漢人官員可任北院樞密使，契丹官員也可任南院樞密使。北南樞密院於樞密使以下，設有知樞密使事、樞密副使、知樞密副使事等官職。

中央官制

　　契丹以東向為尚，皇帝宮帳坐西向東，官員分列宮帳兩側，因此官職都分稱北、南。遼朝中樞官制分為北面官與南面官兩大系統。北面官管理契丹政事，南面官管理漢人事務，即所謂「以國制治契丹，以漢制待漢人」。北面官制仍保存着契丹氏族部落制的某些痕跡。職名多源於突厥、回紇，建國後又採用漢人官制的某些職名。部落聯盟時期的最高官職稱「於越」。建國後仍保留這一稱謂，但不實際任事，成為皇帝以下最為顯貴的尊稱。遼世宗以後，北院樞密使是最高的軍事行政官員。契丹遙輦氏八部原以迭剌、乙室兩兄弟部落最強大。建國後，將八部居民分別編組為以迭剌、乙室兩部為核心的兩大集團，分設北府宰相和南府宰相管理政務。兩府宰相分別由後族和皇族充任。皇族從出的迭剌部，遼太祖時分設為五院、六院兩部，首領稱「大王」。北、南院大王成為僅次於北、南府宰相的重要官員。乙室部也稱大王，與北、南院大王並立。皇族事務專設大惕隱司管領，官員稱「惕隱」。後族事務設大國舅司管理，官員稱「常袞」（敞穩）。皇帝有自己的侍衛親軍，又有宿衛和宿直官，例由貴族大臣輪番擔任。北面朝官中有大林牙院掌理契丹文翰詔令。官員有都林牙、林牙承旨、林牙（契丹語：文士）。

　　南面官制，《遼史》記載極為疏略。遼太祖時曾任韓知古「總漢兒司事」，總管漢人事務，依唐制加號中書令。遼世宗時，建「政事省」，主管漢人事務。遼興宗時，又改政事省為中書省。南

樞密院是綜理漢人軍政的最高官衙。中書省只是管理漢人官民的一般行政事務,設同中書門下平章事、參知政事等,為正、副宰相。遼代一些加號尚書、中書、門下的官稱,多只是附加的尊稱或封贈的虛銜。南面官中設有翰林院掌管漢文文書。官員有總知翰林院事、翰林學士、翰林學士承旨等名目。契丹人任職者稱為南面林牙。

《遼史》書影

《遼史》是記錄遼朝史事的紀傳體史書。元脫脫等奉敕修。全書一百一十六卷,包括紀三十卷、志三十一卷、表八卷、列傳四十五卷。記載遼代(907～1125)和建國以前的契丹及西邊的歷史。末一卷是《國語解》,凡官制、宮衞、部族等以契丹語為稱號者,多參考史文,略加註釋;也解釋了部分非契丹語的名物制度。

地方官制

契丹族征服奚族後建國,在契丹族、奚族及北方遊牧族居地建立起統治制度。滅渤海後,基本保持渤海原有的官制。得燕雲十六州漢人地區,則沿用後唐的舊制。因此,遼國境內的地方官制形成三個系統。契丹族和北方諸族地區實行部族制。大小部族一般各有居地,但地域統治取代了血緣組織,居民或不限本部族血統。奚族被征服後,仍保持五部或六部組織。奚族首領稱奚

遼國文官圖

圖中的遼國文官的服飾
與北宋的文官有點相
似，反映出契丹人的漢
化程度。

王。遼朝設契丹北、南院大王府、乙室王府
與奚王府並列，四大王府各領一大部族，即
五院部、六院部、乙室部和奚六部。遼太宗
時，仿漢制於奚王以下設宰相二員、常袞二
員。遼太祖時又將俘降的邊地各族分編為
八部，分屬北、南兩府。遼聖宗時擴建為
二十八部，一度撤銷奚王府，奚六部改屬北
府統領。合共三十四部。三十四個小部族按
民族成分包括契丹、奚、室韋、烏古、敵烈
等各族。各小部族首領原稱夷離堇，後改令
穩，遼聖宗時一律設節度使統轄。頭下州縣
由帝、後斡魯朵和諸王公主貴族派遣官員管
理，節度使仍由朝廷任命。遼太宗時號皇都
為上京，設臨潢府。遼聖宗時在奚族居地建
中京大定府。上京、中京的長官稱留守。在
渤海地區，遼太祖滅渤海後，於其地建東丹
國，封長子耶律倍東丹王，成為特殊的政
區。東丹國沿渤海舊制下設左、右大相、次
相及平章事等官，由契丹人與渤海人擔任。
遼太宗時廢東丹國，稱中台省。遷渤海人於
東平郡（今遼寧遼陽），升東平郡為南京，
又改稱東京遼陽府。世宗時，恢復東丹國，
仍設中台省，官制仍設左右大相、次相等

職。遼聖宗時廢中台省。東京設留守司及統軍司統轄所屬州縣。
州設節度使，縣設縣令。燕雲十六州地區，以幽州（今北京）為
中心，稱南京幽都府，又改名析津府。地方官制基本上沿襲後唐
制度設州、縣。州有刺史州、節度州之分。縣設縣令。遼興宗在
大同軍設西京大同府（今山西大同），下轄州縣，官制略同於南
京。東京、南京和西京的最高長官均稱留守，由契丹重臣任職。
漢人、渤海人等聚居區地方統治體制相近，為州縣制，屬遼南面
官系統；而契丹人、奚人等地方統治體制為部族制，屬遼北面官
系統。

法律

　　遼太祖建國後，即詔定法律，以統治契丹及北方諸族人。漢
人仍依原有的漢法，即源於唐代的法律。滅渤海後，也用漢法。
契丹法與漢法分別應用於不同的地區和不同的民族。遼太祖時耶
律突呂不曾撰決獄法，當是斷案治罪的條例。遼聖宗時，修訂法
律十數項。主要是奴隸犯罪須送官府處理，主人不得擅殺；契丹
人與漢人鬥毆，同等治罪。遼興宗時，重新制定法律，在重熙五
年（1036）正式頒佈。新定條制，共五百四十七條，是一部完
整的法典，史稱《重熙條制》。遼道宗咸雍六年（1070），又
重加改定，增補為七百八十九條，稱《咸雍條制》，以後又增補
兩次，共增一百零三條。大安五年（1089），道宗下詔，因新
定法令太繁，仍用舊法，即《重熙條制》。遼國的幾部法典都已

失傳。

遼朝北面官中設有夷離畢院專掌刑獄。有左、右夷離畢，知左、右夷離畢事等官職。遼聖宗時，北、南樞密院綜理軍政，並理訟事。貴族官員犯法，由所在官司案問，申報北、南院複審、奏報。其後又在南面官中仿漢人制度設大理寺審理重大罪案。官員有大理寺少卿、大理正等。遼興宗時，五京（上京、中京、東京、南京、西京）專設警巡院，各地契丹人犯法，由警巡使審理。漢人犯法，由所在州縣官審理。

遼朝契丹人犯法，原有投崖、生瘞（活埋）、射鬼箭（亂箭射死）、木劍（杖背）、大棒、鐵骨朵、沙袋（拷打）及鞭、烙（刑訊）等刑。聖宗以後，採用漢人刑名，有死、流、杖、徒四等。死刑有絞、斬、凌遲。

科舉

遼朝原無科舉考試制度，遼聖宗時始置科舉取士。設進士科，分甲、乙兩科。考試分為鄉試（鄉貢）、禮部試和廷試（殿試）。遼朝科舉只限漢人文士考試，契丹人不得應試。

經濟概況

遼朝國內各民族從事不同的生產職業，契丹人、奚人、漢人、渤海人等各族在此期間交流了生產經驗，在一些領域取得了

成就。

漁獵

　　契丹族居住在潢河、土河之間，以漁獵為基本的生產方法。捕魚有鈎魚法。冬春之間，河湖冰凍，鑿冰眼用繩鈎捕捉。狩獵以騎射為主，因季節而不同。春季捕鵝、鴨、雁。四、五月打麋鹿，八、九月打虎豹。又有「呼鹿」法，獵人吹角模仿鹿鳴，引誘鹿來以捕射。契丹人飼養獵鷹作助手，捕捉各種飛禽。東北地區號為海東青的鷹，最為有名。契丹人還馴養豹，在出獵時隨行捕獸。遼朝建國後，居住在潢河流域的契丹人，繼續從事漁獵。遼朝皇帝和隨行官員，四季也在捺缽進行漁獵活動。

畜牧

　　契丹人以畜牧為業，隨水草遊牧。遼朝統治下的北方各民族也經營畜牧。畜牧業在遼朝經濟中佔有重要的地位。畜牧有馬、駝、牛、羊等牲畜，而以馬、羊為主。馬是射獵放牧所必需，也是交通和作戰的必要工具。羊提供皮毛和肉食，是牧區衣食的來源。遼朝國家經營的畜牧，設有專門的機構管理。遼聖宗時，改變部落奴役制度，北方各族向遼朝進貢牲畜，由駐在官員就地統領畜牧。私人佔有畜牲，也有很大的數量。佔有牲畜的多少，是契丹族人區分貧富的標誌。

農業

　　遼朝農業主要在南京道、西京道漢人地區和東京道的渤海人住地。遼太宗以後，部分契丹人和奚人也從事農業耕作。遼太宗曾將一些契丹氏族遷到海勒水（今海拉爾河）一帶開墾農田。遼聖宗以後，頭下州縣從事農耕的部分漢人農民淪為契丹和奚人的佃戶。遼道宗時，屯田積穀，農業有較大的發展。遼朝的農作物，漢人、渤海人地區以麥、粟、稻為主，契丹和奚人地區，多種穄米。

手工業

白瓷雞冠壺

仿皮囊式的雞冠壺便於馬上攜帶，是典型的遼代瓷器。

　　契丹奴隸制時期，手工業即是重要的生產部門。漢人和渤海人地區的手工業也很發達。遼朝各民族相互交流生產技術，手工業的許多部門出現具有特色的成就。鐵器是漁獵和作戰所必需。室韋、渤海的冶鐵技術傳入契丹，經過各族人民的共同創造，生產出著名的鑌鐵。金銀礦的開採和金銀器的製造，也是遼朝的主要成就。用金銀製作

的各種馬具、飲食用具、服飾和佛教器物，都達到相當高的工藝水平。遼朝的馬鞍，被宋人稱為「天下第一」。漢族的製瓷技術傳入契丹，遼朝瓷器生產頗為發達，質地、色彩和形制都具有特色，雞冠壺、長頸瓶、袋形壺等是遼瓷中最有代表性的產品。漢人和渤海人的絲織業在遼朝得到傳播，上京和中京都有專門的機構，從事多種絲織品的生產。印刷和造紙也得到發展。遼興宗時雕印大藏經，約近一千冊，高麗僧人稱讚它「紙薄字密」，「帙簡部輕」，說明遼朝的造紙術和印刷術都已達到相當的水平。宋朝雖禁止火藥製造技術出口，但至晚在遼道宗時，遼朝已掌握此項技術，在南京「日閱火炮」，說明遼已能製造火藥武器；此外，遼還在榷場私買硫磺、焰硝等火藥原料。

商業

遼朝的五京是各地區的政治中心，也是商業貿易的中心。遼太祖建上京城，南城稱漢城，漢人在此聚居，有商肆貿易。南門之東有回鶻營，是回鶻商販的住地。中京城街道闊百餘步，街東西有廊舍約三百間，居民在廊下貿易。城中坊間，有牧民停置車、駝的場所。東京外城是漢城，有南北兩市交易，南京原是漢人的城市，依舊制在城北設商市。陸海百貨都在北市買賣。西京是軍事重鎮，商業貿易不如南京繁盛。四時捺鉢的皇帝和官員駐在地有臨時的市場，商民驅車隨從貨賣。契丹居地在遼代陸續出現了一些州城，也有商業經營。上京以西的祖州城內即有市肆。

遼朝統治下的東北和西北諸部落，通過貢賜或以物相易，進行物產交換。

遼朝與周鄰諸國的貿易，也不斷發展。五代時，遼與梁、唐、晉等都有貿易往來，與南方的吳越、南唐也通過航海，使臣往來，交換商品。宋朝和遼朝先後在邊地州軍設置榷場，在官員控制下進行商品交換，徵收商稅。私人之間的走私貿易也使大量商品輸入遼朝。遼朝賣給宋朝的商品主要是羊、馬、珍珠和鑌鐵刀。自宋朝輸入的商品有茶葉、藥材、絲麻織品、漆器、瓷器、銅錢、香料以及印本書籍。遼朝與西夏、吐蕃、高昌和中亞等國經由使臣往來和貢獻賞賜，交換畜產和手工業品。私人商販也有違禁的貿易。遼與高麗的貿易發達。遼聖宗之後，兩國關係穩定，商品貢賜每年不斷，並在邊地設有榷場。日本的僧人和商客也來到遼朝交易貨物。遼朝初期的商業交易仍用布或銀作為交換手段，遼景宗、聖宗以後，遼朝自鑄的銅錢與宋錢兼行，廣泛流通。

交通

契丹在唐代受營州都督統轄，與河北的交通極為不便。遼朝建國後，並未大力修建交通設施。契丹居地至南京、西京主要是騎馬或駕牛車。有榆關路、松亭路、古北口路和石門關路四條通道。榆關至居庸關可以行車，松亭及古北口兩路，多是崎嶇山道，只能騎馬，西北各族往來和軍需供應，則用馬、駝。古北口

路有驛館，由民戶供給，稱「供億戶」。各地驛傳，多隨時徵調營運，並無固定的制度。海路交通主要通過渤海地區。南京東面的薊州地方，有蕭後運糧河。

宗教與文化

契丹在建國前只有對自然界的原始崇拜和原始文化。遼朝建立後，佛教逐漸在契丹貴族中傳播。漢人、渤海人居住地區，仍繼承唐代的文化傳統。遼聖宗以後，漢族的封建文明為契丹貴族所接受，在遼朝得到發展。

契丹族在原始時代，以白馬與青牛作為互通婚姻的兩個部落的象徵。天地、白青、馬牛、男女等概念形成對立統一的兩極。遼朝建國後，皇帝稱天皇帝，皇后稱地皇后。相信天地都有神祇。出兵作戰前用白馬、青牛祭祀天地。用白羊骨炙蔔。巫和太巫執行占卜和各種原始的宗教儀式。遼朝皇帝舉行祭山儀、歲除儀、瑟瑟儀（射柳祈雨）仍由巫師贊祝行禮。契丹崇拜太陽，故以東向為尚。

遼太祖、太宗時，佛教從渤海和燕雲兩個地區傳入遼國的中心。阿保機建國前，俘獲漢人，據說已在潢河上游的龍化州建開教寺。天顯元年（926）滅渤海國後，渤海僧人崇文等五十人到上京，建天雄寺傳教。遼太宗得燕雲後，河北漢人僧尼也陸續來到上京。遼聖宗以後，佛教更為發展。各地區建造佛寺甚多，並通過貴族信徒的施捨，佔有大量的土地和民戶。頭下戶被施給

《契丹藏》

小·鏈·接

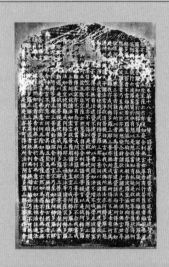

《漢文大藏經》之一，約在遼興宗（1031～1054）時開雕。又名遼藏。它在《開寶藏》天禧修訂本的基礎上增收了《華嚴經隨品贊》、《一切佛菩薩名集》《隨願往生集》《釋摩訶衍論》《大日經義釋》《大日經義釋演祕鈔》《釋教最上乘祕密藏陀羅尼集》等當時流傳於北方的特有經論譯本，先後歷時三十餘年刻成。據遼咸雍四年（1068）燕京天王寺志延所撰《陽台山清水院創造藏經記》載稱，這部藏經共五百七十九帙，千字文編次天字到滅字。以前並未發現有流傳的印本，直到1978年修理山西應縣木塔時，才在塔中發現五十軸殘卷；圖卷軸本版式為每版二十四行，每行十五至十八字不等（也有每行字數較為一致的經卷，如《大法炬陀羅尼經》卷十三，「靡」字號，每行均為十七字）。

北京房山出土的石刻《契丹藏》（局部）。其中有梵音傳本。圖為唐代不空和尚譯的《梵本般若波羅蜜多心經》，列於「重」字帙。

寺院後，將原來交納給領主的賦稅轉交給寺院。同時仍向國家交租，稱為寺院二稅戶。遼代佛教以華嚴宗為最盛。佛教聖地五台山在遼朝境內，由西京管轄，是華嚴宗的教學中心。上京開龍寺僧也專攻華嚴。遼道宗曾親撰《華嚴經隨品贊》十卷。密宗也在遼朝傳播。五台山和南京都有究習密宗的高僧，並翻譯密典多部。密宗的經咒也在契丹社會中流行。

遼聖宗以後，對佛教典籍的刊校，作出兩大業績。一是石經的刊刻，一是雕印大藏。隋代僧人靜琬在涿州大房山（今屬北京），開鑿石室，用石板刊刻佛經收藏。唐代建雲居寺，繼續刊刻石經。後經戰亂中斷，雲居寺被毀。遼聖宗時重修雲居寺，發現石室。遼聖宗命僧人可玄繼續刊刻經板。經遼興宗、道宗兩朝，刻完《大般若經》《大寶積經》等經石六百塊。合原存《涅槃經》《華嚴經》石共有二千七百三十塊，合稱四大部經。石經的刊刻也是對佛經的一次校勘整理。興宗時開始校印佛經的總集《大藏經》。佛經以木版雕印，全用漢文，並經僧人詳為校勘。完成五百九十七帙。遼道宗時繼續收羅刊印。在此以前，971年宋太宗曾在成都雕印《大藏經》，號稱「宋藏」。遼代印本通稱「丹藏」。

遼朝僧人的著述，主要有《續一切經音義》和《龍龕手鏡》兩書流傳，都完成於遼聖宗時代。南京崇仁寺僧人希麟（漢人）依仿唐慧琳《一切經音義》體例，對唐開元以後的佛經，續作音注，成《續一切經音義》十卷。此書廣泛參閱了有關訓詁和音韻文字的古代著述，詳徵博引，是一部有價值的著作。僧人行均

（漢人，俗姓於）在五台山金河寺著《龍龕手鏡》，是一部通俗的漢字字書，依平、上、去、入四聲分編四卷，共收二萬六千四百多字，註釋十六萬三千多字。行均收錄當時實際讀音和通用字體，並多收民間通行的俗字，是一部有獨創性的字書。此書曾傳入宋朝，在浙西雕版，因避諱改名《龍龕手鑒》。

遼朝的佛教建築，有自己獨特的風格。現存天津薊縣獨樂寺觀音閣，建於遼聖宗統和二年（984），是三層重疊的木構建築，繼承了唐代建築的框架法。遼代的佛塔遍佈於五京地區。現存北京天寧寺磚塔、寧城（遼中京）磚塔和山西應縣的木塔，都是實體，八角層簷，為前代所未有。這種新形制為金代所繼承，形成獨特風格的遼金塔。內蒙古赤峰市林西（上京路）的白磚塔，八角七層，但內部中空可以直登，近似唐塔。

遼朝創造了契丹文字，但由於漢文化的傳佈，見於記載的遼代文學作品，仍多用漢文。最早的詩篇是遼太祖皇子耶律倍的五言詩：「小山壓大山，大山全無力。」遼聖宗以後，契丹貴族多學作漢詩。遼聖宗時曾以契丹字譯白居易諷諫集。流傳的聖宗佚詩有「樂天詩集是吾師」句。傳說聖宗喜吟詩，曾作曲百餘首，但並未流傳。北宋蘇軾詩曾傳到遼朝，在南京書肆刻印，很有影響。遼道宗和宣懿後，遼天祚帝的文妃（渤海人）都能作漢詩。道宗所作詩賦曾編為《清寧集》，已失傳。遼朝貴族文人也有一些詩集，都未能傳留後世，可能也都是漢詩。近年不斷有契丹文物出土，但由於契丹語文尚不能通解，契丹語寫成的文學作品，還有待於研究發掘。

遼太祖皇子耶律倍醉心於漢文明，不但能詩，也能作畫。宋朝藏有耶律倍的繪畫十五幅。有「獵騎圖」一幅，到元代仍受到珍視。遼興宗曾畫鹿贈給宋仁宗趙禎。遼朝的慶陵和近年在吉林庫倫旗發現的遼墓，都有大幅壁畫，當是受到唐壁畫墓的影響。

遼聖宗時，依仿漢人的修史傳統，撰修遼朝的歷史。室昉、邢抱樸等曾撰實錄二十卷。遼興宗時，又編錄遙輦可汗以來的事跡共二十卷。遼道宗時，撰修太祖以下七帝實錄。遼天祚帝時，耶律儼（漢人）修成《皇朝實錄》七十卷，是元人所修《遼史》的主要依據。遼道宗時，漢人王鼎撰《焚椒錄》一書，記述宣懿皇后被誣案始末，是遼朝僅存的一部私人的歷史著述。

山西應縣木塔的遼代《熾盛光佛降九曜星官房宿相》。此為目前世界上所能見到的中國古代木刻版印着色立幅中時代最早、幅面最大、刻印最精的作品。

（蔡美彪）